20 Jahre, lebenslänglich
Misshandelt! Missbraucht! Missraten?
Erinnerungen eines Heimkindes ...

Ein Buch von Gerd Höller

Das bin ich, 9 Jahre alt. Ich stehe auf dem Balkon des „Gemeindehauses" in Rickenbach und schaue auf meinen Bruder Udo, der dieses Bild gemacht hat. Ich sehe diese Kleidung, ich sehe diesen Blick. Was bedeutet dieser Blick? Welche Erinnerung bringt er mir zurück? Erinnerungen an Hunger, Gewalt, Erpressung, sexuellem Missbrauch. Erinnerungen, die mich belasten und heute noch traurig machen. Meine Mutter wusste es, meine Schwestern wussten es. Das Jugendamt wusste es. Doch es ist nichts passiert. Es ist niemand gekommen, um diesen Jungen aus diesem „zu Hause" zu befreien.

Einleitung oder: Wie fange ich nur an!

Seit mehr als 10 Jahren schreibe ich bereits an diesem Buch. Habe monatelang keine Lust auf die Vergangenheit, nur um dann alles noch mal und noch mal durchzulesen, Dinge zu entfernen oder Neues hinzuzufügen. Aber irgendwann muss ein Buch fertig sein und ich habe mich entschlossen, das Projekt "Biografie" zu beenden. In letzter Zeit frage ich mich auch oft, was meine Kinder wohl sagen werden, wenn sie dieses Buch zu lesen bekommen. Aber dies ist doch mein Leben! Warum sollten meine Töchter nicht erfahren, was ihrem Papa passiert ist, als er klein war? Ich habe in Gesprächen mit meiner großen Tochter schon mehrfach Andeutungen gemacht und erzähle im Freundeskreis hin und wieder einmal "aus meinem Leben" und wie es mir in meiner Kindheit ergangen ist. Dabei stieß ich öfters auf großes Erstaunen. Mehr als einmal hörte ich den Spruch: "Da kannst du ja glatt ein Buch draus machen!"

Das Schreiben eines solchen Buches dauert schon seine Zeit. Diese Zeit habe ich eigentlich gar nicht, denn ich bin immer unterwegs. Die Kinder versorgen und erziehen sich nicht von alleine, der Haushalt muss organisiert sein. Ich möchte viel mehr Musik machen, Freunde treffen und Computer reparieren. Bei mir ist immer was los, mein Leben ist in ständiger Bewegung. Der Tag hat viel zu wenig Stunden, das ist wirklich eine Katastrophe. Von diesen 24 Stunden eines Tages muss man mindestens sechs Stunden schlafen. Was auch nicht immer genug ist. Dazwischen die Geschichte eines Heimkindes schreiben, welches von sich behauptet, "es geschafft zu haben"?

Wie definiert man dieses "geschafft haben"? Wer entscheidet denn für mich, ob ich es geschafft habe? Ich sitze zumindest nicht auf der Straße und ich habe keine gravierenden

Schulden mehr. Für ein ehemaliges Heimkind ist das doch schon nicht schlecht, oder? Bei allem, was man so über diese Spezies Mensch hört, also den "homo kinderheimensis". Die schaffen das ja nicht immer so, wie sie es sich wünschen würden. Ich bin seit vielen Jahren mit einer tollen Frau verheiratet, habe zwei gesunde, sehr liebe Kinder. Ich lebe in einer schönen Wohnung zur Miete, habe zwei Autos, zwei Computer, einen Laptop, eine Spül- und eine Waschmaschine. Ja, ist gut, das sind alles materielle Dinge. Aber was mir gehört, gehört mir. Ich bin Musiker, DJ, Gitarrist & Sänger, PC-Freak, Haus- und Ehemann, und natürlich Vater. In letzter Zeit kommt noch Buchautor dazu. Das alles füllt mich aus und macht mir Spaß. Ein Kochbuch habe ich bereits auf dem Markt, ein Buch mit Kurzgeschichten. Ein Buch über ein Computerspiel (OpenTTD) sowie ein Buch über meinen Ausstieg aus der katholischen Kirche. Ich plane ein Buch über das Christentum und einen Roman für meine große Tochter.

Ja, ich habe es dann wohl doch geschafft und kann mir darauf durchaus auch was einbilden. Manchmal kehrt die Erinnerung zurück, durch einen Geruch, ein Bild oder ein bestimmtes Ereignis. Das kann eine Geschichte sein, die ich gerade lese, das kann ein Lied oder auch etwas im Fernsehen sein. Manchmal ist es ein Geruch, ein Windhauch, der nach Vergangenheit riecht. Ich weine dann einfach drauf los und weiß nicht mal so richtig warum. Aber ich habe sowieso sehr nah am Wasser gebaut. Ich heule oft, wenn ich in die Glotze schaue oder ein tolles Lied höre. Klar, ich kann zum Psychologen gehen, meine Seele auskotzen. Aber geht es mir danach auch wieder gut?

Tatsächlich ist es erst vor Kurzem passiert, dass ich einem Psychologen begegnet bin, der mich sofort fragte, wann ich denn zu ihm in die Therapie kommen möchte. Es wäre dringend nötig. Der sagte das wirklich! Inzwischen habe ich seinen

Rat befolgt, denn er hatte durchaus recht. Ich habe begonnen, mit professioneller Hilfe, meine Vergangenheit nicht nach hinten zu schieben, sondern wirklich zu verarbeiten. Ich will damit nicht sagen, dass ich das nicht schon, mehr oder weniger erfolgreich, getan hätte, ich habe mich bereits selbst von vielen Ängsten und Zwängen befreit. Einige davon sind aber geblieben und gehören wirklich therapiert. Die ambulante Therapie sollte erstmal reichen, ich bin ja noch "lebensfähig". Ich bilde mir ein, alles gut im Griff zu haben. Was man von vielen anderen Heimkindern sicher nicht behaupten kann.

Was denken die Menschen um mich herum? Für die muss das doppelt schwer mit mir sein. Ich habe irrationale Ängste, bin manchmal sehr aufbrausend, kann sehr wütend werden. Ich flippe dann richtig aus. Das macht mir selbst, und sicher auch meiner Umwelt Angst. Mir ist das oft peinlich hinterher doch ich habe gelernt, mich dafür zu entschuldigen. So weit dies in der entsprechenden Situation möglich ist. Ich habe oft das Gefühl hintergangen zu werden, möchte von allen geliebt und respektiert werden und finde es zum Kotzen, wenn mich jemand kritisiert. Ich kann einen Streit bis aufs Äußerste provozieren und künstlich am Leben halten. Warum ich so etwas mache, kann ich nicht sagen. Ständig labere ich fremde Leute an und erzähle etwas über mich. Das geht den Anderen manchmal echt auf den Keks. Viele sind zu höflich, um mich das spüren zu lassen, einige Leute hier im Ort bringen mir ihre Ablehnung aber völlig offen entgegen. Was ich dann akzeptieren muss, dies aber oft nicht kann und dann tagelang schlechte Laune habe und mich frage, warum mich nicht alle Menschen lieben, denen ich begegne? Dabei habe ich manchmal auch die Befürchtung, dass ich im Affekt mal etwas mache, was ich hinterher bereue. Das ist vermutlich gar nicht mal so unbegründet, denn manche meiner Aktionen sind für Außenstehende nicht so richtig nachvollziehbar. Ich habe das meistens im Griff, es passiert nicht sehr häufig, aber es sind Auslöser da. Das sitzt fest und das werde ich nicht so schnell, vermutlich nicht ohne fremde Hilfe, wieder los. Manchmal rege ich mich über Kleinigkeiten dermaßen auf, dass meine Kinder die Welt nicht mehr verstehen. In so eine Sache kann ich mich dann richtig reinsteigern. Das artet fast aus.

Bis vor Kurzem wusste ich nicht viel von dem Leben vor Rickenbach. Mein eigentliches Leben beginnt nämlich dort. Das Leben, welches ich bewusst nachvollziehen kann. Das Heim in Rickenbach gibt es nicht mehr, es wurde aufgelöst. Alles zu teuer. Ein großes Haus mit vielen Stockwerken und Zimmern, dazu ein sehr großes Grundstück in einer herrlichen Gegend. Es liegt oberhalb von Bad Säckingen, zwei Kilometer nach Rickenbach, an der Kreuzung nach Hottingen. Von dem Leben vor Rickenbach hatte ich nur Erinnerungsfetzen und heftige Albträume, die ich nie so richtig einordnen konnte. Jetzt kann ich es besser, denn ich habe recherchiert. Dabei kam eine Welt zum Vorschein, die ich besser nicht durchlebt hätte und dessen schlafende Wölfe ich vielleicht besser auch nicht geweckt hätte. Eine Welt, die ich vergessen, oder total verdrängt hatte. Durch meine Recherchen im Internet und auch vor Ort habe ich Dinge erfahren, die ich so nicht mehr wusste. Dann tauchten doch wieder Erinnerungen auf, die meine Hoffnung, dass das alles nicht vielleicht doch nur ein böser Albtraum war, zerplatzen ließen.

Wäre ich denn heute anders, wenn ich das alles nicht erlebt hätte? Was für eine dämliche Frage! Mit Sicherheit wäre ich anders als heute. Ich wäre behütet mit Vater und Mutter aufgewachsen, wäre meinen Fähigkeiten entsprechend gefördert worden. Ich würde meine Geschwister lieben und hätte noch regelmäßigen Kontakt zu ihnen. Meine alte Mutter würde ich aufnehmen und pflegen, denn sie hätte mir nur Gutes getan, mich behütet, beschützt und ihr Leben lang dafür Sorge getragen, dass es mir gut geht. Ich hätte niemals erfahren, was Hunger, Angst und Schmerzen sind, hätte die richtigen Schulen besucht, hätte studiert, wäre vielleicht Arzt, Polizist, Pilot oder Professor geworden. Schwamm drüber, ehrlich. Sollte halt nicht sein.

Aber bin ich deswegen schlechter als die Kinder, die das alles hatten? Die in so etwas wie einem Elternhaus aufgewachsen sind? Wer entscheidet, was ich bin und wie ich werde? Ab einem gewissen Zeitpunkt mache ich das natürlich ganz alleine. Aber es hängt mit Sicherheit auch davon ab, was ich bis zum Zeitpunkt der Entscheidung erlebt, bzw. bis dahin durchgemacht habe. Ich reagiere auf bestimmte Dinge wahrscheinlich anders als jemand, der wohlbehütet und beschützt aufgewachsen ist. Wenn Sie lesen, was ich erlebt habe, werden Sie sich nicht mehr wundern, warum ich bis heute Ängste habe. Diese Ängste sind so real wie manche Erinnerung und sie plagen mich sehr.

Ein Psychologe der Bundeswehr attestierte mir schon 1985 eine **ausgeprägte Profilneurose**. Ich habe keine Erklärung für diesen Ausdruck gefunden, weil man das anscheinend auch **Narzissmus** nennt. Ich bin also selbstsüchtig, in mich selbst verliebt und selbstüberschätzend. So zumindest die, wenn auch sehr kurze, Definition zu diesem Krankheitsbild. Eigenlob stinkt, sagt man auch dazu. Ich bin der Beste! Alles was ich mache, das mache ich richtig oder gar nicht. Ich muss dafür gelobt werden, eigentlich muss ich für jeden Scheiß gelobt werden. Wehe ich ernte Kritik für etwas, was ich mit 100 % Herzblut gemacht habe. Dann drehe ich durch und teile mich jedem mit (von dem ich weiß, dass er mich mag) und hole mir die Anerkennung dann eben hinterher. Nein, keine Panik, ganz so schlimm ist es nicht. Nicht mehr. Hat aber eine Weile gedauert, bis ich dahinter gekommen bin, dass dies einer der Gründe war, warum es niemand mit mir ausgehalten hat.

Aber was soll ich denn machen? Aus seiner Haut kann man bekanntlich nicht raus. Ich selbst, als Betroffener, merke das ja sowieso nicht. Sicher habe ich noch mehr Neurosen, von denen ich nichts ahne. Weil ich sie als normal empfinde.

Als Kind habe ich im Kinderheim in Rickenbach, während der Einschlafphase, immer mit dem Kopf gewackelt. Dazu habe ich meinen Unterarm über die Augen gelegt und dann meinen Kopf immer hin und her, hin und her, hin und her gedreht. Das war prima zum Einschlafen. Später habe ich mich zwar gewundert, dass das nicht mehr funktioniert, aber da wusste ich noch nicht, dass es sich bei dieser Aktion um eine Störung handelt, die sich **Hospitalismus** nennt. Dies wird ausgelöst durch mangelnde Umsorgung und liebloses Behandeln. Und von Folter!

Warum ich das jetzt so locker schreiben kann? Weil es längst vorbei ist. Lange Jahre vorbei. Warum sollte ich über etwas traurig sein, was mehr als 40 Jahre vergangen ist? Wütend bin ich darüber, das stimmt. Ich bin immer noch sehr wütend. Weil ich ja damals nicht das einzige Kind in diesem Heim war. Somit war ich auch nicht das einzige Kind, welches gefoltert wurde.

Erst als ich nach Rickenbach kam, begann ich zu leben. Zumindest sehe ich das heute, im Abstand der vielen Jahre so. An Rickenbach habe ich sehr lebendige Erinnerungen. Dieses Heim wurde zu meiner Heimat, meinem Zuhause. Obwohl ich das heute auch etwas nüchterner sehe. Doch trotz schmeichelhafte Berichte, die ich über dieses Heim gelesen habe, ist es heute noch so: Rickenbach war und ist immer noch mein Zuhause. Dort war ich zum ersten Mal ein Mensch und keine Nummer. Da hatte ich zum ersten Mal persönliches Eigentum, einen eigenen Schrank, eine Gitarre, ein Radio, Schallplatten, eine eigene "Schublade" im Gruppenraum, usw., was ich vorher nie hatte.

Wäre ich reich, würde ich den ganzen Komplex kaufen und wieder seiner Bestimmung zuführen. Ich hatte einmal folgenden Traum: Ich ging zusammen mit meiner Frau spazieren, es wurde schon dunkel. Wir erreichten in der Dämmerung das Heim und an der Vorderseite waren alle Fenster hell beleuchtet. Wir setzten uns auf eine Bank, lauschten der Geräuschkulisse und erfreuten uns daran, dass hier fast 100 Kinder wieder ein Zuhause gefunden hatten. Einen Ort, mit dem Sie sich verwurzelt fühlen konnten. Einen Ort, in dem Sie in Sicherheit waren und friedlich einschlafen konnten.

Leider ist ein solcher Traum fast unbezahlbar geworden. Ich weiß persönlich von einem Fall, da kostet die Unterbringung eines 14jährigen Buben 130 Euro am Tag. Das sind bis zu 48.000 Euro im Jahr. Wie gesagt, pro Kind! Wofür? Wo sollen diese Kosten herkommen? Keine Ahnung und mir auch völlig unverständlich. Wenn ich die nötige Kohle zusammenhabe, vielleicht hilft mir ja dieses Buch dabei, dann kaufe ich das Kinderheim in Rickenbach und zeige allen, das es auch anders geht.

Wohnte ich mal bei meiner Mutter, musste ich alles mit meinen Geschwistern teilen. So etwas wie Eigentum hatte ich da nicht. In Rickenbach gab es zum ersten Mal Menschen, die sich für mich interessiert haben, für das, was ich sage, mache und denke. Ich wurde dort nie verprügelt! Nicht einmal! Ich meine damit, verprügelt im Sinne von sinnlosem Zusammenschlagen. Ich bekam schon hin und wieder mal was zwischen die Ohren, so ist das nicht. Aber das war eine Wohltat! Nach einer Ohrfeige war alles vorbei. Keine zweite Ohrfeige, keine Kopfnuss hinterher, keine Faustschläge. Nur eine Ohrfeige! Das war das Paradies, das musste das Paradies sein. Heute weiß ich auch, dass meine Kindheit, so schlimm wie ich sie heute auch immer noch stellenweise empfinde, gegenüber anderen Menschen, die ihre Kindheit im Heim verbrachten, noch harmlos war. Was man da so liest, verschlägt einem echt die Sprache. Ich las von schwerstem sexuellen Missbrauch, von unglaublichen Erziehungsmethoden in Thorgau und vieles mehr. Dagegen ging es mir ja noch richtig gut. Ich bin im Heim nur verprügelt worden. Sie wundern sich? Wenn Sie bis zu Ihrem Auszug ein Zuhause hatten und Sie sich manchmal über Ihre engstirnigen, intoleranten Eltern geärgert haben: Sie hatten wenigstens Eltern, einen festen Ort, an dem sie verwurzelt waren. So etwas hatte ich erst in Rickenbach. Da war ich allerdings schon zwölf oder dreizehn Jahre alt. Erst dann fühlte sich Rickenbach so wie ein "Zuhause" an. Bis dahin hatte ich nichts, außer mein nacktes Leben. Ich würde das Kinderheim in Köln-Mühlheim sofort gegen ein desolates, stinkendes, verdrecktes Zuhause tauschen, in dem sich Vater und Mutter aufhalten. Und Geschwister, vor allem Geschwister. Meine eigenen Stiefgeschwister und mein leiblicher Bruder sind das Papier nicht wert auf dem ihr Name steht. Bis auf Rosi, die klammere ich mal etwas aus. Rosi ist in Ordnung. Ihr Leben zwar nicht, aber sie schon. Vor allem wo sie jetzt, mit 50 Jahren, endlich aufsteht. Weil sie bemerkt hat, dass die letzten 30 Jahre was schiefgelaufen ist.

Dieses Buch handelt von meinem Leben bis zum heutigen Tag. Den größten Raum, zumindest in meinem Kopf, nimmt dabei wahrscheinlich meine Kindheit ein, und diese ist es ja auch, die ich ihnen näher bringen möchte. Nach der Geschichte der verkorksten Kindheit das Lehrlingsheim in Sinsheim. Dann die Zeit bei der Bundeswehr und die letzten 25 Jahre danach bis heute. Dort geht es dann um mein Leben, wie ich es gemeistert habe, und warum ich dieses oder jenes getan habe. Ich reche die Bundeswehrzeit gerne auf meine Zeit im Heim auf. Der Grund dafür ist einfach: Das Leben in der Kaserne unterscheidet sich durch nichts von einem Heim. Aber durch gar nichts. Außer natürlich, dass man ab und an mit einer Knarre in der Hand rumlaufen darf. Außerdem möchte ich auf meine Geschwister eingehen und auf verschiedene Dinge, die sich in meinem Leben ereignet haben. Mir ist das sehr wichtig und es würde mich einfach freuen, wenn man dann viele meiner Eigenarten versteht. Wie ich bin und warum ich was genau so mache oder warum ich genau so reagiere.

Manches in diesem Buch ist vermutlich schwer zu ertragen. Auch für mich, nach so langer Zeit. Aber ich kann das ja nicht leugnen, es ist eben so passiert. Ich möchte ihnen noch einmal versichern, dass es sich bei diesem Buch um die Wahrheit handelt. Die Wahrheit, wie ich sie erlebt habe und kenne. Manch einer, der dieses Buch lesen wird, wird eine andere Wahrheit haben. Wer weiß das schon. Mir egal. Soll er. Es ist, wie es ist. Ich schleppe dieses vergangene Leben als eine Art Rucksack mit mir herum und versuche niemals Dinge, die ich tue, auf dieses Leben, auf diese Vergangenheit – und mit Sicherheit nicht auf meine Kindheit – abzuwälzen.

Alles, was ich tue, tue ich im "hier und jetzt". Das hat für mich erstmal mit meiner Vergangenheit nichts zu tun. Ich habe hoffentlich einen gesunden Menschenverstand entwickelt und nur dieser sollte mein Leben und mein Handeln lenken. Ich habe aber auch verstanden, sogar ohne psychologische Hilfe, dass vieles was ich getan habe und vieles, was mich ausmacht, ein Resultat dieser Kindheit ist. Etwas traurig bin ich über den Umstand, dass es mir verwehrt wurde, eine höhere Schulbildung zu absolvieren. Im Kinderheim Rickenbach wurde ich mit 13/14 Jahren einem Intelligenztest unterzogen und es wurde mir ein hoher IQ bescheinigt. Ich erinnere mich an einen Wert über 120! Dies fand ich auch durch einen Bericht der damaligen Psychologin bestätigt, den ich in den Unterlagen des Lehrlingsheims in Sinsheim gefunden habe. Sie setzte damals alles daran, dass mich das Heim auf die Realschule nach Bad Säckingen schicken konnte, da wurde aber nichts draus. Angeblich waren die Kosten zu hoch. Für die monatliche Fahrkarte war angeblich kein Geld da. So habe ich nur einen Hauptschulabschluss, der eigentlich auch keiner ist. Denn das, was dort in der "Heimschule" gelehrt wurde, war sicher nicht das, was auf einer richtigen Schule verlangt wurde. Diese Schule wurde ja auch von niemandem kontrolliert. Was mir auch durch einen der ehemaligen Lehrer der "Heimschule" bestätigt wurde. Diese schulische Ausbildung können Sie also getrost knicken. Theoretisch habe ich also keinen Schulabschluss, ja nicht mal eine Schule besucht. Eher eine "Verwahranstalt", wie ein anderes Rickenbacher Heimkind das so schön benannt hat.

Ich habe dieses Buch diesmal von einem Lektor lesen lassen. Ich danke Frau Christine Klein für ihre unendliche Mühe und Geduld, die sie beim Lesen dieser Zeilen gehabt haben muss. Sie fand so viele Fehler, dass ich mich fast geschämt habe. Ich möchte aber betonen: Ich habe keine Schulbildung in dem Maße genossen, wie Sie sie vielleicht durchleben und erfahren durften. Durch meine Schreib- und Ausdrucksweise kommt vielleicht, für den einen oder anderen unter den Lesern, auch ein wenig von meinem Wesen durch. Sicher, ich verwechsle ständig "das" und "dass" oder schreibt man nun "ich weis" oder "ich weiß". Ich wollte mit diesem Buch dem Bedürfnis nachkommen, etwas über mich zu erzählen. Trotzdem kann ich nicht ausschließen, dass sich noch Dutzende von Fehlern in diesen Zeilen befinden, die wir, etwas betriebsblind, auch nach dem fünften Durchlesen nicht mehr gesehen haben. Diesen Umstand bitte ich zu verzeihen. Für jeden Fehler, den Sie mir mailen, muss meine Frau und Christine Klein, die ja beide das Buch Korrektur gelesen haben, einen Euro in die Fehlerkasse bezahlen.

Mein Buch, das Sie nun in den Händen halten, liegt seit Anfang 2000 in meiner Schublade. Ich habe immer und immer wieder darin gelesen, Absätze geändert, neue Kapitel geschrieben, andere wieder verworfen, alles umgestellt und wieder zusammengesetzt. Doch irgendwann muss das Teil raus und jetzt können Sie es lesen. Es sind eine Menge Seiten geworden, damit hätte ich wirklich nicht gerechnet. In Zukunft kann ich allen, die sich für mich interessieren, mein Buch in die Hand drücken. Das gefällt mir.

Viel Spaß beim Lesen, Ihr

Wie alles begann

Am 27. Januar 1965 gebar Lieselotte Höller einen Sohn. Mich. Sie hatte schon fünf weitere Kinder, da war ich nur ein Tropfen auf dem heißen Stein. Zuerst bekam sie Günter-Albert (1951), er wurde mit dem Downsyndrom geboren und lebt heute noch in einem Heim. Ich selbst habe ihn nie gesehen und auch erst vor ein paar Jahren von seiner Existenz erfahren. Es folgten Heinz-Willi (1955), Eva-Maria (1957), Udo und Roswitha (1959). Im Januar 1965 kam ich. Später folgte, als Nachzügler, noch mein leiblicher Bruder Stefan (1967). Angeblich soll der Arzt bei meiner Geburt zu meiner Mutter gesagt haben: "Sind sie schon wieder da!"

Sie nannte mich Hans Gerhard, heute nennt mich jeder Gerd. Laut Geburtsurkunde heiße ich aber Hans. Was für ein blöder Name. "Hans im Glück". Das wäre zum Lachen, wenn es nicht so traurige Begleitumstände gegeben hätte. Meine fünf Geschwister, allesamt von einem anderen Mann und damit natürlich nur Halbgeschwister, lebten bei meiner Geburt, bis auf Eva-Maria, bereits im Heim. Die nannten mich alle Hans-Gerd. Ich mag den Namen nicht. Ich hasse ihn. Nennt mich nicht so! Wirklich wahr.

Meine Mutter wohnte in einer kleinen, völlig verwahrlosten und verdreckten Wohnung in der Nähe von Köln. Sie lebte zu dem Zeitpunkt mit meinem leiblichen Vater Gerhard bereits in Scheidung, ihr erster Mann war tot. Mit in der Wohnung wohnte meine Stiefschwester Eva-Maria, gerade mal 8 Jahre alt und versuchte den Haushalt auf Vordermann zu bringen. Dies geht aus mehreren Berichten des Jugendamtes hervor, die ich zu lesen bekam. Was ihr allerdings nicht gelang, wie denn auch, sie war ja selbst noch ein Kind. Im Februar '65 wurde ich getauft. Ein Bruder meines Vaters, Bernhard, wurde mein Taufpate. Das weiß ich auch nur, weil ich 2007 kirchlich heiraten wollte und ein Taufregister gebraucht habe. Dort stand sein Name. Von ihm habe ich dann erstmals etwas "aus erster Hand" über meinen Vater erfahren. Meine Mutter hat nie gut über ihn geredet. "Wenn er uns findet, dann schlägt er uns alle tot." Das erzählte sie ständig. Ich habe das irgendwann einfach nicht mehr geglaubt und alles als eine große Lüge empfunden. Sicher hat sie ihn mit ihrer Raucherei vergrault. Sie hat immer geraucht, wie ein Schornstein. Ich kenne sie eigentlich nicht ohne eine Zigarette in der Hand. Aber von meinem Taufpaten erfuhr ich jetzt die Wahrheit, diese ist von den Erzählungen meiner Mutter gar nicht so weit entfernt. Er war wohl tatsächlich ein Gangster, mehrfach vorbestraft, mehrfach im Gefängnis. Sein Beruf wird als Schrotthändler angegeben, was immer das damals auch war. War vielleicht besser, dass ich nicht bei ihm aufgewachsen bin, aber wer kann das nach so vielen Jahren schon wissen? Wahrscheinlich könnte ich dann jetzt ganz gut Autos knacken und den kalten Winter im Knast verbringen. Dann bräuchte ich mir keine Sorgen um die steigenden Ölkosten zu machen. Schluss damit, denn wie es gekommen ist, so ist es gekommen und ändern kann ich es sowieso nicht mehr.

Bei mir zu Hause muss es furchtbar gewesen sein, die Berichte des Jugendamtes lassen keinen anderen Schluss zu. Dort ist die Rede von desolatem Zustand, Verwahrlosung und ärmlichsten Verhältnissen. Der Beamte vom Jugendamt kam öfter zu Hausbesuchen vorbei und es gefiel ihm überhaupt nicht, was er sah. Vermutlich aus diesem Grund kam ich Anfang 1966 zum ersten Mal ins Heim "Elisabeth-Breuer-Stift" in Köln-Mühlheim. Ich wurde meiner Mutter weggenommen und einfach eingeliefert. Sicher dachten die beim Jugendamt: "Alles ist besser als dieses Zuhause."

Was wussten die schon? Die wussten gar nichts. Mülheim! Der Vorhof zur Hölle. Dort befanden sich ja auch meine Stiefgeschwister und keiner hat gewagt, etwas über die Zustände in diesem Heim zu berichten. Das finde ich heute sehr befremdlich. Das ist fast so, als wollte man mit dem Thema nichts mehr zu tun haben. Für viele ist Mülheim auch schon wesentlich länger her, als für mich.

Im November '66 holte mich mein Vater wieder nach Hause. Inzwischen waren meine Eltern geschieden worden. Er wohnte zusammen mit meiner Mutter, seiner neuen Frau, meiner Stiefschwester Eva-Maria und meiner Wenigkeit unter einem Dach. Mutter war hochschwanger (angeblich von ihm). Noch mal zum Mitschreiben und langsam lesen: In der kleinen Dreizimmerwohnung wohnten zu dem Zeitpunkt meine Mutter (hochschwanger), ihr geschiedener Mann (mein Vater), dessen neue Frau, meine Schwester Eva-Maria, ab Januar 1967 mein Bruder Stefan und natürlich meine Wenigkeit. Was für ein Chaos! Sicher hat er mich nur wegen des Kindergeldes nach Hause geholt, immerhin 50 Mark. Das ist schon was. Mutter bekommt außerdem eine stattliche Rente vom Staat. Ich will nicht so streng sein, vielleicht mochte er mich ja auch, schließlich war ich ja sein Sohn. Meine Mutter ist schon wieder schwanger. Von wem? Woher soll ich das wissen? Angeblich ja von meinem Vater. Er hatte wohl ein Verhältnis mit ihr, während er zusammen mit seiner neuen Frau – ach, lassen wir das, das wird zu kompliziert. Sie selbst spricht da auch nicht drüber oder lügt nur rum. Jemand anderen kann ich ja nicht fragen. Ihr erster Mann, ein ehemaliger Soldat der Wehrmacht, hatte sich erhängt, weil er den ständigen Beleidigungen/Drohungen meines Vaters nicht mehr gewachsen war. Er hatte ihn ständig schikaniert und erniedrigt. Eines Tages nahm sich der Mann einen Strick und erhängte sich im Wohnzimmer. An der Klinke der Balkontüre. Um zu zeigen: "Schaut her, das habt ihr erreicht!" Uns wird bis zum heutigen Zeitpunkt erzählt, er hätte vom Krieg eine Kugel im Kopf gehabt und hätte die

Schmerzen nicht mehr ertragen. Lügen konnte sie schon immer gut.

Wir lebten also alle zusammen in dieser kleinen Wohnung. Scheinbar gab Mutter entweder freiwillig oder gezwungen eine Menge von ihrem Geld an meinen Vater ab. Doch bald hatte sie über 2.000 Mark Mietschulden. Obwohl es uns gut gehen sollte, denn sie bekommt für die damalige Zeit wirklich einen Haufen Rente. Sie ist Kriegsinvalide, verlor an einer Bunkertür ein Auge, und bekommt Witwenrente, weil der erste Mann ja Soldat gewesen war. Noch heute, sie sitzt immer noch den ganzen Tag auf dem Sofa, bekommt sie sagenhafte 2.000 Euro Rente. Stellen Sie sich das mal vor, 2.000 Euro! Jeden Monat! Fürs absolute Nichtstun. Was für eine Verschwendung! Aber mein Vater hatte damals für das Geld eine andere Verwendung. Er spielte, wettete, das ganze Geld wurde verzockt und wir Kinder verwahrlosten immer mehr. Der Vater musste irgendwann ins Gefängnis, die Stiefschwester Eva-Maria, selbst noch ein Kind, regelt den Haushalt mehr schlecht als recht. Mutter war ihr dabei keine große Hilfe. Sie lag immer nur auf dem Sofa oder auf dem Bett und rauchte eine Zigarette nach der anderen.

Seit Januar 1967 hütete Eva-Maria, 10 Jahre alt und ihrer Kindheit beraubt, also schon zwei kleine Kinder und versuchte alles im Lot zu halten. So weit, wie ein Kind das halt schaffen kann. Heinz-Willi, Udo und Rosi waren immer noch im Kinderheim Mühlheim untergebracht. Nun also noch ein Maul zu stopfen und ein Arsch zu wischen. Stefan fiel einmal vom Wickeltisch, seitdem ist seine Hüfte schief. Das erzählt er immer. Im November 1967 kommt es dann zum Kollaps. Die Mutter wurde in eine Augenklinik eingewiesen, die Kinder dem Jugendamt unterstellt. Mein Vater hatte sich nach seinem letzten Gefängnisaufenthalt wegen Betrugs endgültig aus dem Staub gemacht. Lebte lange Jahre in Belgien, war vermutlich bei der Fremdenlegion. Starb dort in den Achtziger Jahren, hatte wieder geheiratet und auch dort Kinder bekommen. Ich hab' also Stiefgeschwister in Belgien. Die lerne ich vielleicht auch bald mal kennen. Stefan kam 1967 ins Kinderheim "Maria Schutz" nach Overath. Eva und ich zurück nach Mühlheim. Warum das Jugendamt uns Geschwister getrennt untergebracht hatte, das konnte ich nicht mehr in Erfahrung bringen. Die Höllenpforte öffnete sich zum zweiten Mal und sollte mich erst nach vier langen Jahren wieder ausspucken. An die Zeit vor meiner Einweisung nach Mühlheim habe ich keinerlei Erinnerungen, doch wer erinnert sich schon an die Zeit, in der er noch sehr jung war? An meinen Vater kann ich mich überhaupt nicht mehr erinnern, wie soll das auch gehen, ich war ja erst zwei Jahre alt. Leider gibt es auch keine Bilder von ihm, sodass ich nicht mal diesen Anhaltspunkt habe. Ich nehme mir schon lange vor meinen Onkel Bernhard zu besuchen, der ja auch nicht mehr der Jüngste ist, aber Köln ist mir zu weit weg.

Vor allem ändert es ja auch nichts mehr. Trotzdem denke ich oft daran nach Belgien zu fahren und zumindest zu erkunden, wie mein Vater die letzten Jahre so verbracht hatte.

Das "Elisabeth-Breuer-Stift"

Ich habe mal mit einer Mitarbeiterin des Jugendamtes Köln gesprochen, die zufällig als Kind in der gleichen Straße gewohnt hat, in der sich auch das Heim befindet. Sie erinnerte sich, wie sie immer gestaunt hat, wenn Kinder aus dem Heim in Zweierreihen brav und anständig über die Straße gingen. Ich hab sie dann mal aufgeklärt, was mit uns passiert wäre, wenn wir nicht "brav und anständig" über die Straße gegangen wären. Das wusste sie natürlich nicht. Sie hörte, rechts fassungslos, zum ersten Mal, was sich hinter den Mauern dieses "Heimes" abgespielt hat.

Das ist eine Sache, die ich nicht verstehe, denn über dieses Heim habe ich, trotz intensiver Recherche, nicht viel gefunden. Über das "Elisabeth-Breuer-Stift" liest man so gut wie nichts. Das wundert mich etwas. Auf einen Aufruf von mir im Internet haben sich ganze drei Menschen gemeldet, die meine Erinnerungen teilen. Diese haben mir bestätigt, dass die Erinnerungen sehr real sind, und auch meine Schwester, die ebenfalls dort war, hat alles bestätigt. Es hat sich sogar jemand gemeldet, der 1950 dort war, also lange vor meiner Zeit. Was er dort beschreibt, ähnelt eher einer Viehhaltung als an eine Unterbringung von Kindern. Er schrieb, dass die Kinder in einem großen Saal in abgesperrten Gitterställen untergebracht waren, und das Geschrei der Kleinen gerade nachts unerträglich war. Wurde den Nonnen der Krach zu laut, schlugen sie einfach wahllos auf die Köpfe der Kinder, was das Geschrei noch verstärkte. Er würde heute, 60 Jahre später, noch davon träumen. Doch keine Hirngespinste!

Durch Zufall bekam ich einen Entwicklungsbericht vom Januar 1968 in die Hände, der an Sarkasmus und Boshaftigkeit nicht zu überbieten ist. Unterschrieben ist er von der Oberin des Stiftes, leider kann ich die Unterschrift nicht lesen. Mit der

Frau würde ich mich gerne mal unterhalten, aber die ist sicher schon tot. Hoffentlich hat sie den Weg in die Hölle ohne Umwege gefunden. Denn da gehört sie nämlich hin. 1968 war ich drei Jahre alt, 97 cm groß und wog 14,4 Kilo.

Entwicklungsbericht vom Januar 1968

Hans-Gerd ist körperlich gut entwickelt. Besondere Krankheiten sind nicht zu verzeichnen. Er ist ganz sauber und möchte immer gerne fein aussehen.

Was für ein Hohn. Als ich das gelesen habe, wurde es mir fast schlecht. Sie können sich in ihren schlimmsten Träumen nicht ausmalen, was die mit mir gemacht haben, wenn ich mal nicht fein ausgesehen habe. Gerade sonntags, wenn wir unsere Sonntagssachen anhatten. Verständlicherweise hatte das Heim nicht viel Geld, um es für unsere Klamotten auszugeben, und dementsprechend wurde jedes zerrissene Kleidungsstück mit übelsten Prügeln bestraft. 50 Schläge (auf den nackten Arsch) für eine kaputte Hose waren da keine Seltenheit. Nicht mit der Hand, das ist ja anstrengend, sondern mit einem Rohrstock. Der stand in einer Ecke des Gruppenraumes auf einem kleinen Stuhl. Wie auf einem Thron und für alle sichtbar. Als Mahnung.

Hans-Gerds geistige Entwicklung ist normal, seine Sprachentwicklung ist gut, vor allen Dingen sehr deutlich.

Was soll denn der erste Teil dieses Satzes bedeuten? Wenn ihn eine Nonne, ohne jegliche pädagogische, medizinische oder psychologische Ausbildung geschrieben hat? Dass ich nicht geisteskrank war! Nicht mehr und nicht weniger. Was bedeutet der zweite Teil des Satzes? Was meinen Sie wohl, was die Schwester gemacht hat, wenn sie mich nicht verstanden hat? Richtig! Sie haben es erfasst! Sie hat auf mich eingedroschen. Selbst ein Dreijähriger merkt dann ganz schnell: Sprich deutlich, und die Hand bleibt unten. Das ist natürlich auch eine Art und Weise den Kindern "gutes Sprechen" beizubringen. Der richtige Weg ist das aber sicher nicht.

Er kann mit viel Interesse und großer Ausdauer alleine, aber auch in der Gemeinschaft, sehr schön spielen.

Ich bin nicht sicher, was ich hiervon halten soll. Wenn ich das lese, wirft es einfach so viele Fragen auf, auf die ich, auch vierzig Jahre später, noch gerne eine Antwort hätte: Wie spielt ein dreijähriger Junge? Warum musste ich alleine spielen können? Durfte ich nicht mit den anderen Kindern spielen? Wollte ich gar nicht mit anderen Kindern spielen? Warum konnte ich "mit viel Interesse und großer Ausdauer" alleine spielen? Vielleicht hatte ich ja auch "zu Hause" keine Spielsachen und habe deswegen "sehr schön" spielen können. Oder aber ich wurde in Ruhe gelassen, wenn ich "mit viel Interesse und großer Ausdauer" gespielt habe. Dann bekam ich wenigstens nicht den Frack voll.

Hans-Gerd ist verträglich, weiß sich aber aus unangenehmen Situationen geschickt heraus zu reden.

Bitte lesen Sie sich diesen Satz noch einmal durch. Dann denken Sie daran: Ich war drei Jahre alt! Jetzt lesen den Satz oben, mit diesem Wissen im Hintergrund, abermals durch. Ich konnte mich mit drei Jahren aus unangenehmen Situationen geschickt herausreden? Als Dreijähriger? In welche Situationen kann denn ein Dreijähriger kommen, aus denen er sich geschickt herausreden muss?

Ich kann diesen Satz nicht fassen, egal wie oft ich ihn durchlese. Ich kann nicht fassen, dass so etwas in einem Entwicklungsbericht über einen dreijährigen Buben steht. Dazu auch noch in meinem Eigenen! Klar konnte ich mich gut herausreden, damit ich nichts auf die Fresse bekomme. Je besser die Ausrede, desto größer die Wahrscheinlichkeit, dass ich von den Prügeln verschont bleibe. Ich habe das in vielen Jahren Heimaufenthalt vortrefflich gelernt: Winde dich heraus, dann bleibst du verschont. So einfach ist das. Dass ich das Spiel als Knirps schon beherrscht habe, wundert mich nicht. Kleine Kinder lernen sehr schnell. Ich bemerke das bei meinen eigenen Kindern. Deren Anpassungsfähigkeit ist grenzenlos. Warum sollte das bei mir anders gewesen sein. Leider hat das mit der Anpassung nicht immer hingehauen. Ich mache da schon Unterschiede, denn wenn ich lüge, versuche ich einen großen Vorteil für mich zu erlangen. Beim Schwindeln versucht man auch mal einen Streit zu vermeiden und sagt Halbwahrheiten. Lügen mag ich nicht mehr, denn wenn man beim Lügen erwischt wird, das ist schon etwas peinlich. Soll ich ihnen was sagen? Ich bin damals niemals beim Lügen erwischt worden, ich war anscheinend ein sehr geschickter Lügner! Ich kann mich jedenfalls an keine Situation erinnern, in der ich bei einer Lüge ertappt worden wäre.

Hans-Gerd findet sehr schnell Kontakt und ist anhänglich. Fremden gegenüber ist er sehr offen, er würde mit jedem mitgehen.

Sicher reiner Fluchtinstinkt. Nur weg hier, überall muss es besser sein als hier. Wobei ich mich gerade frage, wie "Fremde" an mich herankommen konnten. Das war ja kein Heim, bei dem an der Türe stand: "Hineinspaziert, suchen sie sich ein Kind aus und nehmen sie es mit!" Wie ich damals mit Fremden in Kontakt kam, entzieht sich also meiner Kenntnis. Mit wem ich da schnell Kontakt gefunden habe, wüsste ich auch gerne.

Der Junge hat ein herzliches Verhältnis zu seiner Mutter. Diese besucht ihn und die vier weiteren Stiefgeschwister, die sich ebenfalls in unserem Hause aufhalten, regelmäßig.

Das sind einige der wenigen Situationen, an die ich mich sogar bruchstückhaft erinnern kann. Das hatte folgenden Grund: Meine Mutter brachte immer ein kleines Paket für uns mit, welches uns sofort von der Gruppenschwester abgenommen wurde. Der Inhalt wurde in der Gruppe verteilt, ich bekam nie etwas davon ab. Meinen Geschwistern erging es genauso, und da diese schon größer waren, erzählten sie es unserer Mutter. Warum das mit unseren Paketen gemacht wurde, das weiß ich natürlich nicht mehr. Daraufhin achtete sie darauf, dass wir bei ihren Besuchen bereits etwas aus dem Paket nahmen und es aufessen konnten. Fast immer brachte sie einen Ring Fleischwurst mit, welchen sie nun sofort aufteilte und wir unser Stück sofort aufgegessen haben. Eine Schultüte, die ich von meiner Mutter bekam, wurde mir weggenommen. Angeblich hatte ich am Abend zuvor im Schlafzimmer Ball gespielt, der Ball war aber, ich schwöre es, nur zufällig auf meinem Bett gelandet, als die Gruppenschwester das Zimmer betrat. Diesen Ball wollte ich gerade zurückwerfen, da ging das Licht an. Jetzt versuchen Sie das zu erklären, das war sinnlos.

In späteren Entwicklungsberichten lese ich immer wieder, dass ich ein herzliches Verhältnis zu meiner Mutter hatte. Nachvollziehen kann ich das heute nicht mehr. Nur versuchen, es zu erklären. In Mülheim war meine Mutter sicher der Engel aus der Außenwelt, in die ich gerne wieder zurückkehren wollte. Jedes Mal, wenn sie wieder ging, brach in mir eine Welt zusammen, denn ich hoffte wohl immer, dass sie mich diesmal mitnehmen würde. Das tat sie aber vier lange Jahre nicht. Obwohl meine Stiefschwester ihr von den schweren Misshandlungen berichtete, ließ sie mich dort.

Ich fragte sie erst vor ein paar Wochen, während der Recherche zu diesem Buch, warum sie mich nicht dort rausgeholt hat, nachdem sie das erfahren hatte. Sie hatte darauf keine Antwort. Sie wusste es nicht mehr. Es hat sich dabei folgender Dialog abgespielt:

"Hallo, ich bin's, Gerd"
"Mensch, das ist aber lange her!"
"Ja, stimmt" (ich dachte: nicht lange genug)
"Wo sind die Fotoalben?"
"Die hab ich doch zurückgeschickt!" (Das war vor 10 Jahren!)
"Aha..."
"Kennst du noch das Heim in Köln, wo wir waren?"
"Klar, das war in der Elisabeth Breuer Straße" (das kam sehr spontan!)
"Und wie hieß das?"
"Einfach nur Kinderheim ..."
"Wusstest du, dass ich dort misshandelt wurde?"
"Ja, die Rosi hat mir das erzählt ..."
"Wann hat sie dir das erzählt?"
"Na damals ..."
"Wusstest du, dass sie mich dort halb tot geschlagen, mit Füßen getreten, mich mit ausgekotzten Essen vollgestopft, mich stundenlang in der Ecke haben stehen lassen und all diese Dinge?"
"Ja, das wusste ich" (sie sagt das völlig emotionslos)

Die Fotoalben hatte ich mir einmal ausgeliehen, damit ich die Bilder kopieren konnte. Die Alben brachte ich dann zur Post und schickte sie zurück. Sie sind aber im Schwarzwald nie angekommen, warum auch immer. Ich wollte noch fragen: "Und warum hast du mich da nicht rausgeholt?", habe mich aber wahrscheinlich vor der Antwort gefürchtet und es nicht getan. Ich hab' das Gespräch dann abgebrochen, weil ich dachte, ich muss gleich kotzen. Im Gespräch erfuhr ich dann aber noch, dass sogar meine Gruppenschwester von damals noch lebt! Sie heißt "Sr. Hemma" oder so ähnlich und lebt auf der Rheininsel Nonnenwerth im Mutterkloster. Am liebsten würde ich da hinfahren und ihr ins Gesicht spucken. Da wünsche ich mir dann, dass es doch einen Gott gibt, der ihr alles tausendmal zurückzahlt, was sie uns angetan hat. "Lasst die Kinder zu mir kommen, denn ihnen ist das Himmelreich". Das sagte Jesus, an den diese Menschen so fest glauben.

Aber ich glaube zu wissen, warum meine Mutter mich dort nicht rausholen konnte: sie hatte längst das Sorgerecht verloren! Das Sorgerecht über alle ihre Kinder wurde dem Jugendamt Köln übertragen und so konnte sie gar nicht selbst entscheiden, ob sie einen von uns mitnimmt oder nicht. Aus heutiger Sicht wäre ich lieber halb verhungert und vernachlässigt, als ständig misshandelt und verprügelt. Man muss sich überlegen, dass sie in der Zeit alleine lebte mit einer Rente, die damals als hoch gelten konnte. Sie musste dafür nicht einmal was tun. Das Geld kam jeden Monat aufs Konto. Pünktlich und zuverlässig. Trotzdem hatte sie Schulden, sie hatte immer Schulden. Geld floss durch ihre Hände wie Wasser, sie konnte einfach nicht damit umgehen.

Die Strafen im Heim waren hart und nicht gerecht

Lange Zeit wusste ich nichts mehr von meinem Leben in diesem Kinderheim. Weil es mich nicht sonderlich interessiert hat. Weil ich es natürlich vergessen hatte. Das Interesse begann erst, als ich selber Kinder hatte. Ich schaute meiner damals dreijährigen Tochter beim Spielen zu und träumte nachts auf einmal von einem Zimmer, aus dem ich herausgeholt wurde. Dann trat mich jemand mit den Füßen über diesen Flur. Die Person trat mich bis vor eine weitere Türe, diese wurde dann geöffnet. Sie hob mich hoch und warf mich mit voller Wucht in das Zimmer. Sie war wütend, ich hörte die Person schreien. Dann wurde die Türe wieder geschlossen und es wurde wieder still. Dunkelheit. Erst später begriff ich, dass es sich nicht um einen Traum, sondern um eine Erinnerung gehandelt hatte. Ich hatte immer wieder Erinnerungsfetzen, die ich aber nicht deuten konnte. Ich konnte sie nicht zuordnen. Erst durch meine Recherche kam ich dahinter, dass ich das alles wirklich erlebt hatte. Unfassbar!

Ich frage mich, was muss ein Dreijähriger verbrochen haben, dass man ihn mit den Füßen über den Flur tritt? Ich weiß es nicht, aber sie haben es getan. Sie haben es mit mir getan und sicher auch mit den anderen Kindern. Es verwundert mich sehr, dass sie mich dabei nicht verletzt haben. Aber vielleicht haben sie es ja, ich weiß es nur nicht mehr. Innerlich verletzt haben sie mich auf jeden Fall damit. Gedemütigt haben sie mich. Bis zum heutigen Tage. Denn ich kann und will es nicht verstehen. Meine Schwester sagte mal auf die Frage, ob sie auch geschlagen wurde, dass sie sich einfach unsichtbar gemacht hatte. Dadurch wurde sie öfters mal verschont. Unsichtbar ist sie heute noch. Ich wollte nie unsichtbar sein, nicht als kleiner Junge in einem Folterkinderheim, nicht als Teenager im Lehrlingsheim und nicht als Erwachsener im eigenen Zuhause.

Wenn meine Spur, die ich hinterlassen werde, nur aus Brotkrumen besteht, dann ist es immerhin eine Spur.

Nach und nach wurde mir klar, was ich da als Kleinkind durchmachen musste, dass all diese Szenen, die ich mühelos abrufen kann, nicht Träume sind, die mich nicht mehr loslassen, sondern Erinnerungen. Echte Erinnerungen. Ist das nicht schrecklich? Das kann man nicht beschreiben, was dann in einem vorgeht, wenn man sich dessen bewusst wird. Auf einmal wird einem alles klar. Viele Dinge, die ich getan habe, viele Ängste, die ich habe, stehen nun in einem anderen Licht. Reaktionen, Ängste, Panikattacken bekommen auf einmal eine Bedeutung, einen Ursprung. Dadurch wird alles klarer, die Erinnerungen, die ich für Träume hielt, werden real. Ich sammle z. B. Taschenlampen, bin ganz verrückt nach diesen Dingern. In meinen Schubladen tummeln sich Dutzende davon und meine Frau fragt sich schon, ob ich nicht was an der Waffel habe. Aber wen wundert das, wenn man weiß, wie viele Stunden ich in abgedunkelten Abstellräumen verbracht habe?

Wenn ich jetzt daran denke, kann ich nur ungläubig den Kopf schütteln. Der kleine Junge, der da geprügelt wurde, das bin eigentlich auch nicht wirklich ich. Nur wenn ich einen gewissen Abstand wahre, kann ich darüber nachdenken und darüber schreiben. Das ist ein anderer Junge, ein armer, kleiner, verzweifelter Junge, der nur versucht alles richtig zu machen. Damit er nicht immer und immer wieder geschlagen wird. Er will das nicht! Das geht aber nicht, weil das gar nicht gehen kann. Die Anforderungen, die an ihn gestellt werden, sind einfach zu hoch. Das kann er nicht schaffen. Er kann sich auch nicht unsichtbar machen. Dazu ist er zu aufgeweckt, zu lebendig. Seine Geschwister, die ebenfalls in dem Heim sind, können nur zuschauen. Sie sind zwar bis zu 10 Jahre älter, können trotzdem nichts machen. Denn sie dürfen nicht sichtbar werden, nicht mal für ihn. Sie dürfen den kleinen Jungen, der ihr Bruder ist, nicht beschützen, sie dürfen sich nicht vor ihn stellen und jedem drohen, der ihm zu nahe kommt. Denn sie müssen unsichtbar bleiben. Das bleiben sie dann auch. Er muss da alleine durch, kämpft gegen die Zeit und hofft, wieder "nach Hause" zu dürfen. Er lebt von einem Besuch der Mutter bis zum Nächsten und hofft, dass sie ihn diesmal mitnimmt. Oder irgendwann. Er wird so geschickt geschlagen, dass man keine Wunden sieht. Niemals ins Gesicht, nicht auf die Arme oder Beine. Immer auf den Arsch, den Rücken, die Brust. An den Haaren ziehen ist sehr beliebt. Auf den Kopf schlagen auch. Foltermethoden, die man nach außen nicht sehen kann. Kopfnüsse, Brennnessel, alles, was Schmerzen verursacht, aber keine bleibenden Spuren hinterlässt.

Viele, viele Jahre habe ich keinen Blumenkohl gegessen. Ich bekam Brechreiz, wenn ich Blumenkohl nur gerochen habe. Wenn jemand in einem Restaurant am Nebentisch Blumenkohl aß, habe ich das Gasthaus verlassen. Ich hatte gelernt damit zu leben, ohne jemals nach dem Warum zu fragen. Das war halt so. Bis mir meine Schwester eine schier unglaubliche Geschichte erzählte: In Mülheim gab es Blumenkohl, den ich anscheinend nicht besonders mochte. Nachdem ich einen Bissen davon gegessen hatte, kotzte ich alles wieder aus. Nach der üblichen Tracht Prügel folgte der blanke Wahnsinn: Die Gruppenschwester nahm meinen Teller und wischte die Kotze vom Tisch direkt wieder zurück! Ich wurde gezwungen, den ausgekotzten Blumenkohl wieder aufzuessen! Nachdem meine Schwester mir das erzählt hatte, setzte schlagartig die Erinnerung wieder ein. Ich erinnerte mich wieder daran was passierte, wenn ich die Kotze nicht aufessen wollte. Eine der Schwestern zog mich vom Stuhl, hob mich hoch und trug mich zu einem weißen Waschbecken, welches an einer der Wände des Speisesaales angebracht war. Eine andere Nonne ließ kaltes Wasser in dieses Waschbecken ein. War genug Wasser darin, steckte mich die Schwester, unter deren Arm ich klemmte, mit dem Kopf voraus in dieses kalte Wasser und hielt dabei meine Hände fest, damit ich mich nicht am Beckenrand abstützen konnte.

Nein, diese Geschichte ist nicht erfunden, sie entspricht der Wahrheit: Eine Nonne, die mich eigentlich behüten und erziehen sollte, steckte mich mit dem kompletten Kopf mehrere Male unter kaltes Wasser! Sie drückt den Kopf eines dreijährigen Buben mit all ihrer, von ihrem Gott gegebenen Kraft, unter Wasser. Wie nennt man das, wenn ein Mensch so etwas mit einem Kind macht? Misshandlung? Schwere Körperverletzung? Versuchter Totschlag? Mordversuch? Einmal gelang es mir den Stöpsel herauszuziehen, und das Wasser lief schnell ab. Weil ich mir erlaubt hatte, das zu machen, weil ich es also gewagt hatte, einfach nur mein Leben zu retten, bekam ich noch Schläge mit dem Rohrstock. Die Sache mit dem Wasser geschah nicht nur einmal, sondern mehrfach. Ich habe inzwischen auch erfahren, dass diese Methode der Bestrafung anscheinend auch in anderen Heimen an der Tagesordnung war: kaltes Wasser gegen störrische Kinder.

Je mehr ich mich in die Vergangenheit zurückversetzt habe, um so mehr Erinnerungen aus dem Elisabeth-Breuer-Stift kamen wieder hoch. Durch ein Forum im Internet, in dem sich mehr als 15.000 Heimkinder tummeln, habe ich erfahren, dass diese Strafen keine Einbildungen, sondern grausame Wahrheit sind. Stundenlanges "in der Ecke stehen" war an der Tagesordnung. In irgendeiner Ecke des Gruppenraumes stand immer jemand. Mit dem Gesicht zur Wand, die Hände fallen lassen oder auf dem Rücken. In die Hosentasche stecken war nicht erlaubt. Wehe, es dreht sich jemand um und schaut in den Raum. Hin und wieder lief die Schwester vorbei und schlug dir kräftig auf den Arsch. Damit du auch ja nicht vergisst, warum du da stehst. Du warst ein böser Junge und alle anderen in der Gruppe sollen sehen, was mit bösen Jungen passiert. Du selbst kapierst das ja anscheinend nicht, denn du stehst ja schon wieder in der Ecke. Auslöser für "in der Ecke stehen" waren Nichtigkeiten. Beim Malen neben das Blatt auf den Tisch gemalt, beim Spitzen eines Farbstiftes fiel der Abfall auf den Boden, die Türe zu laut zugemacht, den Stuhl zu laut verrutscht oder nicht unter den Tisch gestellt, wenn man aufgestanden war. Beim Essen eine Gabel fallen gelassen, das Hemd eingesaut, das Glas umgeworfen, wegen Nachschlag beim Essen die Hand gehoben. Oder man musste einfach schon wieder pinkeln, obwohl man ja erst vor einer halben Stunde auf der Toilette war.

Wobei die Ecke noch angenehm war. Die Zeit ging vorbei und in der Ecke konnte man nichts mehr falsch machen. Einfach auf die Wand schauen. Oder die Augen schließen und sich anhand der Geräusche ausdenken, welches Kind gerade was macht. Das war mein Lieblingsspiel in der Ecke. "Wer macht was", das vertrieb die Zeit.

Der Rohrstock war so eine Sache, die ich heute auch nicht verstehe. Das Stehen in der Ecke war oft vom Rohrstock begleitet. Wenn ein Kind mit dem Rohrstock auf den Arsch bekommt, dann gewöhnt es sich daran. Nein, das ist kein Märchen, das ist so. Der Rohrstock war mir scheißegal. Er war wesentlich angenehmer als jeder Fausthieb, jeder Fußtritt und jedes "unter Wasser tauchen". Dieser Stock tanzte meistens auf dem Arsch, nur selten auf dem Nackten, denn auch mit Hose ist das Teil nicht zu unterschätzen. Vor allem platzt die Haut nicht auf, wenn noch Stoff dazwischen ist. Dumm waren die Schwestern nämlich nicht. Der Allerwerteste wird rot, er brennt wie Feuer und man kann mehrere Stunden nicht sitzen. Trotzdem war er mir immer, neben dem "Stehen in der Ecke", die angenehmste Strafe. Denn nach dem zehnten Hieb spürst du die anderen Hiebe einfach nicht mehr. Die Schwester kann dann klopfen, wie sie will. 50, 60 oder 100 Hiebe. Es brennt wie Feuer, mehr aber auch nicht. Dieses Brennen ließ sich schlichtweg ertragen, wenn es seinen Höhepunkt erreicht hatte. Man brüllt noch wie am Spieß und windet sich, damit die Schwester denkt, was man für Höllenqualen leidet. Wer am Lautesten geschrien hat vor "Schmerzen", der war immer gleich fertig.

Dass ich mich daran erinnern kann, macht mir manchmal Angst. Ich war bis zu meinem sechsten Lebensjahr in diesem Heim und habe Durchhalte- und Überlebensstrategien entwickelt und "Lieblingsstrafen" ausgehalten. Ich war ein Kind! Ich wollte spielen! Mehr nicht. Ich wollte spielen, schlafen und einfach nur ein lieber Junge sein. Wie jedes andere Kind auch.

Meine große Tochter hat gerade, völlig spontan, zu mir gesagt: "Ich habe das beste Zuhause, was man sich nur vorstellen kann. Ich bin glücklich, dass du mein Papa bist, ich kann mir keinen besseren Papa vorstellen". Was soll man dazu sagen. Ich könnte weinen vor Glück. Warum sagt sie das gerade jetzt? Spürt sie, dass ich traurig bin?

Können Sie sich vorstellen, dass man einem sechsjährigen Buben die Hände an die Gitterstäbe des Bettes fesselt, damit er nicht aufsteht? Das können Sie sich nicht vorstellen? War aber so. Ich erinnere mich daran, weil ich dann immer auf dem Rücken einschlafen musste und das kann ich bis heute nicht richtig. Ich kann, auf dem Rücken liegend, einfach nicht einschlafen. Keine Chance. Außer ich pfeife mir eine Schlaftablette rein. Dann geht es natürlich. Die Schwester hatte mir, nachdem ich ins Bett gegangen war, beide Hände links und rechts an die Gitterstäbe des Bettes gefesselt. Keine Ahnung, womit sie das gemacht hat, aber es war unter drakonischen Strafen verboten, diese Fesselung zu lösen. In einer solchen Nacht muss ich einmal Grippe gehabt oder mir den Magen verdorben haben, denn ich erinnere mich daran, dass ich mehrfach meinen Kopf gedreht und gekotzt habe. Die Schwester zu rufen war verboten, bei drakonischen Strafen. Am nächsten Morgen war die Kotze weg. Meine Fesseln auch. Ich weiß das deswegen noch so gut, weil ich es als Kind nicht verstanden habe, dass sich Kotze einfach so auflöst. Fesseln können das anscheinend auch. Sachen gibt's, ungeheuerlich! Nein, das ist natürlich nicht wirklich witzig aber was soll ich denn nach so langer Zeit dazu sagen? Das sind nicht nur Bilder, sondern auch starke Gefühle von Verzweiflung, Wut und Unverständnis.

Verdammt noch mal, ich war doch so klein! Was sollte das? Was treibt Nonnen dazu, so etwas zu machen? Gerade Kinder sind doch Geschöpfe ihres Gottes. Ich verzeihe Euch nicht und ich werde Euch niemals verzeihen. Wisst Ihr auch warum? Weil Ihr keine Spur von Reue zeigt, weil Ihr es sogar abstreitet, so etwas getan zu haben. Es gibt jetzt Prozesse gegen Euch, aber man sollte euch alle wegsperren und foltern. Ihr streitet alles ab, obwohl da draußen so viele Menschen aufstehen und mit dem Finger auf Euch zeigen. Sie zeigen auf Euch und rufen: "Schämt euch! Seht, was ihr aus uns gemacht habt! Wegen euch versagen wir! Wegen euch können wir nachts nicht schlafen! Wegen euch haben wir keine Freunde! Wegen euch ist das restliche Leben nicht lebenswert. Wegen euch können wir nicht lieben! Wegen euch können wir nicht richtig leben." Ihr sitzt da hinter euren Klostermauern und versteckt Euch. Wenn es Euren Gott tatsächlich gibt, was denkt Ihr, was der mit Euch macht, wenn Ihr vor ihm steht? Ihr solltet uns behüten und beschützen! Ja, lieben solltet Ihr uns! Wir sind Geschöpf Eures Gottes! Aber Gott verzeiht ja alles, wenn man ihn darum bittet. Was ist das für ein Gott, der es zulässt, dass seine Dienerinnen solche Dinge tun? Diese Heuchelei ist kaum auszuhalten. Da wurden Kinder im Namen Gottes systematisch kaputtgemacht und zu "guten Menschen" erzogen. Hauptsache sie gehorchen. Der Rest ist unwichtig. Gehorsam und Disziplin sind der Grundstock der Erziehung. Liebe ist nicht wichtig. Wozu auch? Schläge haben noch niemandem geschadet. Schläge und Strafen härten ab und machen uns zu besseren Menschen. Eure Heiligen machen es ja vor, beten und geißeln. Wer sich am Schlimmsten gegeißelt hat, ist der größte Heilige, und was bei Heiligen funktioniert, kann ja bei Kindern nicht schlecht sein. Ich finde mit meinem gesunden Menschenverstand keine Erklärung für dieses Verhalten. Kinder schlägt man nicht! So was macht man einfach nicht!

Von Mutter war nichts zu erwarten, Vater war weg, meine Geschwister kümmerten sich um ihre eigenen Probleme, meinen kleinen Bruder kannte ich nicht. Ich wusste nicht mal, dass ich noch einen Bruder hatte! Ich wuchs ohne Liebe auf und war gezwungen, mich selbst zu lieben. Ich selbst habe davon nicht viel bemerkt, denn als Kind rennst du ja nicht rum und drehst jeden Stein nach etwas Liebe um. Du änderst dein Verhalten, wenn du auf der Suche nach Liebe bist. Die Suche nach Anerkennung, die jeder Mensch braucht, macht sich durch Aktionen bemerkbar. Also versuche ich alles richtig zu machen, werde Schwesters Liebling. Versuche, alles Recht zu machen scheitern natürlich auch manchmal. Aber ein Kind, welches in diese Suche verstrickt ist, dieses Kind merkt davon nichts:

Meine Aussprache ist gut? Lobt mich! Meine Kleidung ist sauber? Lobt mich! Ich gehorche aufs Wort? Lobt mich! Ich singe schön, sage Gedichte auf? LOBT MICH!

Die fehlende Liebe habe ich mir durch Anerkennung geholt. Bis zum heutigen Tag. Obwohl ich das jetzt eigentlich gar nicht mehr brauche. Ich bekomme so viel Liebe von meiner Familie zurück, aber selbst diese Liebe reicht eben manchmal nicht aus, denn das Leben da draußen besteht ja nicht nur aus Familie. Ich habe Jahre damit vergeudet, es jedem Recht machen zu wollen und erst sehr spät gelernt, und vor allem akzeptiert, dass dies nicht möglich ist. Das gelingt mir aber heute noch nicht immer und ich falle in alte Muster zurück.

Von meinen ersten sechs Lebensjahren verbrachte ich fast fünf in Mülheim (Januar '66 bis November '66 und November '67 bis November '71). Jahre, die alles zerstört haben, Jahre, die mich für den Rest meines Lebens geprägt haben. "Was Hänschen nicht lernt, lernt Hans nimmermehr". Das kann man auch umdrehen: "Was Hänschen gelernt hat, das verlernt Hans nimmermehr". Es wurde niemals versucht, Mülheim aufzuarbeiten, weil es niemandem bekannt war. Selbst ich hatte es vergessen. In Rickenbach hat sich niemand dafür interessiert, aus welcher Welt ich komme. Ich war halt einfach da. Es hat sich niemand mit mir über meine Vergangenheit unterhalten, ich hatte keinerlei psychologische Betreuung, wie das heute in vielen Heimen der Fall ist. Ausgebildete Erzieher gab es nicht, weder in Mühlheim noch in Rickenbach. Meine Erziehung wurde Nonnen anvertraut. Nonnen, die selbst keine Kinder bekommen, die keine Bindungen eingehen, für die Liebe ein Fremdwort war. Ohne jegliche Ausbildung ausgestattet sind diese Nonnen schuld am Versagen von Hunderten von Leben. Dass mein eigenes Leben keine Verliererstory geworden ist, ist kein Verdienst dieser Nonnen, sondern mein eigener.

Mir fällt gerade noch etwas ein, denn eine Geschichte aus diesem Heim hat sichtbare Narben hinterlassen. Am Zeigefinger meiner rechten Hand habe ich eine Narbe, die mich immer wieder an dieses Heim erinnert. Gegen Ende meiner Zeit in Mülheim wurde ich in einer Art "Vorschule" untergebracht. Eines Tages wurde ein Spiel gespielt, bei dem ich vor die Tür musste, damit ich nicht sehe, welche Dinge auf dem Tisch verändert werden. Meine Aufgabe war es, diese Veränderung zu sehen und zu benennen. Die Schwester hatte die schwere Türe nicht richtig geschlossen und so konnte ich, durch den entstandenen Spalt, den Tisch sehen. Das sahen auch andere Kinder und machten die Schwester darauf aufmerksam. Diese schloss daraufhin die Türe. Leider befand sich aber die Spitze meines Zeigefingers noch im Türrahmen und so trennte die schwere Türe die Kuppe vom Rest des Fingers ab. Sie hing nur noch an einem schmalen Hautfetzen. Ich öffnete die Türe und zeigte den Finger der Schwester, die kreideweiß wurde. Sie nahm ein Pflaster und klebte die Kuppe damit notdürftig an den Finger zurück. An der Pforte des Kinderheimes wurde ein Taxi gerufen, welches uns dann zum Krankenhaus fuhr. Dort am Empfang angekommen wurde ein Arzt gerufen, der was machte? Er nahm natürlich, trotz Warnung der Schwester, das Pflaster ab. Ich weiß noch sehr genau, dass ich keine Schmerzen spürte und auch an das verdutzte Gesicht des Arztes kann ich mich gut erinnern. Am Pflaster klebte ja meine Fingerkuppe. Noch am Empfang des Krankenhauses bekam ich eine Betäubungsspritze in die Hand. An mehr kann ich mich nicht erinnern, diese Geschichte habe ich aber im Gedächtnis, als wäre es erst gestern gewesen. Ich habe sogar noch den Geruch des Flures in Erinnerung und bilde mir ein, dass alle Flure, von allen Kinderheimen, gleich riechen.

Es geht nach Hause

Ende 1970 zog die "Familie" nach Hürrlingen in ein altes Bauernhaus. Mutter bekam dafür, aufgrund ihrer reichlichen Rente, einen Kredit in Höhe von 10.000 Mark. Sie nahm alle vier Stiefgeschwister mit und ließ meinen Bruder und mich im November 1971 nachkommen. Jetzt erfahre ich auch zum ersten Mal, dass ich noch einen Bruder habe. Stefan ist zwei Jahre jünger als ich und wird von da an also "an meiner Seite" leben. Bis zu diesem Zeitpunkt hatte ich keinerlei Kontakt zu ihm. Ich kannte ihn nicht. Von nun an wird er immer ein Konkurrent sein, er wird immer zwischen mir, den Stiefgeschwistern und Mutter stehen. Er hatte gar keine Chance mein Bruder zu werden und ich habe keine Chance sein Bruder zu werden. Niemand hatte diese Chance, auch meine Stiefgeschwister nicht. So etwas wie "Geschwisterbande" hat es zwischen uns nie gegeben.

Das Sorgerecht für mich und meinen Bruder ging im November 1971 auf das Jugendamt Waldshut über. Warum wir trotzdem in Hürrlingen bei der "Familie" verblieben sind, das weiß ich bis heute nicht. Meine Akten sind in Waldshut leider nicht mehr auffindbar. Ich habe aber nun im Internet ein Bild von mir gefunden, auf welches ich selbst (ich erkenne doch meine eigene Schrift?) das Datum 4. 12. 1971 geschrieben habe. Dieses Bild hatte ich, vermutlich zur Erinnerung an mich, an eine Kameradin verschenkt. Es ist aber nicht möglich, dass ich bereits im Dezember 1971 im Kinderheim Rickenbach war, ich kann das nicht glauben. Ich habe viele Erinnerungen an diese Zeit und vermute, dass ich auf dieses Foto ein falsches Datum vermerkt habe. Vermutlich sollte es 1981 heißen, denn ich habe in diesem Jahr das Heim verlassen.

Hürrlingen liegt im tiefsten Schwarzwald, hat knapp 200 Einwohner und war eine "solche Familie" nicht gewohnt. Wir galten sofort als asozial, da ist ja gar kein Vater im Haus! Wir wurden von der Dorfjugend gemieden, gehänselt, geprügelt, verspottet und verfolgt. Da das Dorf so klein war (und ist), kannte jeder jeden, und wir waren die absoluten Außenseiter. So eine Familie wie unsere hatten die noch nie gesehen.

Meine Mutter galt als arbeitsscheu und verließ das Haus so gut wie nie. Ich kenne sie definitiv nur auf dem Bett liegend oder auf dem Sofa sitzend. Rauchend. Viel rauchend. Rothändle ohne Filter. Ihr Fingerspitzen sind gelb, ihre Lippen sind gelb und die Nasenspitze ist auch gelb. Sie riecht immer nach Rauch. Die ganze Bude stank, weil natürlich auch alle großen Geschwister rauchten. Ständig hatten wir finanzielle Sorgen, das Geld reichte hinten und vorne nicht. Mit der Rente musste die Miete bezahlt werden, Öl für die Öfen, Strom, und sechs Kinder wollten versorgt sein. Mutter hatte einen Haufen Schulden, nahm mich und den Kleinen manchmal mit auf die Bank, um Geld vom Konto zu erbetteln. Die Kleidung war schlecht, das Essen war schlecht, die Erziehung noch schlechter. An dieses Haus und aus der Zeit dort habe ich zahlreiche Erinnerungen, die ich jetzt mal in loser Reihenfolge ohne eine zeitliche Abfolge erzählen möchte:

Heinz-Willi versucht mich zu töten

Es hatte geschneit. Heinz-Willi fragte mich, ob ich nicht Lust habe mit ihm eine Schneeballschlacht zu machen. Klar, warum sollten wir das nicht machen. Ich zog mich warm an und ging mit Willi hinaus. Auf der gegenüberliegenden Seite der Straße war eine kleine Wiese. Dort angekommen flogen zunächst die Schneebälle hin und her bis Heinz-Willi mich packte und mich mit dem Bauch in den Schnee warf, sich auf meinen Rücken setzte und meinen Kopf fest in den Schnee drückte. Sehr fest. Für meinen Geschmack zu fest! Ich bemerkte sehr bald, was da vor sich ging, und wehrte mich heftig. Es nutzte aber nichts, Heinz-Willi, wesentlich älter, war auch wesentlich kräftiger. Ich muss das leider zugeben, aber der einzige Grund, warum ich diese Zeilen schreiben kann, der einzige Grund, warum ist noch lebe, ist mein Stiefbruder Udo. Er muss irgendwie bemerkt haben, was da passierte, und schlug Heinz-Willi von mir runter.

Ich war bereits ohnmächtig, und als ich meine Augen wieder aufmachte, wischte Udo gerade den Schnee aus meinem Gesicht, pulte ihn aus meinem Mund und meiner Nase. Er setzte mich auf, und ich sah Heinz-Willi, der im Gesicht blutete und dessen Blut auf den Schnee tropfte. Udo hatte ihn wohl auf die Nase geschlagen. Er trug mich ins Haus, zog meine nassen Klamotten aus, rieb mich ab und wickelte mich in eine Decke. Heinz-Willi hat die Schläge sofort Mutter gepetzt und alles verharmlost. Er hatte schlichtweg ausgelassen, dass er mich mit dem Kopf fest in den Schnee gedrückt hat. Ich bin mir heute gar nicht mehr so sicher, ob diese Sache nicht abgesprochen war, um mich an Udo "zu binden". Ich traue dem Arsch alles zu. Bei meinem letzten Besuch in Hürrlingen sprach ich mit meiner damaligen Nachbarin, die sich an die Schlägerei erinnern konnte. Diese alte Dame, über 90 Jahre alt, konnte sich sogar noch daran erinnern, dass sie selbst die Polizei rief, weil sie dachte, der Udo schlägt den Willi tot. Was dann mit der Polizei geschah, das habe ich nicht mehr mitbekommen. Das war vor fast 40 Jahren und sie wusste noch, dass es um mich ging, weil ich bewusstlos im Schnee lag. Ist das zu fassen?

Heinz-Willi ist ein Lügner

Meine Mutter vermisste einen Ring. Sie forderte uns Kinder auf, nach diesem Ring zu suchen, doch er war unauffindbar. Mich haben die Ringe meiner Mutter nicht die Bohne interessiert. Was sollte ich mit einem Ring? Trotzdem "fand" Heinz-Willi diesen Ring nach einer Weile genau unter meiner Matratze. Stolz brachte er ihn zur Mutter und ließ auch die Erwähnung des Fundortes nicht aus. Ich bekam eine heftige Tracht Prügel, und Heinz-Willi legte dann in der nächsten Zeit noch mehrere Dinge unter meine Matratze. Seine Pfeife, einen Schlüssel, sein Feuerzeug, usw. Bis Mutter selbst bemerkte, dass ich nicht so blöd sein konnte und immer alles, was ich angeblich gestohlen hatte, immer an die gleiche Stelle legte. Daraufhin stellte Willi diese Aktionen ein.

Meine Schwester Eva befriedigt sich

Eines Tages betrat ich das Zimmer der Mädchen, was ich sonst nie machte. Ich habe wohl irgendetwas gesucht und dachte, es wäre dort. Meine Schwester Eva lag halb nackt auf dem Bett und befriedigte sich gerade mit einem Puppenbein. Ich muss ziemlich erschrocken geschaut haben und wollte das Zimmer wieder verlassen. Sie forderte mich jedoch auf näherzutreten und fragte mich, ob ich ihr nicht helfen wolle. Das sei schon in Ordnung, ich habe sie doch lieb und es wäre auch nichts Schlimmes. Ich würde auch den nächsten Nachtisch bekommen, Schokoladenpudding. So nahm ich das Puppenbein und sie zeigte mir, wie ich es machen musste. Immer langsam, rein und raus. Ich erinnere mich deswegen so genau daran, weil das Puppenbein in meiner Hand immer glitschiger wurde. Ich konnte es kaum noch festhalten und bei dem Ganzen rein und raus gab es schmatzende Geräusche von sich.

Außerdem stöhnte Eva laut und ich hielt inne, weil ich dachte, ich tue ihr weh. Sie sagte jedoch, es sei alles in Ordnung und ich bräuchte nicht aufzuhören.

Während ich das tat, kam Udo rein! Er schickte mich aus dem Zimmer und hatte eine heftige Diskussion mit Eva, deren Verlauf ich aber nicht mehr mitbekommen habe. Den Pudding habe ich übrigens bekommen. Mit dem Hinweis versehen, dass die Aktion unser Geheimnis wäre und ich Mutter davon nichts erzählen dürfe. Es blieb auch bei dem einen Mal. Vermutlich hatte Udo ihr gedroht, alles Mutter zu erzählen. Oder er war eifersüchtig. Keine Ahnung.

Hans-Gerd ist ein Dieb

Ich wurde 1971 eingeschult und musste nach Riedern in die Grundschule. Direkt gegenüber der Schule befand sich ein kleiner Laden, in dem ich mich gerne aufhielt. So viele Dinge hatte ich noch nie gesehen, dieser Laden war das Paradies. Ich erinnerte mich daran, dass Mutter mal diesen Ring "verloren" hatte und ich sah in einer der Auslagen einen wunderschönen Ring, den ich ihr mitbringen wollte. Da ich kein Geld hatte, das hatte ich nie, steckte ich ihn ein. Dies geschah jedoch nicht unbeobachtet, ich wurde erwischt und eine Polizeistreife fuhr mich nach Hause. Es folgte die übliche Tracht Prügel. Prügeln konnte sie gut.

Die Hexen kommen

Ich wurde wach, weil ich einen großen Lärm hörte. Dazu gab es laute Blasmusik. Dieses Rasseln und Knattern konnte ich nicht einordnen, so was hatte ich noch nie gehört. Auch Stefan war aufgewacht und wir gingen auf den Flur, der ein Fenster auf die Straße hatte. Noch im Schlafanzug öffneten wir ein Fenster im Flur, welches zur Straßenseite zeigte, und sahen zu unserem großen Erstaunen eine Blaskapelle vorbeiziehen und farbenprächtige Hexen, die mit großen Rasseln einen Höllenlärm veranstalteten. Wir freuten uns wie toll über diesen Lärm und veranstalteten wahrscheinlich selbst auch einen. Auf einmal stand Mutter hinter uns und zeigte uns, was sie davon hielt, dass wir erstens das Fenster geöffnet hatten und zweitens eben diesen Lärm veranstalteten. Bei der darauf folgenden Prügelaktion mit einem Stock brach ein Teil des Stockes ab.

Diesen fand ich später dann in meinem Bett, und weil ich ein braver Junge sein wollte, habe ich diesen runter zu Mutter getragen, was diese mit einem schallenden Gelächter quittierte. Meine eigene Mutter prügelt mich derart, dass ein Stück des Prügelstocks abbricht, und sie lacht sich noch darüber schlapp. Toll, oder?

Hans-Gerd hat Hunger

Zuhause hatte ich immer Hunger. Keine Ahnung, von was wir uns damals ernährten, so viel kann es nicht gewesen sein. Ich erinnere mich an Nudeln in jeder Form, an Nudelsalat, dünne Kartoffelsuppe (aus übrig gebliebenem Kartoffelbrei) mit Bohnen aus der Dose, Linsen- und weiße Bohnensuppe. Ich erinnere mich an trockenes, altes Brot, von dem Mutter die verschimmelte Kruste abschnitt, es dann, ohne Butter, mit Marmelade bestrich und es mir als Pausenbrot mitgab. Bis zur Pause war die Marmelade satt in das Brot eingezogen und es schmeckte widerlich. Was blieb mir da übrig? Eines Tages sagte ich dem Klassenlehrer während der Unterrichtsstunde, dass ich aufs Klo müsse. Er ließ mich raus, und ich durchsuchte die Rucksäcke meiner Kameraden nach etwas Essbarem. Ich fand eine Brotbox mit zwei Broten, auf denen

Leberwurst geschmiert war, davon nahm ich mir eine raus. Dann stopfte ich alles wieder zurück in den Rucksack, nahm das Brot mit aufs Klo und aß es dort auf. Es war das herrlichste Stück Pausenbrot, welches ich jemals kosten durfte. Leberwurst hatte ich noch nie, das kannte ich gar nicht. Weil das so gut geklappt hatte, machte ich das dann mehr oder weniger regelmäßig. Natürlich merkten die Kinder irgendwann, dass ständig bei jemandem was im Rucksack fehlte. Mal fehlte ein Apfel, mal eine Birne, hin und wieder mal ein Brot oder ein Stück Schokolade. Eine Lehrerin legte sich auf die Lauer: Ich wurde natürlich erwischt. Man brachte mich zum Rektor und dieser fuhr mich nach Hause. Dort sprach er mit meiner Mutter. Was machte diese? Sie schickte Heinz-Willi zum Einkaufen: frisches Brot, Butter, Käse, Wurst und Milch. Bis zu diesem Zeitpunkt hatte ich noch niemals Wurst bei uns gesehen oder Milch getrunken, das gab es bei uns nicht! So gab es genau einmal, ja, richtig gelesen, genau einmal Wurst auf frischem Brot und Milch! Am Tag darauf gab es wieder Marmelade. Ohne Butter. Direkt aufs Brot. Heute noch widerlich!

Das alte Haus brennt ab (1973)

Ich lag noch im Bett und wurde durch ein seltsames Ploppen wach. Es machte immer wieder "plopp", "plopp" und ich wusste nicht, woher das kam. Ich stand auf, öffnete die Türe zum Flur und hörte wieder dieses Geräusch. Direkt neben der Türe befand sich der Sicherungskasten und dort flogen gerade alle Sicherungen raus. Dann bemerkte ich den Rauch im Flur, es war Geschrei im Haus und ich ging an die Treppe, die nach unten führt. Am Absatz blieb ich stehen und sah eine meiner Schwestern, die die Türe zur Küche öffnete. Vorher sah ich noch, dass unter der Türe Rauch in den Flur drang. Sie öffnete diese Türe und wurde fast von den Flammen erfasst, die aus der Küche loderten. Sie konnte sich gerade noch mit einem Sprung nach hinten vor den Flammen retten. Heinz-Willi schien noch drin zu sein, meine Schwester rief verzweifelt seinen Namen. Ich rannte ins Zimmer zurück und schloss instinktiv die Türe. Stefan war wach und ich sagte ihm, dass es brennt. Das Haus brennt! Wir warteten eine Weile, es kam aber niemand. Quälende Minuten lang kam einfach niemand. Keine Ahnung, ob ich Angst hatte, aber wir konnten nicht mehr in den Flur. Da war inzwischen so viel Rauch und der nahm einem den Atem, er kratzte im Hals. Ich entschloss mich etwas zu unternehmen und öffnete das Fenster. Direkt vor dem Fenster stand eine alte, sehr hohe Tanne, etwa drei Meter entfernt und ich überlegte, ob ich es schaffe, dort hinüberzuspringen. Wenn ich einen der Äste erwischen könnte, dann würde ich nicht auf den Boden aufschlagen. Ich wollte aber nicht alleine springen, ich nahm meinen großen Teddy mit. "Wenn ich unten bin", sagte ich zu Stefan, "dann machst Du das Gleiche. Ich fange dich auf!" Er schaute mich ängstlich an. "Keine Angst, ich fange dich auf, ich schaffe das, ich lasse dich nicht im Stich!" Lieber ein Bein gebrochen als lebendig zu verbrennen! Ich umklammerte fest meinen Teddy, kletterte auf das Fensterbrett und versuchte mich für den Sprung etwas aufzurichten. In dem Moment, als ich springen wollte, wurde ich nach hinten gerissen. Udo hatte meinen Absprung im letzten Moment verhindert. Er trug mich an den oberen Absatz der Treppe und schmiss mich und meinen Teddy mit Schwung nach unten. Dort stand Heinz-Willi, der mich auffing und nach draußen trug. Er stellte mich mitten auf der Straße ab, Minuten später war auch Stefan da. Die Nachbarn liefen zusammen, ich umklammerte meinen Teddy und fing an zu frieren. Wir standen barfuß, nur im Schlafanzug auf der Straße. Es war furchtbar kalt. Nach einer Ewigkeit hörte ich die Sirenen der Feuerwehr, und als sie eintraf, brannte der Dachstuhl und die rechte Seite des Hauses bereits lichterloh. Es lag Schnee, Nachbarn legten eine Decke um meine Schultern, brachten ein paar Schuhe für meine nackten Füße. Doch wo war Mutter? Ich sah mich um, sie war nicht da. Alle sind da, nur Mutter nicht. Ein Nachbar, Herr Fingermann, ging ins brennende Haus und kam nach einer Weile, mit Mutter über der Schulter, wieder raus. Sie bestreitet das bis heute, aber die gute, alte Frau Fingermann hat mir das bestätigt! Wir wurden zu den Nachbarn in die Stube geführt, wärmten uns auf. Vom Hausbrand bekam ich nicht mehr viel mit, ich schlief bald ein.

Am nächsten Morgen wachte ich auf und kannte mich nicht mehr aus. Wo war ich? Hatte ich einen bösen Traum? Doch ich habe auf einer fremden Couch, in einem fremden Wohnzimmer geschlafen. Um mich herum lag meine Familie, ich schaute, es waren alle da. Ich stand auf und ging zum Fenster. Unser Haus war weg. Komplett weg. Es waren nur noch ein paar Mauerreste übrig, vom ersten Stock nur ein kleines Stückchen, dort hing, an einer letzten verbliebenen Bohle, ein verkohlter Herd. War wohl doch kein Traum! Es roch nach Rauch, die Feuerwehr war noch da, die hielten Brandwache. Es rauchte noch aus den Trümmern. Langsam wurden alle wach und wir sahen uns an. Was jetzt? Wir hatten nichts mehr, alles war verbrannt. Alles! Mutter konnte mehrere Fotoalben retten! Fotoalben! Das muss man sich mal vorstellen, die komplette Bude brennt ab und Mutter rettet ein paar Fotoalben!

Die Gemeinde brachte uns zunächst im einzigen Wirtshaus unter. Dort bekamen wir zwei Zimmer und warme Mahlzeiten. Niemand war besorgt darüber, dass ich nicht mehr sprach. Wird wohl der Schock sein. Auch Mutter war nicht besorgt, das Leben ging einfach so weiter. Das Haus war versichert, kein Problem. Wir hatten alles verloren, alles. Keine Möbel mehr, keine Kleidung, keine Schuhe, kein Spielzeug, keine Papiere mehr. Alles weg. Verbrannt. Trotzdem ging es einfach weiter, und ich hatte den Brand so schnell vergessen, wie die Hütte runtergebrannt war. Nur gesprochen habe ich nichts mehr. Monatelang kein einziges Wort.

Die angelaufene Hilfsaktion des Ortes war beispiellos, das Spießrutenlaufen für uns Kinder danach auch. Manches Kind in meinem Alter erkannte seine Hose, seine Jacke, seine Schuhe oder sein Hemd an mir wieder. Nicht selten hatte man mir das Kleidungsstück dann einfach wieder weggenommen, dann stand ich in klirrender Kälte ohne Jacke da. War ja nicht meine, war nur geliehen. Gab ich das Kleidungsstück nicht freiwillig heraus, hagelte es Schläge und Tritte. Meine Mutter wollte von alledem nichts wissen, ihre Meinung war ich müsse mir da selbst helfen.

Die Gemeinde brachte uns dann im "Gemeindehaus" unter, drei Zimmer, Küche, eine Toilette, und, wenn ich mich richtig erinnere, kein Bad. Die Bürger spendeten eine Zeit lang Möbel, Kleidung, Essen. Die Hänseleien der anderen Kinder wurde immer schlimmer und endeten nicht selten in Hetzjagden durch den Ort, bis ich wieder sicher im Hausflur war. Kinder können grausam sein, warum sollte das in Hürrlingen anders sein? Nur Michael, ein Nachbarsjunge, der war in Ordnung. Sein Vater bewirtschaftete einen Hof in der Nachbarschaft und hat mich immer mit Respekt behandelt. Er machte mir mal ein Schwert aus Holz. Die Oma hatte immer was zu Essen für mich, tagsüber durfte ich kommen und gehen, wann ich wollte. Die Mutter war immer freundlich und nett. Michael, danke! Ist lange her, aber schau, Deinen Namen kenne ich noch, ich habe Dich nie vergessen. Du warst mir der einzige Freund in dieser Zeit, Du hast als Einziger zu mir gehalten.

Das Gemeindehaus

Hier wurde etwas fortgesetzt, was mich bis zum Teenageralter und darüber hinaus verfolgt hat und innerlich immer noch beschäftigt. Zunächst fing anscheinend Heinz-Willi an, sich sexuell an mir zu vergehen. An den vollzogenen Missbrauch selbst habe ich keinerlei Erinnerung mehr. Dass Heinz-Willi es getan hat, steht außer Frage, denn meine Mutter selbst hat, in einem Bittbrief an das Jugendamt, um Hilfe ersucht. Diese Hilfe hat sie aber anscheinend nicht bekommen:

Hürrlingen, den 16.04.1973

Sehr geehrte Damen und Herren,
als ich heute von Waldshut nach Hause kam, erzählte mir Rosi, dass Heinz-Willi, der heute zu Hause war, weil er einen Zahn gezogen bekommen hatte, wieder mal sich an den Jungen vergriffen habe. Ich habe dann Udo, Hans-Gerd und Stefan ohne Beisein von dem Großen ins Gebet genommen und habe zu meinem größten Entsetzen erfahren Müssen, dass Heinz-Willi die Jungens noch nie in Ruhe gelassen hat. Hans-Gerd sagte mir, er habe sich gewehrt, aber Heinz-Willi habe ihn trotzdem gezwungen mitzumachen. Sogar den Kleinen lässt er nicht in Ruhe. Bitte, Bitte helfen Sie mir, und Sagen mir einen Weg, wie ich diese Situation ändern kann. Die Jungen schlafen doch alle in einem Zimmer! Heinz-Willi hatte mir damals fest versprochen diese Sache zu unterlassen, und ich habe ihm damals noch vertraut.. Aber wider hat er mein Vertrauen missbraucht. Was soll ich nun machen? Ich kann ja praktisch nun keinen Schritt aus dem Haus gehen! Bitte geben Sie mir einen Rat was ich machen soll!

Hochachtungsvoll
Lieselotte H.

Dieser Brief kam am 03.05.1973 im Jugendamt an und wurde durch folgende Zusätze ergänzt:

Folgende Kinder, bzw. Minderjährigen befinden sich im Haushalt der Vorgenannten:

Heinz-Willi, geb. 55 (1. Ehe), Eva-Maria, geb. 57 (1. Ehe)
Roswitha, geb. 59, Udo, geb. 59 (Zwillinge, 1. Ehe)
Hans-Gerd, geb. 65 (2. gesch. Ehe),
Stefan Emanuel, geb. 67 (2. gesch. Ehe)

Heinz-Willi arbeitet seit Kurzem bei der Fa. Mann in Waldshut. Eva-Maria ist ebenfalls seit Kurzem als Laden- und Haushaltsgehilfin in der Metzgerei Mühlhaupt beschäftigt.

Aus diesem Brief meiner Mutter ist ersichtlich, dass Heinz-Willi das nicht zum ersten Mal gemacht hatte, sondern bereits einmal erwischt wurde und Besserung gelobte. Wann und wo er das getan hat, ist mir nicht mehr bekannt. Er tat es also wieder und meine Mutter schrieb diesen Brief an das Jugendamt. Was ist daraufhin passiert? Nichts. Das glauben Sie nicht? Ist aber so. Es ist nichts passiert. Weder wurde Heinz-Willi entfernt, noch wurden mein Bruder und ich in Sicherheit gebracht. Das Jugendamt hat nichts unternommen. Wir wurden erst zwei Jahre später nach Rickenbach gebracht, aber aus einem anderen Grund. Für Heinz-Willi war im Gemeindehaus die Chance sich an uns zu vergehen wesentlich geringer als im alten Haus. Es war einfach kein Platz, um mit uns alleine zu sein. Es dauerte allerdings nicht lange und auch Udo konnte seine Finger nicht von uns lassen, auch er fing an, uns zu betatschen und sexuelle Dinge von uns zu verlangen. Davon merkte Mutter angeblich viele Jahre nichts. Wobei man sagen muss, dass Udo diesen Missbrauch auch mehr außerhalb der

Wohnung vollführte. Eine Lichtung im Wald, eine kleine Hütte auf dem Weg nach Ühlingen, der Müllplatz in Richtung Obermettingen. Wobei Udo anscheinend ein echter Pädophiler war und Willi später sogar geheiratet und ein Kind bekommen hat. Auch aus Willis Tagebüchern, die sich in meinem Besitz befinden, sind keine Auffälligkeiten in dieser Richtung mehr erwähnt. Vielleicht hat es da einfach die Gelegenheit gemacht.

So lebten wir also fortan zu siebt in einer Dreizimmerwohnung. Eine faule Mutter, zwei Stiefschwestern, zwei Stiefbrüder, die sich regelmäßig an mir und meinem Bruder vergingen, dann noch meine Wenigkeit und mein kleiner Bruder. Die Zustände waren schlimm. Zu den Verfolgungen der Dorfjugend kam die Enge der Wohnung, das wenige, schlechte Essen, die Abartigkeiten der Brüder. Zeitweise hatten wir mehr als zehn Katzen. Dann der Schulweg, die Grundschule hatte ich hinter mir, ich musste nun nach Ühlingen in die Hauptschule. Mit dem Bus. Mit den andern Dorfkindern. Immer diese Hänseleien, ich wurde geschlagen, getreten, mein Schulranzen wurde auf der Straße ausgeleert. Als ich einmal morgens eine Katze streichelte und diese mich biss, schrien alle: "Die Katze hat die Tollwut!" Fast irre vor Angst bin ich nach Hause gelaufen und bekam noch eine Tracht Prügel, weil ich den Bus und damit auch die Schule verpasst hatte. Ich habe mich dann immer etwas abseits gehalten und bin erst zur Haltestelle gerannt, wenn ich den Bus schon gesehen habe. Oftmals bin ich von der Schule die drei Kilometer nach Hause gelaufen, weil ich mich nicht immer dem Gespött der anderen Kinder aussetzen wollte. Mutter hat das nie interessiert, warum ich an manchen Tagen zwei Stunden später aus der Schule kam.

Wir hatten kein richtiges Badezimmer, wuschen uns in einem kleinen Waschbecken, welches sich in der Toilette befand. Es gab wohl eine Dusche, an die kann ich mich aber nicht erinnern. Wenn es dort eine Dusche gab, habe ich sie mit Sicherheit nicht benutzt. Oder nicht benutzen dürfen. Ich muss wirklich schrecklich ausgesehen haben. Es gab nicht genug zu essen, ich war mager, ungepflegt und hatte immer Hunger. Dann die "Erziehungsmethoden" meiner Mutter, der Missbrauch von Willi und Udo, die Streitereien wegen mir zwischen den Brüdern und keinen Ort, an dem ich mich zurückziehen konnte. Manchmal kam eine Tante zu Besuch, eine hagere, sehr herrische Person, ich mochte sie nicht. Ich musste artig sein, durfte nichts vom Hunger sagen, mir wurde verboten, etwas Negatives zu sagen. Wieder kümmert sich Eva um den Haushalt, sie kocht, sie putzt, sie räumt auf. Ein Kampf gegen Windmühlen. Das kann sie nicht alleine schaffen. Mutter macht nichts, sie liegt im Bett. Oder sitzt auf der Couch. Und raucht. Die Finger wurden noch gelber, sie raucht immer noch Rothändle. Ohne Filter. Sie raucht, seit ich denken kann. Ist immer von Qualm umgeben.

1973 schickt mich die Caritas in eine "Ferienerholung". Keine Ahnung mehr, wo das war. Mutter liegt nun nur noch im Bett. War sie vorher faul, hat sie jetzt komplett den Verstand verloren. Sie verlässt das Bett überhaupt nicht mehr, überlässt den kompletten Haushalt der großen Schwester. Rosi geht auf die Hauptschule. Heinz-Willi ist bereits Alkoholiker. Udo fängt zwei Lehren an, bricht diese aber ab. Die beiden großen Brüder streiten sich ständig und schlagen sich oft. Ich schlafe in einem Bett, welches aus drei großen Strohmatratzen besteht. Das Laken ist manchmal schwarz vor Dreck, wird monatelang nicht gewechselt. Wenn es warm ist, dann klebt es auf der Haut. Es gibt immer das gleiche Essen, immer die gleichen Gesichter, immer die gleichen Streitereien. Wenn ich mal raus darf, treffe ich mich mit Michael, dem Nachbarsjungen. Das lässt mich für wenige Stunden die Trostlosigkeit des eigenen Zuhauses vergessen. Dann ständig die beiden großen Brüder in Nacken, die "nur lieb sein wollen". Ein- zweimal im Jahr kommt das Jugendamt zu Besuch, die der Mutter ja bereits das Sorgerecht entzogen haben. 1974 darf ich dann wieder mal, über die Sommerferien, in eine von der Caritas durchgeführten "Freizeit". Diesmal geht es nach "Schloss Matschatsch".

Schloss Matschatsch

Von dieser Freizeit habe ich noch ein Heft, das ich in dieser Zeit erstellt habe. Ich blättere oft darin und schaue mir die Bilder an, die ich als Kind gemalt habe. Fast alle Seiten werden von Darstellungen von Gewalt dominiert. Ich habe Gewehre gemalt, Soldaten, Panzer, Messer, Ritter, Kriegsschiffe. Schloss "Matschatsch", das heißt wirklich so, liegt in Tirol. Die Busfahrt dorthin empfand ich als schrecklich und ich erinnere mich, dass fast jedes Kind gekotzt hat. Ich war noch nie so lange in einem Bus unterwegs und egal, wo ich mich hinsetzte, mir war während der ganzen Fahrt speiübel. Nach einigen Pausen sind wir dann doch noch heil angekommen und was Schöneres kann man sich nicht vorstellen.

Für mich war das, als wenn jemand den Himmel aufgemacht hätte. Das Schloss liegt inmitten eines kleinen Waldes, von Bäumen umgeben. Es hat drei Stockwerke und einen Dachstuhl sowie unzählige Zimmer. Ich wiederhole: unzählige Zimmer, nicht nur drei! Alles war sauber, aufgeräumt, es gab drei feste Mahlzeiten am Tag. Mehrere Erzieher kümmerten sich um uns Kinder und es war immer ein Erzieher um uns herum. Viele Erinnerungen fallen mir auf Anhieb ein, z. B. hörten wir eines Abends ein fürchterliches Geschrei aus einem der Mädchenzimmer. Wir rannten sofort dorthin und die Mädchen zeigten auf die Decke des Zimmers. Dort flatterte eine dunkle, schwarze Fledermaus und fand den Weg nach draußen nicht mehr. Irgendwann haben wir Buben einmal eine Fledermaus aus dem Dachstuhl geholt, unter ein Bettlaken gesteckt und wollten diese dann im Mädchenzimmer fliegen lassen. Was natürlich nicht klappte. Aber das Geschrei war trotzdem groß!

In dieser Ferienerholung hatte ich meine erste, sogar schriftlich erwähnte Freundin. Wir haben knutschen geübt. Diese Freundschaft dauerte genau drei Tage. Dann hat sie mich wieder abserviert. Wegen eines anderen Buben, der coolere Klamotten anhatte. Das ging dann aber noch eine Weile hin und her. Seit dieser Freizeit wusste ich aber auch, dass das, was Udo und Willi da mit mir machten, nicht in Ordnung war. Nach dieser Freizeit habe ich mich immer häufiger gegen beide gewehrt. Da war ich 9 Jahre alt. Ich kann mich nach diesen Ferien an so gut wie keinen Missbrauch mehr erinnern, den ich freiwillig mitgemacht hätte. Udo fand dann andere Wege, um zu bekommen, was er wollte.

Birgit hat mich besonders lieb

Von den sieben Erziehern, die die Freizeit begleiteten, waren auch mehrere Frauen. Eine dieser Frauen hatte mich besonders ins Herz geschlossen: Birgit (Name geändert). Sie behandelte mich, wie ich gerne von meiner eigenen Mutter behandelt worden wäre. Sie schmuste mit mir, kümmerte sich intensivst um mich, und als sie mich fragte, ob ich nicht vielleicht, als kleines Geheimnis, in ihrem Bett schlafen wolle, hatte ich natürlich nichts dagegen. Sie wartete, bis es dunkel wurde, dann führte sie mich aus dem Bubenschlafsaal in ihr eigenes Zimmer. Dort drückte sie mich an ihren Busen und war ganz entzückt. Diese Frau hatte mich wirklich lieb, das merkte ich, denn sie begann nach einer kurzen Zeit, die ich zwischen ihren Brüsten verbrachte, zu stöhnen und schwer zu atmen und ich dachte mir, warum weint sie denn. Doch das Stöhnen hörte bald auf und sie schlief ein. Leider durfte ich nur einmal in ihrem Bett schlafen, denn sie sagte mir, dass die anderen Kinder nicht merken dürften, dass sie mich so gern hat. Sie müsse sonst nach Hause fahren und das wolle ich sicher nicht. Klar wollte ich das nicht, sie war ja so lieb zu mir.

Überfall bei Nacht

Während eines Nachtspazierganges mit Kostümen warf sich etwas Schweres, Großes direkt auf mich und begann mich zu würgen. Ich spürte diese Hände an meinem Hals und wollte um Hilfe schreien. Ich konnte das aber nicht, ich bekam keine Luft mehr. Dann sah ich, wie Taschenlampen näher kamen und einer der Erzieher, Hans-Jörg, rief laut nach mir. Die Gestalt, die sich auf mich gesetzt hatte, ließ von mir ab und verschwand in Richtung Schloss. Hans-Jörg merkte sofort, dass etwas nicht stimmte, und ich sagte ihm, dass jemand, der eine Kutte anhatte wie ein Mönch, versucht hatte mich zu erwürgen! Von uns hatte aber scheinbar keiner eine Kutte an und ich weiß nicht mehr, wie diese Geschichte ausgegangen ist.

Es wird immer schlimmer

Wieder zu Hause verschlechtert sich mein Zustand rapide. Immer die Angst im Nacken, dass die Brüder was von mir wollen. Ich wehrte mich, doch das klappte nicht immer. Traute mich nicht, es Mutter zu sagen, wird sie mir denn glauben? Udo ist ihr ausgesprochener Liebling! Das merkte jeder! Heinz-Willi stank immer entsetzlich, ich konnte ihn nicht leiden. Er hatte fettige Haare, war ungepflegt und roch ständig nach Alkohol, Tabak und Muffel und seine Zähne fingen an zu verfaulen. Hatte er mal keinen Alkohol, trank er das Parfüm der Schwestern oder den Weinbrandessig aus der Küche. Während Mutter und die Schwestern immer fetter wurden, hatte ich immer Hunger. Die Schläge wurden häufiger, ich durfte alleine nichts trinken, nichts essen, musste wegen jeder Kleinigkeit erst fragen. Musste ich nachts auf die Toilette, wurde der Stuhlgang kontrolliert. Ich traute mich nicht aus dem Wasserhahn zu trinken, weil dieser einen Höllenlärm machte und so hob ich mein Zahnputzglas in das frische Wasser der Toilette, nachdem ich abgespült hatte. Meinem kleinen Bruder ging es nicht besser.

Mutter ist allgegenwärtig, immer sehr streng, verbissen, lieblos, hat scheinbar Spaß am Prügeln. Es war am Besten, ihr aus dem Weg zu gehen. Unsere Kleidung wurde immer schäbiger, die Hänseleien der Dorfjugend immer gemeiner. Ich klammerte mich an Kleinigkeiten, die mir gehörten, meinen Teddy, eine eingepflanzte Bohne auf dem Balkon, welche ich aus der Schule mitbekommen hatte. Als diese fast vertrocknet, brach ich in Tränen aus. Udo goss fleißig, und die Bohne wuchs wieder. Meine Lieblingskatze bekam eines Nachts ihren Nachwuchs direkt unter meiner Bettdecke! Fünf Stück! Ich traute mich Udo zu wecken, dieser organisierte einen Karton. Leise, Mutter durfte nichts bemerken. Sie wurde immer wütend, wenn sie geweckt wurde. Damit wuchs die Zahl der Katzen, die bei uns ein und aus gingen, auf mehr als zehn an.

Ich hatte einen Schuhkarton unter dem Bett, auf den ich meinen Namen und das Wort "Schatzkiste" geschrieben hatte. Dort war alles drin, was mir persönlich gehörte. Ein paar schöne Steine, ein kleines Taschenmesser. Das bekam ich von Udo, weil ich brav war und mal wieder mitgemacht hatte. Eines Tages war die Kiste weg, ich bekam einen Heulkrampf. Mutter prügelte wie bescheuert auf mich ein, doch Udo rettete mich. Er "fand" die Kiste unter meinem Bett, sie war nur "nach hinten gerutscht". Komisch, ich selbst hatte sie nicht gefunden, Udo schon. Wieder war er mein Held, da kann ich ja mal wieder brav sein und mitmachen.

Als Kind bekommt man das ja nicht so mit, aber die finanziellen Verhältnisse in unserer Familie müssen katastrophal gewesen sein. Die Schulden wuchsen uns über den Kopf, sodass die Bank 1974 die Notbremse zog. Mutter wird nach einem Gerichtstermin entmündigt. Sie bekommt einen Vormund, der das finanzielle Desaster regeln soll. Es sollen mehr als 9.000 DM Schulden gewesen sein. Im September 1974 machte das Jugendamt einen Hausbesuch bei uns. Der Bericht danach spricht Bände. Dort stand in etwa folgender Wortlaut, ich habe mir das in Notizen abgeschrieben und wieder zusammengesetzt:

Hausbesuch bei Fam. Höller, Hürrlingen

Die Mutter liegt seit 3 Monaten fast ununterbrochen im Bett. Das ehemals weiße Bettlaken der Mutter ist schwarz vor Dreck. Die Wohnung ist verdreckt, alles ist gammelig. Es halten sich acht Katzen im Haus auf, laut Aussage der Kinder sind es zeitweise sogar mehr als zehn Katzen.

Die Mutter wirkt apathisch, nimmt von meiner Person fast keine Notiz. Heinz-Willi, der älteste Sohn ist fast immer betrunken. Er streitet sich häufig mit Udo, sie schlagen sich.

Die große Tochter Eva-Maria pflegt die Mutter, umsorgt die Kinder, gibt sich aber keine Mühe mehr den Haushalt aufrecht zu erhalten. Sie hat resigniert, schafft es alleine auch gar nicht. Die Tochter Rosi geht zur Hauptschule, der Sohn Udo hat bereits zwei Lehren abgebrochen. Hans-Gerd und

Stefan wirken aufgeschlossen, natürlich. Die Kleidung der beiden ist verschlissen, das Geld reicht nicht für neue Sachen. Beide sind sehr dünn, wirken etwas hager, beklagen sich aber nicht, schauen immer wieder in Richtung der Geschwister, bevor sie auf eine Frage antworten. Eva-Maria gibt Schulden in Höhe von 9.000 DM an, von der Versicherungssumme des Hausbrandes soll ein Haus gebaut werden, welches erst im Sommer 1975 einzugsbereit ist. Aus meiner Sicht ist eine Betreuung der Familie unbedingt notwendig und sollte bereits in der nächsten Zeit erfolgen.

Waldshut, 30.09.1974

Im Januar 1975 ging es dann absolut nicht mehr weiter. Ich hatte Angstzustände, meine Lehrer meldeten sich mehrfach bei meiner Mutter, diese unternahm nichts. Dann meldete die Schule meinen Zustand direkt an das Jugendamt:

"Eine Verwahrlosung kann nicht ausgeschlossen werden, mangelnde Aufsicht der Mutter ist anzunehmen. Hans-Gerd ist unterernährt, hat nervöse Angstzustände, weint schnell und stottert stark. Er macht nachts ins Bett, ist sehr eingeschüchtert, verschließt sich immer mehr. Er fasst kein Vertrauen zu uns Lehrern, ist im Unterricht oft abwesend. Mehrfach stiehlt er das Pausenbrot seiner Mitschüler, weil er Hunger hat!"

Am 7. Januar 1975 wurde Mutter nach einem Nervenzusammenbruch ins Krankenhaus gebracht. Vermutlich war sie gezwungen einmal aufzustehen und hat das nicht verkraftet. Am gleichen Tag wurden wir vom Jugendamt Waldshut abgeholt. Wir wurden zuerst, irrtümlicherweise, nach Bad

Säckingen und dann nach Rickenbach gebracht. Aus dem Bericht ist ersichtlich, dass tatsächlich noch überlegt wurde, Stefan und mich zuhause zu lassen! Das muss man sich mal vorstellen! Eva-Maria könnte zwar den Haushalt "mehr schlecht als recht" führen, ist mit unserer Versorgung und Erziehung aber überfordert. Eine Pflegestelle konnte auf die Schnelle nicht gefunden werden. Es blieb nur der Weg in ein Kinderheim. Mir war das vermutlich egal, denn ich habe an diesen Tag nur schöne Erinnerungen. Keine Wehmut, kein Heulen. Rein ins Auto, in eine neue Zukunft. Nur einen Koffer, ein paar Kleidungsstücke, meine Schatzkiste. Teddy muss mit. Rickenbach kostete knapp 50 DM am Tag. Mutter war einverstanden, dass dafür das Kindergeld herhalten muss. Was ihr sicherlich gestunken hat, 100 DM weniger in der Haushaltskasse. Eva-Maria hat geweint. Wir waren "ihre" Kinder. Wo waren die anderen Geschwister? Keine Ahnung.

Ich kann mich gut daran erinnern, dass die Frau vom Jugendamt sehr nett zu uns war. Wir haben unterwegs angehalten, um etwas zu essen. Das war ein Festmahl. Unglaublich, dass es so etwas Leckeres auf dieser Welt gab: Bratwurst und Bratkartoffeln. Ich hatte noch niemals Bratwurst gegessen, das kannte ich gar nicht. Ich möchte noch einmal kurz auf die Ernährung zurückkommen: Ich kann mich nicht daran erinnern, jemals so etwas wie Fleisch gegessen zu haben, von Fisch ganz zu schweigen. Schnitzel? Braten? Fehlanzeige. Fleisch gab es nur in Form von Hähnchen und Wurst gab es nur als Fleischwurst im Ring. Als Gemüse gab es nur Sachen aus der Dose: weiße oder grüne Bohnen, Erbsen und Möhren, Linsen. Nudeln, immer wieder Nudeln. Vor allem als Nudelsalat mit fetter Mayonnaise. Außerdem Kartoffelbrei oder Knödel aus der Packung. Diese gab es dann abends noch mal aus der Pfanne. Natürlich Eier. Rührei, gekochte Eier und Soleier. Jede Menge Maggi, auf alles kam Maggi drauf. Und eben dieses Brot, von dem die schimmlige Kruste abgeschnitten wurde, das hatte ich schon erwähnt. Mit Marmelade drauf. Eklig. Aber auch das erwähnte ich schon. Ich habe jahrelang kein Brot von gestern gegessen. Egal, ob das noch gut war und egal ob das noch weich war. Das Brot war von gestern, also habe ich es weggeworfen. Da bin ich inzwischen drüber weg, das habe ich mir, wie vieles andere auch, selbst wegtherapiert.

Das Kinderheim Rickenbach

Alle Habseligkeiten, die ich hatte, lagen in einem kleinen, braunen Koffer. Neben mir saß mein kleiner Bruder und wir wurden von einer wildfremden Frau, die wir noch nie vorher gesehen hatten, von Zuhause weggebracht. Wohin? Das wusste ich nicht. Warum? Weil meine Mutter krank war. Wie lange? Auch das wusste ich nicht. Was fühlte ich? Das kann ich leider nicht mehr sagen, denn ich habe daran keinerlei Erinnerung. Was denke ich heute, wenn ich versuche mich in diese Zeit zurückzuversetzen? Das, was ich mein "zu Hause" nannte, war ja das, was ich kannte. Eine rauchende, schlagende Mutter, immer zu wenig und ungesundes Essen, Brüder, die das Wort Bruderliebe nicht nur wörtlich nahmen und eine Dorfjugend, die mich hasste. Es konnte doch nur besser werden! Oder nicht? Ich bin mir sicher, wenn ich Angst gehabt hätte, wenn ich mich geweigert hätte dieses "zu Hause" zu verlassen, dann wüsste ich das heute noch. Solche Erinnerungen habe ich aber nicht. In keinster Weise.

Nach einer Weile kamen wir in einem Kinderheim in Bad Säckingen an. Dort wusste man an der Pforte von gar nichts, ein Neuzugang war nicht gemeldet worden. Ich ging immer brav mit und bewunderte diese riesigen Räume. So etwas kannte ich natürlich nicht. Von einem Telefon aus rief die Nonne, die uns empfing, in Rickenbach an und sagte: *"Hier stehen zwei entzückende Mädchen, sollen die zu euch?"* Mädchen? MÄDCHEN? Wir winkten heftig, hey, wir sind keine Mädchen! Die Nonne lachte und korrigierte sich. Ja, wir wurden in Rickenbach erwartet. Wieder im Auto fuhren wir durch dichten Wald und enge, steile Straßen entlang. Es ging hoch und höher. Mir wurde schlecht durch die ganze Schaukelei und wir machten eine kurze Rast, damit ich mich des Essens entledigen konnte, welches unbedingt nach oben wollte. Wir durchfuhren den kleinen Ort Rickenbach und verließen ihn wieder in Richtung Hottingen. Die Frau vom Jugendamt machte uns auf das erste Gebäude des Heimes aufmerksam. Ein sehr großes Haus, dessen Wände mit weißen Schieferplatten bedeckt war. Auf dem Dach ebenfalls Schiefer, aber in schwarz.

Wir bogen ab und ich staunte nicht schlecht, als ich das Haupthaus sah. Ein so großes Gebäude hatte ich nun wirklich noch niemals gesehen! Auf der linken Seite ein Bauernhof, er gehörte zum Komplex dazu. Wir fuhren vor das Haupthaus und ich kam aus dem Staunen gar nicht mehr heraus. An der Vorderseite des Hauses lachte uns eine riesige Statue der Muttergottes an und in großen Buchstaben stand da zu lesen "Unserer lieben Frau". Ich stieg aus und wurde sofort von vielen Kindern umringt, die "die Neuen" neugierig begutachteten. An der Pforte wurden wir bereits erwartet. Nachdem ich artig meinen Namen aufgesagt hatte, führte mich die Schwester in die Gruppe 9. Ich solle keine Angst haben (hatte ich nicht) und werde mich sicher wohlfühlen. Es ging, durch den Schwesterntrakt, ganz nach oben, drei Stockwerke hoch, dann durch eine Glastüre. Wir mussten durch die Säuglingsstation, die mir schon so groß vorkam und das Geschrei der Babys kann ich heute noch hören. Wir verließen diese Gruppe und kamen in ein weiteres Treppenhaus, welches die Gruppen miteinander verband.

Nur noch eine Tür, dann war unser Ziel erreicht: die Gruppe 9, in der ich die nächsten sieben Jahre meines Lebens verbringen sollte. Auf dem riesigen Flur stand eine Horde Kinder, davor eine Nonne. Die Gruppe war auf dem Weg ins Hallenbad! Ein eigenes Hallenbad! Ob ich Lust hätte mitzukommen. Was für eine Frage! Ein Hallenbad! Schnell wurde eine Badehose für mich gesucht, außerdem noch ein Handtuch. Ich war noch keine 30 Minuten in diesem Heim und ich wollte nie wieder weg. Nie wieder. Ich war 9 Jahre alt, hatte auf einmal 12 Freunde, eine nette Nonne, die sich gleich um mich gekümmert hat, und war auf dem Weg ins Hallenbad.

Ich war im Paradies angekommen!

Heimweh kannte ich nicht. Niemals. Warum sollte ich auch Heimweh bekommen? Es gab jeden Morgen frisches Brot. Butter! Echte Butter! Das muss man sich mal vorstellen, ich konnte mir von jetzt an jeden Morgen Butter auf mein Brot schmieren. Das war doch herrlich! Das Mittagessen war köstlich. Vor allem gab es wirklich genug für jeden! Es gab immer Mittagessen, also täglich! Jeden Tag Mittagessen, wo war ich da nur gelandet. Es schmeckte vorzüglich. Bis auf die Meerrettichsoße und das Sauerkraut. Das war echt übel. Ich habe mich oft freiwillig gemeldet, um das Essen vom Aufzug abzuholen. Dabei habe ich mir immer einen Löffel oder eine Gabel eingesteckt (oder beides) und z. B. die Suppennudeln aus der Suppe gefischt. Ich dachte immer, das bemerkt keiner, bis ich vor Kurzem meine Entwicklungsberichte aus Rickenbach las: Das wurde wohl bemerkt, aber meine Gruppenschwester hat nie auch nur ein Wort darüber verloren! Aber das Beste, und das war unfassbar: Es gab so etwas wie Abendessen! Das war mir völlig neu, ich bekam auf einmal etwas zu essen, bevor ich ins Bett ging. Das war der Hammer! Unglaublich!

Ich wusste bis dato gar nicht, was man alles essen konnte. Es gab Kohlrabi, Linsen, Salzkartoffeln, Lauch, dicke Bohnen, Schwarzwurzel, Wirsing, Spinat. Ich habe nicht alles gemocht, aber es stand auf dem Tisch. Nur Blumenkohl konnte ich nicht essen, den konnte ich einfach nicht bei mir behalten. Nachdem ich den zum dritten Mal ausgekotzt hatte, musste ich keinen mehr essen. Hinterfragt hat das damals allerdings niemand. Ich habe erst Jahre später erfahren, dass dies mit dem Kinderheim in Mülheim zusammenhängt. Diese Erlebnisse dort hatte ich ja schon vergessen.

Sonntags gab's vorher sogar oft Suppe. Nudelsuppe war mein Favorit, ist sie heute noch. Manche Suppen waren nicht so direkt definierbar, aber essbar waren sie allemal. Abends gab's Pfannkuchen, Grießbrei, Milchreis, aber auch oft Wurst- oder Käsebrot. Ich hätte in Wurst baden können. Zuhause bekam ich nie Wurst, die war zu teuer. Manchmal in Hürrlingen, Michaels Oma, die hat mir ein Wurstbrot gemacht. Mit Leberwurst oder Salami. Manchmal mit Schinken. Das waren Freudenfeste, wenn ich ein solches Brot bekam. Im Kinderheim gab's jeden zweiten Tag Wurst zum Abendessen! Die mussten reich sein, wie konnten die das alles bezahlen? Ich erinnere mich daran, dass fast alles, was es zum Essen gab, selbst angebaut wurde. Es gab einen riesigen Garten, in dem ich die eine oder andere Strafstunde verbracht habe, weil ich nicht immer der Anständigste war und solche Strafdienste waren ein beliebtes Mittel, uns von irgendwelchen Dummheiten abzuhalten.

Das Fleisch kam aus dem Stall, ebenso die Eier und die Hühner. Der Bauernhof wurde auch mithilfe der Kinder aufrechterhalten, und so ging es im Sommer oder im Herbst nicht selten geschlossen aufs Feld, Heu machen oder Kartoffeln rein holen. Da wurde auch nicht groß gefragt, da musste jeder mit, der eine Harke halten konnte. Einmal im Jahr fuhr ein riesiger LKW auf dem Hof, und wir luden Hunderte von Kisten voller Äpfel aus! Eine der Nonnen war jedes Jahr durch die Dörfer gezogen und hatte Äpfel geschnorrt. Da kam ganz schön was zusammen, das hielt sich fast bis in den nächsten Sommer hinein. So sahen die Äpfel dann halt auch manchmal aus, aber solange ich dort war, gab es jeden Mittag eine Apfelrunde! Sr. Bernhardina, unsere Gruppenschwester, bemühte sich dabei ihren Lieblingskindern nicht die besten Äpfel zu geben. Was ihr aber selten gelang. Wen wundert's?

Von dem Tag meiner Ankunft an war auch immer jemand da, der mit mir spielte. Ich musste nur fragen und eines der Kinder spielte mit mir. Ich wurde mit neuer Kleidung ausgestattet, das Wenige, was ich im Koffer hatte, wurde gewaschen, in den Koffer zurückgelegt und der Koffer dann in einen Schrank im "Lichteinfall" (ein kleiner, offener Raum mit einer kleinen Küche) gestellt. Ich bekam wunderschöne Hosen, Pullover, frische Socken, die auch "frisch gewaschen" rochen. Ich bekam einen Schrank. Einen eigenen Schrank im Schlafzimmer. Ganz für mich alleine. Ich konnte das gar nicht fassen, als ich sogar einen Schlüssel bekam, um den Schrank abzuschließen! Ich war wirklich im Himmel angekommen. Endlich!

Der Schulweg, unfassbar, der Schulweg war nur noch kurz den Berg hoch und schon war ich da. Keine fünf Minuten! In der Klasse waren nur 10 Schüler, keine 30. Gut, der Rektor war ein Riesenarschloch, aber das konnte ich verkraften. Das war halt der kleine Preis, den man für das Paradies bezahlen musste. Er redete von sich selbst immer in der 3. Form. Er war recht flink mit dem Handrücken, wenn man mal nicht aufpasste. Aber ich ging ihm einfach aus dem Weg. Schlimmer als meine Mutter konnte dort sowieso niemand sein.

Ich schlief zusammen mit vier anderen Buben in einem Raum und bekam ein Bett, welches direkt aus dem Himmel zu kommen schien, denn es hatte nur eine Matratze. Auch das war mir neu, bei mir zuhause hatten alle Matratzen drei Teile, und man rutschte immer zwischen die Ritzen. Die Bettwäsche war frisch und duftete wie eine Blumenwiese. Meine Bettwäsche war nie dreckig! Zuhause war die immer schwarz und eklig. Wenn es warm war, klebte sie furchtbar auf der nackten Haut. Aber das Aberwitzigste in Rickenbach war ja: Es gab einen Schlafanzug, der passte mir sogar. Frische, duftende

Wäsche, nur um damit ins Bett zu gehen! Das ist doch nicht normal. Luxus pur!

Sr. Bernhardina

Ich meine das im vollen Ernst, ich habe diese Frau geliebt. Klar, sie hatte manchmal schon eine etwas strengere Gangart und hat, auch bei mir, sicher "pädagogische" Fehler gemacht. Aber sie mochte mich, und zwar aus ganzem Herzen. Ein Kind merkt so etwas. Ich bemerkte noch schneller, dass ich diese Liebe nur dann spürte, wenn ich mal ein paar Minuten mit ihr alleine war. Es war keine körperliche Liebe, außer vielleicht einmal ein sanftes Streicheln über meinen Kopf, aber eine sehr starke, fürsorgliche Liebe.
 Sie hat mich beschützt, gefördert und immer zu mir gehalten. Von Anfang an hat sie mich in ihr großes Herz geschlossen. Alles, was sie tat, tat sie zum Wohle der ihr anvertrauten Kinder. Mir ist in all den Jahren in Rickenbach nicht ein Fall bekannt, in dem Sr. Bernhardina jemanden verprügelt hätte. Niemals! Sie verteilte schon mal Ohrfeigen, aber das war's dann auch schon. Eine Ohrfeige ist harmlos, das dauert nur eine Sekunde und dann ist schon wieder Ruhe. Sie hat nie "nachgeschlagen", niemals! Nicht bei mir und auch nicht in meinem Umfeld. Sie hat mit Sicherheit keine Gegenstände benutzt, um uns zu verdreschen. Keine Rute, keinen Gürtel, keinen Teppichklopfer. Sie war in all' der Zeit, in der ich in Rickenbach war, immer korrekt zu mir, hatte immer Zeit für eine Plauderei und schob mir beim "Apfelessen" oft die leckeren, noch festen Äpfel zu.
 Als ich älter wurde, hatte sie ein offenes Ohr für meine Probleme und half mir in vielen Situationen, in denen ich einen Freund brauchte. Sie war es auch, die sich dafür einsetzte, dass

ich nicht mehr nach Hause musste. Weil ich das nämlich eines Tages nicht mehr wollte.

Als ich bereits viele Jahre aus dem Heim raus war, hatte sie Tränen in den Augen, wenn ich, extra um sie zu besuchen, nach Rickenbach gefahren bin. Da hat sie mich auch zum ersten Mal in den Arm genommen, denn dann konnte, dann durfte sie es. Wir haben uns beim ersten Wiedersehen nach Jahren lange einfach nur im Arm gehalten, das war toll. Das war für mich, als wenn ich meine Mutter umarme. Meine richtige Mutter im Sinne von Mutter.

Ich habe diese Nonne auch in Situationen erlebt, in denen andere Kinder sie vielleicht nicht erlebt haben. Ich sah sie oft weinend, wenn sie sich unbeobachtet fühlte. Immer, wenn sie mich bemerkte, versteckte sie es. Später habe ich sie in solchen Momenten, wenn niemand anders in der Nähe war, einfach umarmt. Das ließ sie geschehen, denn auch sie merkte, dass ich sie sehr mochte. Einmal sah ich sie nachts durch den Flur laufen, sie bemerkte mich nicht. Sie trug ein langes Nachthemd und hatte ihre Haare offen. Lange Haare! Sehr lange Haare. Sie konnte nicht schlafen und wie so oft und ging sie den Flur auf und ab. Sie betete dabei den Rosenkranz, murmelte das "Ave Maria" vor sich hin. Ich setzte mich leise in den Türrahmen und habe sie einfach nur beobachtet, wie sie da im Mondlicht auf und ab ging. Sie betete, flehte ihren Gott um Hilfe an. In diesen Momenten fühlte ich mich ihr so nah, wie man sich sicher auch einer Mutter fühlt. Ich hatte Mitleid mir ihr und wollte ihr nahe sein, sie trösten. Doch getraut habe ich mich nicht und bin leise wieder ins Bett gegangen.

Ich war mehrfach mit ihr und ihrem Bruder, der sie ein paar Mal im Jahr besuchte, auswärts essen. Sr. Bernhardina hatte mich zu diesen Essen mitgenommen. Ich weiß nicht, warum sie immer mich für diese Essen auswählte, sie hätte ja auch ein anderes Kind mitnehmen können. Das tat sie aber nicht.

Sie hat sich auch oft dafür eingesetzt, dass ich die Hauptrollen in den geplanten Theaterstücken bekam. Sie hat sich dafür eingesetzt, dass ich alleine auf eine Ferienfreizeit konnte. Sie hat mir eine Gitarre besorgt. Ich durfte ein Radio haben und jeden Mittwoch "von Telefon zu Mikrofon" mit einem kleinen Kopfhörer hören. Als ich schon größer war, durfte ich mit ihr das "Auslands-Journal" und die "Tagesschau" schauen, da lagen die anderen Kinder längst im Bett! Ja, sie war auch oft ungerecht, streng, launisch (wegen ihrer Migräne), gemein und hoffnungslos mit mir überfordert. Sie hat mich manchmal in einer kleinen Schuhkammer eingesperrt und die Türe von außen verschlossen. Erst Jahre später wurde die Türe entfernt und stattdessen ein Vorhang angebracht. Pädagogisch ist das natürlich äußerst fragwürdig. Aber was sollte sie denn machen? Ich war manchmal echt nicht zu zügeln. Dass mir das Eingesperrtsein in dieser Kammer seelisch sehr geschadet hat, das bemerke ich erst jetzt, fast 30 Jahre später.

Für meine Ausflüge in die Sexualität hatte sie nicht den Hauch von Verständnis. Nicht mal ein kleines bisschen. Aber wie sollte sie auch, sie war eine Nonne! Sie konnte mir da weder helfen noch konnte sie es ihres Glaubens wegen tolerieren. Für sie muss das eine verdammte Zwickmühle gewesen sein, da mochte ich nicht in ihrer Haut stecken. Ich habe aber auch Sachen gemacht, die waren so unglaublich, was muss diese arme Nonne gelitten haben. Sicher hat sie das eine oder andere Mal auch geschmunzelt, wenn ich mal wieder etwas ausgeheckt hatte, musste mich aber ihres Glaubens wegen bestrafen. Obwohl sie sicher aus ihrem Herzen heraus wusste, dass ich nichts Böses getan habe und einfach nur ein Lausbub war, der seinen Weg ging. Unbeirrbar und mit festem Dickschädel.

Mit 14 war ich ihr hoffnungslos über den Kopf gewachsen, da war nicht mehr viel zu machen. Ich hatte dann schon

Freunde in Rickenbach und bin ohne Erlaubnis einfach in den Ort gelaufen. Oder habe das Fahrrad genommen. Erst zum Abendessen war ich dann wieder im Heim. Nach einer Weile habe ich auch gar nicht mehr um Erlaubnis gefragt, denn ich wäre sowieso gegangen, auch wenn sie es verboten hätte. Mit dem Rauchen war es das Gleiche, sie verbot es am Anfang immer wieder, dann gab sie es einfach auf. Sie wusste, dass ich immer wieder mal zum Rauchen raus gegangen bin, und hat es dann einfach ignoriert. Ich hätte es mir eh' nicht verbieten lassen.

Nach dem Abendessen bin ich dann des Öfteren einfach mit dem Fahrrad losgefahren und erst spät, vor allem am Wochenende, ins Heim zurückgekehrt. Die Tür zum Schwesterntrakt war meistens bis dreiundzwanzig Uhr offen und so konnte ich immer über den Schwesternflügel in die Gruppe zurückkehren. Oftmals war die Türe zur Gruppe abgeschlossen, und ich musste klingeln. Am Anfang schimpfte sie noch, doch auch das gab sie bald auf. Wenn es im Sommer warm war, habe ich auch manchmal einfach draußen auf einer Bank geschlafen und bin erst zum Frühstück in die Gruppe zurück.

Aber das Positive wiegt das Negative um das Hundertfache auf. Sie war eine tolle Frau, eine gute "Ersatzmutter", und ich fühlte mich in ihrer Nähe sehr wohl. Erst als ich älter, und aufsässiger wurde, entfernten wir uns ein Stück voneinander. Je mehr sie mich, mein Verhalten, meine Art und mein Wesen tolerierte und vielleicht auch verstand, wurden wir einfach Freunde. So habe ich es empfunden.

Als ich 1981 das Heim verließ, ließ ich in Sr. Bernhardina eine Freundin zurück an die ich noch viele, viele Jahre in Liebe und Freundschaft gedacht habe. Mehr als an meine Mutter, an meine Geschwister oder an wer-weiß-wen. Ich habe Rickenbach regelmäßig Besuche abgestattet, bis es dann geschlossen wurde. Sie hat sich immer sehr herzlich und sehr ehrlich über meine Besuche gefreut, hat mich herumgeführt und mir alle Neuerungen gezeigt, kramte immer wieder alte Bilder raus und hatte beim Abschied Tränen in den Augen.

Zurück nach Hause

Eines Tages hieß es dann: "Du darfst wieder nach Hause!" Was für ein Schock! Was sollte ich denn da! Es gab in Hürrlingen nichts, worauf ich mich freuen konnte. Hier im Heim hatte ich doch alles, was ich brauchte! Ich hatte Freunde, immer was zu essen, schöne Kleider, passende Schuhe. Selbst die Schule machte mir großen Spaß! Aber es half ja nichts, ich war 10 Jahre alt und wurde nicht gefragt. Ich wurde nie gefragt, was ich wollte.

Schon im Februar '75, also bereits wenige Wochen nach unserer Einweisung, hat das Jugendamt Waldshut angefragt, ob Mutter bereit wäre, uns wieder aufzunehmen. Doch dem Bericht nach zeigte sie sich völlig desinteressiert und gab an, dass sich die Stiefbrüder häufig streiten würden. Es wäre wohl nicht im Sinne der Kinder, wenn sie jetzt nach Hause kommen würden. Besser wäre es, auf die Fertigstellung des neuen Hauses zu warten, welches in Hürrlingen (vom Geld der Versicherung und einem aufgenommenen Kredit) gebaut wurde.

Im November 1975 wurden wir dann aber doch abgeholt, und es ging wieder zurück nach Hürrlingen. Wir fuhren am Gemeindehaus vorbei und ich war schon sehr überrascht, als wir bei einem völlig neuen Haus ankamen. Uns hatte man das nicht gesagt, ich wusste von nichts. Nicht zu fassen! Ich begann meine Erkundungstour und fand im Parterre das Zimmer von Mutter, eine Gästetoilette, die Küche und das Wohnzimmer. Im ersten Stock war ein Bad und drei weitere Zimmer, eines für die Schwester, eines für Stefan und mich, und Udo hatte ein eigenes Zimmer. Im Keller wohnte Heinz-Willi. Das war schon beeindruckend, ein Zimmer alleine für meinen Bruder und mich. Wir bekamen sogar neue Betten. Diesmal mit richtigen Matratzen. Alles war neu. Eine Einbauküche, neue Möbel im Wohnzimmer.

Leider hatte sich nur das Haus geändert, alles andere war genauso geblieben, wie es schon im alten, abgebrannten Haus auch im Gemeindehaus war. Ich musste schnell lernen, dass ein schickes neues Haus nicht gleichbedeutend war mit einem "neuen Zuhause". Es war z. B. unter Strafe verboten, Mutters Zimmer zu betreten. Ich habe mich trotzdem öfters dort reingeschlichen und ihre Sachen durchsucht. Keine Ahnung was ich gesucht habe, ich hab's halt gemacht. Das Gleiche tat ich mit dem Zimmer von Heinz-Willi und auch Udos Zimmer habe ich nicht ausgelassen. Bei den großen Schwestern war ich nie drin, das hat mich nicht interessiert. In Mutters Zimmer gab es an und für sich nichts Interessantes zu entdecken, da waren nur Klamotten, etwas Schmuck und Krimskrams. Sie hat mich nie dabei erwischt, auch die Anderen nicht. Die hätten das mit Sicherheit gepetzt und dann hätte ich den Frack voll bekommen. Im Zimmer von Heinz-Willi gab's schon mehr zu entdecken, vor allem viele, wirklich viele leere Flaschen. Bier, Schnaps, Wein in allen Farben, Formen und Größen. Außerdem hatte er ein Radio, in dem immer RTL-Luxemburg auf Mittelwelle lief. Auch er hat mich nie erwischt.

Udos Zimmer war das reinste Paradies für neugierige Buben. Was der alles hatte, das war unglaublich. Das Bett konnte man hochklappen und er hatte den kompletten Bettkasten mit Krempel voll. Elektroteile, Bücher, Hefte, Kataloge, Waffen, Taschenrechner, Videokameras, Fotoapparate, Kassettenspieler und vieles mehr.

Ich fand Hefte, die er selbst mit Bildern voll geklebt hatte. Da waren Dutzende Bilder von kleinen Buben in Unterwäsche, die er aus irgendwelchen Katalogen ausgeschnitten hatte. Ich hatte damals keine Ahnung, warum er diese Bilder sammelte. Er hatte Pornomagazine! Das war was! Stellen Sie sich das, ein zehnjähriger Junge findet ein Hochglanzheft mit kopulierenden Körpern! Die haben es in allen Stellungen gemacht.

Boah! Er hatte nicht nur ein Heft, er hatte viele davon, ganze Stapel! Da waren auch Hefte, nur mit Männern. Pfui Teufel! Was soll man dazu sagen! Auch Hefte mit Männern und Frauen. Auch mehrere Männer und Frauen. Ich habe in den ganzen Stapeln eine Handvoll Hefte gefunden, in denen erwachsene Männer das mit Kindern gemacht haben. Mit Buben und mit Mädchen. Das waren dann immer Geschichten, der "liebe Papa", der "nette Onkel" oder auch "die zärtliche Mama". Aha, dachte ich, das machen andere Leute also auch. Sonst gäbe es ja diese Hefte nicht. Warum man das allerdings fotografiert und dann verkauft, das habe ich damals nicht verstanden. Ich wollte das aber nicht mehr machen, ich mochte das einfach nicht. Ich fand es ekelig.

Ich hatte mir diese Hefte sicher auch angeschaut, um die Bilder mit meiner Situation zu vergleichen. Die Männer in den Magazinen machten Sachen mit den Kindern, die Udo mit mir noch nie gemacht hat. Hoffentlich auch nie machen wird! Ich wollte Udos Ding mit Sicherheit nicht in den Mund nehmen und in meinem Popo wollte ich den auch nicht haben. Wenn er das machen würde, das wusste ich sicher, dann würde ich einfach ganz laut schreien. Das würde ich niemals mitmachen! Egal was er mir dafür gibt. Ich kann mich nicht daran erinnern, dass er dies jemals von mir verlangt hatte. Außerdem hätte ich mich sowieso gewehrt, denn ich mochte ihn eigentlich nicht besonders. Ich fand ihn eklig und er hat oft gestunken. Warum sollte ich mit jemandem schmusen, den ich nicht mochte. Ich traute ihm auch nicht. In allem, was er sagte, suchte ich den Haken. Leider hatte die Sache dann auch oft einen. Möchtest du mit meiner neuen Waffe schießen? Dann lass heute Nacht die Türe offen. Möchtest du das Radio ausleihen? Dann geh' mit mir in den Wald. Möchtest du den neuen Asterix lesen? Dann kuschel mit mir. Möchtest Du eine Tafel Schokolade haben? Soll ich den ganzen Nachmittag mit dir spielen? Solche Szenen und Erinnerungen habe ich zuhauf in meinem Kopf.

An den Missbrauch selbst kann ich mich so gut wie nicht mehr erinnern. Egal, wie sehr ich mich bemühe, wie sehr ich mich anstrenge, ich kann mich einfach nicht mehr daran erinnern. Ich habe nur diese vagen Erinnerungen, die nur aus diesem Grunde entstanden sind, aber der Missbrauch selbst, der im Anschluss folgte, ist bei mir fast völlig ausgeblendet. Wie in einem Film, der einfach wegblendet, wenn die Szene beginnt. In Google-Earth fand ich die kleine Scheune wieder zwischen der Kreuzung Ühlingen-Rickenbach-Riedern. An diese Scheune kann ich mich sehr genau erinnern, dort waren wir nicht nur einmal. Hinter Hürrlingen gab es früher eine Müllkippe, über die wir oft gestreunt sind und alte Elektroteile gesucht haben. Auch dorthin gingen wir nicht nur zum Suchen. Später hatte Udo ein Moped und ich fuhr oft mit ihm in den Wald. Wald gibt's in Hürrlingen nun wirklich genug. Ich habe schon oft gedacht, dass ich mir das alles nur eingebildet habe. Inzwischen weiß ich, dass sich das alles tatsächlich so zugetragen hat.

Ich kann mich einfach an Begebenheiten erinnern. Ich kann heute noch Gerüche wahrnehmen, assoziere bestimmte Geräusche mit dem Missbrauch. Udo sagte zu mir, ich solle die Tür nicht abschließen, er würde heute Nacht kommen. Ich schloss aber trotzdem ab und mitten in der Nacht klopfte er, auf dem Balkon stehend, leise gegen das Glas der Balkontüre. Ich stellte mich schlafend und habe ihn natürlich nicht reingelassen. Doch manchmal wurde Stefan wach und er öffnete dann. Ich widersetzte mich sehr oft seinen Annäherungsversuchen und muss zugeben, dass ich froh war, wenn er sich dann an Stefan hielt. Stefan wirft mir dies heute dauernd vor, wenn ich mal mit ihm spreche und er behauptet dann, ich hätte ihn nicht beschützt. Ich war 12 Jahre alt und hatte genug damit zu tun, mich selbst zu beschützen. Wenn er sich an Stefan hielt, dann hatte ich meine Ruhe. Je älter ich wurde, desto weniger versuchte er es. Aber Geschichten über Udo kommen noch genug, er hat sich, bis zu seinem Tod, eine Menge einfallen lassen, um mir an die Wäsche gehen zu können.

Leider muss ich heute zugeben, dass ich anscheinend wesentlich mehr verdrängt habe, als ich zu vermuten wage. Vor Kurzem war ich zur Krebsvorsorge beim Arzt, der meine Geschichte kennt. Zu dieser Vorsorge gehört auch das Abtasten der Prostata. Schon als ich den Satz "Legen sie sich bitte auf die Seite" hörte, fing ich an zu weinen. So sehr ich mich auch bemühte, ich konnte das nicht unterdrücken. Als der Arzt dann mit seinem Finger nach meiner Prostata suchte, in diesen 10 Sekunden, war ich 9 Jahre alt und lag im Schlafzimmer in Hürrlingen, während Udo neben mir kniete. Ich konnte den Geruch von Nivea-Creme wahrnehmen und die muffige, klebrige Bettwäsche klebte an meinem Körper. Ich weinte auf dieser Liege im Behandlungszimmer meines Hausarztes, hemmungslos. Die Untersuchung dauerte nur Sekunden, doch in mir kamen 35 Jahre hoch. Ich bin mir heute nicht mehr so sicher, ob da nicht doch wesentlich mehr passiert ist, als ich es heute noch weiß. Oder zu wissen glaube. Die Seele verdrängt wohl doch mehr Erinnerungen, als ich bisher annahm.

Bei meinen Gesprächen mit meiner Therapeutin ging es auch einmal um dieses Thema. Sie fragte mich, wie ich mit dieser Gewalt die mir da angetan wurde leben, wie ich überleben konnte. Das ist sehr seltsam, denn an eine körperliche Gewalt kann ich mich nicht erinnern. Ich wurde niemals mit Gewalt zum Sex mit meinem Stiefbruder gezwungen. Das war wesentlich subtiler, das hatte mit körperlicher Gewalt nichts zu tun. Alleine die Aussicht auf eine Belohnung war sicher ein Anlass, mitzumachen. Zumindest, als ich noch kleiner war.

Später waren es dann Erpressungen nach dem Motto: "Wenn du nicht mitmachst, sage ich Mama dies oder sage ihr das!" Vor meiner Mutter hatte ich mehr Angst als die 10 Minuten im Bett meines Bruders.

Während des Gespräches fiel mir allerdings etwas auf: Er war ein toller Bruder, wenn er nicht gerade Sex mit mir machen wollte. Er hatte alles, was sich ein kleinerer Bruder wünscht. Er hatte unzählige Dinge in seinem Zimmer, die mich durchaus faszinierten. Er hatte ein Motorrad! Waffen! Elektrische Spielzeuge! Ein Telespiel für den Fernseher! Einen programmierbaren Taschenrechner! Er beschützte mich vor Willi. Er beschützte mich vor Mutter. Die Dorfjugend hatte Angst vor ihm! Heute ist mir ein Rätsel, wie er sich all diese Dinge leisten konnte. Er war damals noch in der Lehre zum Kellner und alleine dieser programmierbare Taschenrechner muss ein Vermögen gekostet haben.

In Hürrlingen fiel alles wieder in den alten Trott. Mutter saß nur auf dem Sessel im Wohnzimmer vor dem laufenden Fernseher und rauchte. Sie rauchte wirklich viel. Eva-Maria hatte mit Drogen und komischen Freunden zu kämpfen. Einer von ihren Freunden machte sogar in Udos Zimmer eine Schnellentziehung. Genutzt hat das allerdings nicht viel. Heinz-Willi soff sich langsam aber sicher den Verstand weg und was Udo machte, weiß ich gar nicht so genau. Wahrscheinlich mir und meinem Bruder nachstellen. Ich war immer froh, wenn er aus dem Haus war. Dann hatten wir Ruhe. Rosi hatte einen Freund und war verliebt.

Die Dorfjugend war inzwischen etwas netter zu mir, denn ich hatte Kleidung aus dem Heim mitbekommen. Die war nicht ganz so schäbig wie das, was ich früher anhatte. Ich ging wieder auf die Hauptschule in Ühlingen, immer morgens mit dem Bus, bei Wind und Wetter. Uns hat niemals jemand zum Bus oder zur Schule gebracht und uns hat auch niemand abgeholt. Niemals. Ich musste diesen Weg immer alleine machen. Gerade, wenn es regnete oder schneite, war das ein Scheißweg. Zwar nur bis zur Bushaltestelle, aber das waren auch gut und gerne tausend Meter. Machen Sie das mal, im strömenden Regen mit einem Anorak, der schon nass wird, wenn er nur durch Nebel muss. Ich saß immer nass in der Schule, einen Schirm bekam ich nicht. Wir hatten nur einen Schirm, und der gehörte Mutter. Nimm' den ja nicht. Den hat sie gebraucht, immer. Weil es im Wohnzimmer auf dem Sessel ja auch so oft geregnet hat. Es könnten ja ihre Zigaretten nass werden.

Beim Essen blieb alles wie gehabt. Eier in allen Variationen, Linsensuppe, weiße Bohnensuppe, Nudelsalat, Kartoffelsuppe mit Dosenbohnen, Nudeln mit Soße. Fleisch? Nee. Wurst? Häh? Käse? Was ist das denn! Kein Geld für so was. Manchmal ein Ring Fleischwurst, das war wie Weihnachten, wenn man ein schönes Stück direkt in die Hand bekam. Fisch? Ich wusste gar nicht, dass man Fische essen kann! Zum Abendessen eine dicke Scheibe Brot mit Margarine. Ich' hab mir Salz drauf gestreut. Oder Zucker. Soleier haben die Großen oft gegessen. Mit viel Maggi. Überhaupt, Maggi, das gab's zu allem. Heinz-Willi hat den Deckel abgeschraubt und sich das Zeugs in die Linsensuppe gekippt.

Es gibt nicht sehr viele Erinnerungen, die ich an das neue Haus habe. Auch die Jahre, in denen sich diese Erinnerungen abspielen, sind vermutlich durcheinander. Es sind nur so Bruchstücke! Einmal spielte ich Restaurant und habe vor meiner Zimmertüre kleine, imaginäre Tische gedeckt. Mit Plastiktellern und Plastikbechern. Wahrscheinlich, weil Udo eine Lehre als Kellner machte. Später wurden einmal alle unsere Katzen im Keller vom Jäger erschossen. Eine der Katzen hatte sich die Tollwut geholt und da konnte der Jäger sich dann mal richtig austoben. Im Keller gab es eine Riesenschweinerei, wir haben tagelang das Blut weggeschrubbt. Heinz-Willi und Udo stritten sich sehr oft um unsere "Gunst". Ich kann mich an eine Begebenheit erinnern, da waren wir, Stefan und ich, in Udos Zimmer, ich lag vor seinem Bett auf dem Boden. Udo und Stefan waren in Udos Bett zu Gange. Es war dunkel und Heinz-Willi klopfte an die Türe. "Ich weiß genau, dass ihr da drin seid", flüsterte er, damit die Schwestern oder sogar Mutter nicht wach wurden. "Macht auf, ich will mitmachen oder schick' mir wenigstens den Stefan raus. Du brauchst doch nicht beide!" Hereingelassen haben wir ihn nicht. Warum auch. Nach Stefan war ich dran.

Stefan ging angeblich mal mit einem Schraubendreher auf mich los. Er erzählt das jedenfalls gerne und jedem. Mit einem Schraubendreher! Ich ging gerade zu Heinz-Willi in den Keller, als Stefan hinter einer Türe hervorschoss und eigentlich Heinz-Willi abstechen wollte. Er sah mich wohl zu spät und ich bin sofort nach oben gerannt. Natürlich habe ich es Mutter erzählt. Ich habe das einmal ausgerechnet. Zu dem Zeitpunkt, an dem das passiert sein soll, war Stefan gerade mal 11 Jahre alt. Was soll ich dazu sagen, ich glaube die Geschichte nicht. Ich kann mir nicht vorstellen, dass ein Elfjähriger mit einem Schraubendreher hinter der Türe steht, um seinen großen Bruder abzustechen.

Rickenbach, nach Hause, Rickenbach...

Die nächsten Jahre wusste Mutter anscheinend nicht so recht, was sie mit mir anfangen sollte. Jedenfalls kam ich im April '76 wieder nach Rickenbach, nur um mich im August '76 wieder auf dem Weg nach Hürrlingen zu befinden. Im März 1977 schob sie mich dann wieder nach Rickenbach ab, dort bin ich im Juli 1978 "entwichen" und ins Dorf abgehauen. Wo sollte ich auch hin, ich hatte ja niemanden sonst. Abgehauen aus dem Heim bin ich nach einem Streit mit Sr. Bernhardina, bei der ihr die Hand ausrutschte und sie mir so heftig eine schmierte, dass ich ein blaues Auge hatte. Wir hatten gerade die Toilette gereinigt und ich wollte das kleine Fenster von außen putzen. Dazu musste ich es natürlich öffnen und Sr. Bernhardina, die sich gerade nach unten gebückt hatte, stieß beim Aufrichten mit dem Kopf gegen das geöffnete Fenster. Ich hab' was zusammengepackt und bin zuerst nach Wehr getrampt und von dort aus wollte ich nach Bad Säckingen. Eine sehr nette Frau nahm mich von Wehr aus mit und ich erzählte ihr, dass ich auf dem Weg zu meiner Oma sei, die in Hürrlingen wohnte und krank sei. Da kenne sie jemanden, nämlich ihren Sohn, der mir sicher weiterhelfen könne. Sie machte etwas zu essen, und während ich aß, kam ihr Sohn nach Hause. Mir blieb fast der Bissen im Halse stecken, denn was die gute Frau nicht erwähnt hatte: Ihr Sohn war Polizist! In Bruchteilen einer Sekunde entschied ich, bei meiner Geschichte zu bleiben. Ich merkte das schon, der Polizist glaubte mir kein einziges Wort! Trotzdem fuhr er mich im Polizeiwagen nach Hürrlingen und gab mich dort ab. Mutter wollte mich aber nicht, und so kam ich am 20.07.1978 zu einer Pflegefamilie nach Birkendorf. Die behielten mich genau für vier Tage. Dann gaben Sie mich wieder zurück. Wie einen Hund, den man mal für eine Woche aus dem Tierheim "zur Probe" abholt und dann wieder zurückgibt. Genau für Sie, Herr Duttmann (Name geändert), mache ich jetzt in meinem schönen Buch extra ein eigenes Kapitel auf. Weil Sie in Ihrem Abschlussbericht geschrieben haben, ich sei für die Unterbringung in einer Pflegefamilie nicht geeignet.

Vier Tage bei den Quäkern

Ja, Herr Duttmann, das haben Sie dem Jugendamt sicher verschwiegen. Dass Sie einer Religionsgemeinschaft angehören, die mit meiner, der katholischen, nicht so viel gemeinsam hat. Sie und Ihre Frau haben mich sehr lieb aufgenommen, das muss man sagen. Sie haben mich durch das Haus geführt, haben mir mein neues Zimmer mit einem riesigen Bett gezeigt, haben mir ein fürstliches Abendessen bereitet und mich dann zu Bett gebracht. Ich legte mein kleines, weißes Radio unter das Kopfkissen und schlief mit Musik ein. Hier konnte ich mich sicher- und wohlfühlen.

Am nächsten Morgen war mein Radio weg! Dieses Radio war mein einziger Besitz! Mein Ein und Alles! Ich fragte nach meinem Radio und Sie sagten mir, dass ich das Radio nicht mehr brauchen würde. Sie haben mir das Einzige genommen, was mir gehört hat. Ich hatte sonst nichts, ich hatte nur dieses eine kleine Radio. Das habe ich von meinem Taschengeld gekauft, es war weiß und hatte einen kleinen Ohrhörer. Es war wirklich alles, was ich hatte, mein ganzer Besitz. Sie haben sich nachts wie ein Dieb in mein Zimmer geschlichen und haben mir dieses Radio gestohlen. Das war nicht richtig, Herr Duttmann, das war falsch. Ich wollte das Radio wieder haben, doch Sie haben es verweigert. Sie haben mir dabei nicht mal erklärt, warum Sie mir die Herausgabe meines Eigentums verweigert haben (das war wohl so eine Religionssache).

Vom ersten Tag an haben Sie alles falsch gemacht. Den einzigen Bezug zu meiner alten Welt haben Sie entfernt. Nach der ersten Diskussion frühstückten wir und danach sollte ich aus der Bibel lesen. Das tat ich auch, doch nach zehn Minuten hatte ich dazu keine Lust mehr und legte die Bibel weg. Es vergingen zwei Tage, Sie nahmen mich einmal auf die Jagd mit und ich setzte mich in einen Ameisenhaufen. Mein Geschrei vertrieb das Reh, welches Sie gerade schießen wollten und Sie waren sauer deswegen.

Der nächste Tag war ein Samstag, und ich sollte mich für die Kirche fertigmachen. Das wollte ich nicht. Ich ging sowieso schon ungern zur Kirche und wenn, dann am Sonntag. "Nein, heute ist der Sabbat, wir gehen heute in die Kirche!" Der Sabbat ist der Sonntag und ich gehe, wenn überhaupt, dann am Sonntag in die Kirche. Nun, Sie hatten keine Zeit mehr zum Streiten, die Kirche fing bald an und Sie sperrten mich in "mein" Zimmer ein, um die Sache später mit mir ausführlich zu bereden. So legte ich mich wieder ins Bett und wartete, bis Sie zurückkamen. Die Diskussion ging von vorne los und endete damit, dass ich "als Strafe" aus der Bibel lesen sollte. Sie setzten mich auf einen Stuhl und gaben mir die Bibel in die Hand. Ich sagte, dass ich erst lese, wenn ich mein Radio zurückbekomme. Dies verweigerten Sie mir! Ich nahm die Bibel und warf sie mit voller Wucht in eine der Zimmerecken. War mir egal, wenn sie kaputt ging, dann brauchte ich schon nicht daraus zu lesen. Sie hoben die Bibel auf und legten sie ohne ein Wort zu sagen in den Schrank zurück. Dann gingen Sie aus dem Zimmer. Nach einigen Minuten kamen Sie wieder herein und legten mein Radio auf den Tisch. Na bitte! Geht doch! Jetzt hätte ich auch aus der Bibel vorgelesen, doch das musste ich nicht mehr. Frau Duttmann war bereits dabei meinen Koffer zu packen, ich dürfe wieder nach Hause. Man würde mich jetzt nach Ühlingen ins Schwimmbad fahren, dort war mein Bruder Udo, der mich in Empfang nehmen sollte. Klasse, dachte ich, dann lese ich halt nicht mehr aus der Bibel. Herr Duttmann, in Ihrem Brief an das Jugendamt haben sie geschrieben, ich sei launenhaft gewesen, ungehorsam und verlogen.

Danke schön. Das hat mich echt weitergebracht. In Ihrer Religion darf man also lügen. Oder Tatsachen verdrehen. Ich habe nicht angefangen, denn der Start, den wir beide hatten, war denkbar schlecht. Dass Sie mir mein Radio weggenommen haben, hat nicht gerade dazu beigetragen, aus mir einen braven, geduldigen und folgsamen Jungen zu machen. Selber schuld, denn heute wären Sie sicher sehr stolz auf mich!

Da fällt mir gerade noch was ein: Man brachte mich an diesem Tag also in dieses Schwimmbad, in dem Udo bereits am Eingang auf mich wartete. Da ich eine Badehose hatte, zog ich mich um und wollte mich da noch eine Weile aufhalten. Udo nahm mich und schmiss mich ins tiefe Wasser. Was er anscheinend nicht wusste: Ich konnte nicht schwimmen! So ging ich dann auch gleich unter. Als ich aus der Ohnmacht wieder aufgewacht bin, lag ich auf einem Rasen neben dem Becken und ziemlich viele Leute knieten neben mir. Einer war sehr nahe an meinem Gesicht und ein anderer saß fast auf meiner Brust. Ich wäre fast ertrunken und Udo hat mich in letzter Sekunde wieder aus dem Wasser gezogen. Er hat sich dafür nie entschuldigt. Warum auch, ist doch meine Schuld, wenn ich nicht schwimmen kann. Das hätte ihm ja auch mal jemand sagen können.

Schon am nächsten Tag brachte man mich nach Rickenbach zurück, wo ich bis zum Abschluss der 9. Klasse blieb.

Meine Zeit in Rickenbach

Nach dem Ausflug zur Pflegefamilie brachte man mich am 26.07.1978 wieder nach Rickenbach, wo ich bis zum Ende der Schulzeit blieb. Daraus ergeben sich für Rickenbach folgende Zeiten, das sind nur knapp 6 Jahre:

> 07.01.1975 - 26.11.1975
> 08.04.1976 - 22.08.1976
> 31.03.1977 - 06.07.1978
> 26.07.1978 - 12.07.1980

Nachdem ich 1980 entlassen wurde, war ich noch mal ein paar Wochen, bis zum Beginn meiner Kochlehre 1981 in Rickenbach. Was habe ich nicht alles erlebt, angestellt, verbrochen, getan, nicht getan, am liebsten doch getan. Ich werde einfach Dinge herausheben, die mir so in den Sinn kommen, und an die ich die besten Erinnerungen habe. Diese fünf Jahre haben mein restliches Leben beeinflusst und entscheidend geprägt. Ich erinnere mich immer wieder und sehr gerne an diese fünf Jahre meines Lebens, in denen ich richtig leben durfte. In Ruhe leben durfte.

Dabei nehme ich u. a. fünf Entwicklungsberichte zu Hilfe. Diese Berichte aus Rickenbach fand ich tatsächlich in meiner Akte im Sinsheimer Lehrlingsheim und ich durfte mir diese abschreiben. Leider fehlen die Berichte von 1975 bis 1978, aber immerhin konnte ich von 1978 bis 1980 meine Zeit dort in groben Zügen und aus der Sicht der Gruppenschwester nachvollziehen. Zum Teil war ich entsetzt, ja erschüttert, manchmal habe ich mich amüsiert über die Sichtweise der Verfasserin und oftmals habe ich mich dann erst wieder an die eine oder andere Begebenheit erinnert.

Entwicklungsbericht vom 21.08.1978

Hans-Gerd war bleich und schmächtig, erholte sich aber schnell und entwickelte sich gut. Beim Essen ist er nicht wählerisch.

Ein erster Bericht bereits nach vier Wochen Aufenthalt, denn ich war erst vor Kurzem wieder in Rickenbach eingetroffen. Ich war also bleich und schmächtig, wog bei einer Größe von 1, 50 m knapp 44 Kilo. Beim Essen bin ich nicht wählerisch, was für eine Aussage! Natürlich bin ich beim Essen nicht wählerisch denn ich weiß ja nicht, wann Ihr mich wieder nach Hause schickt! Dort bekomme ich nämlich nichts und das Essen hier ist, bis auf die bereits erwähnten Ausnahmen (Meerrettich und Sauerkraut), sehr köstlich! Vor allem gibt's auch immer was! Zuhause war man sich da nie so sicher. In Rickenbach schon. Frühstück, Mittagessen und abends gab's auch noch was. Das ist doch nicht zu verachten!

Das fällt mir gerade ein: Irgendwann 1978/79 sollten wir tatsächlich wieder nach Hause geschickt werden. Mein Bruder und ich haben uns jedoch geweigert! Ich erzählte Sr. Bernhardina zum ersten Mal, was wir zuhause mitmachen mussten, und ich erzählte ihr alles. Wirklich alles, ich habe auch den Missbrauch nicht ausgelassen. Bis zu diesem Zeitpunkt hatte ich noch niemals, mit keiner Menschenseele darüber gesprochen, dass Stefan und ich seit Jahren von beiden Stiefbrüdern sexuell missbraucht wurden. Ich habe diese Frau noch nie so geschockt gesehen. Sie versprach uns alles Menschenmögliche zu unternehmen, dass wir nicht mehr nach Hürrlingen mussten. Ich sagte ihr, dass ich eher abhaue und meinen Bruder mitnehme, als wieder dorthin zurückzukehren. Daraufhin kam vor dem geplanten Abholtermin Frau Bauer vom Jugendamt Waldshut und hat sich sehr lange mit uns unterhalten.

Endlich hörte mir mal jemand richtig zu und interessierte sich für das, was ich zu sagen hatte. Ihr habe ich alles erzählt. Wirklich alles und ich habe nichts ausgelassen. Ein paar Tage später kam Sr. Bernhardina mit der besten Nachricht, die sie mir bis dahin gebracht hatte: Wir durften bleiben! Es ist mir bis heute ein Rätsel, dass meine Stiefgeschwister sich für das, was sie mir und meinem Bruder angetan haben, nicht vor Gericht verantworten mussten. Anscheinend hat das Jugendamt selbst nach meinem Bericht keine Anstalten gemacht, diese Kerle aus dem Verkehr zu ziehen. Mutter zog kurz danach nach Köln und sprach sich schriftlich dafür aus, dass ich die Schule in Rickenbach abschließen sollte. Für den Tag meiner Entlassung regte sie im gleichen Brief an, sich mit dem Jugendheim Rösrath in Verbindung zu setzen, denn sie erwäge, mich dort unterzubringen. In ihrer kleinen Wohnung, in der auch Udo wohnte, sei kein Platz für mich. Ach, ehrlich? Dass ich dann doch in dieser Wohnung gelandet bin, das ist dem Schicksal zu verdanken. So, ich schweife ab, weiter geht's mit dem Entwicklungsbericht aus dem Jahre '78.

Hans-Gerd spricht sehr viel und stottert bei Erregung.

Und ich war schnell erregt, vor allem dann, wenn ich mich ungerecht behandelt fühlte. Dann bekam ich kein klares Wort heraus, jede Silbe blieb irgendwo in meiner Mundhöhle hängen. In diesen Situationen weinte ich dann oft, fühlte mich hilflos und rannte nicht selten einfach weg. Ich rannte weg, weil ich nicht sprechen konnte, ich konnte mich verbal nicht wehren! Wie gerne hätte ich es rausgebrüllt und alles raus gelassen, aber das ging halt nicht. Durch mein Stottern war ich einfach gehandicapt. In späteren Entwicklungsberichten lese ich dann öfter, ich würde vor meinen Problemen davonlaufen. Ich bin nicht vor meinen Problemen, sondern vor mir selbst davon gelaufen. Warum sollte ich mich denn Situationen stellen, die ich nicht gewinnen konnte? Wenigstens habe ich nicht die Fäuste benutzt, wenn ich nicht mehr weiter wusste, sondern habe mich davongemacht. Mittels einer Logopädin wurde versucht meinen Sprachfehler zu korrigieren, doch auch sie erkannte die Ursache nicht. Sie machte mit mir Sprachübungen, ich soll immer einatmen, wenn ich erregt bin und keine Worte mehr kommen wollten. Klar, in manchen Situationen wäre ich dann nur noch am Atmen gewesen, also habe ich das abgebrochen. Mir hat das nichts gebracht. In vielen Konfliktsituationen bin ich dann tatsächlich geflüchtet. Das war immer noch besser als ständig zu hören, ich solle endlich mit der Sprache raus rücken. Ging ja nicht. Vielleicht hätte sich die Logopädin mal die Mühe machen sollen zu hinterfragen, wieso und seit wann ich stottere. Das hat sie aber nicht getan.

Er hat sich schnell integriert und findet rasch Freunde.

Auch kein Wunder. Endlich wieder jemand da, mit dem man spielen kann. Wobei ich mit 13 immer noch ziemlich verspielt war. Ich hatte so viel nachzuholen! Zu Hause in Hürrlingen durften, wollten oder konnten die Kinder nicht mit mir spielen. Dort musste ich immer alleine spielen. Wie bereits erwähnt hatte ich einen einzigen Freund im Ort, die anderen Kinder mieden mich. Auf diese Art lernte ich aber auch schnell, alleine mit mir klarzukommen. Irgendwas musste ich ja tun, ich konnte ja nicht den ganzen Tag auf dem Boden sitzen und an die Wand starren. So habe ich viele Stunden damit verbracht, mir Geschichten auszudenken, die ich dann nachspielte.

Er spielt gerne TV-Serien nach, auch mit Jüngeren und ist dabei sehr unterhaltsam.

Ich hätte sicher auch mit älteren Kindern gespielt, in meiner Gruppe gab's davon aber nur einen. Werner! Den Herrn Professor. Wir haben ihn immer so genannt, weil er immer irgendwas am Lesen war. Meistens wohl das "Riders Digest", zumindest kann ich mich daran noch erinnern. Vor dem Werner hatte ich ein wenig Schiss, denn er war mir nicht ganz geheuer. Mit dem wollte ich nicht spielen. Zudem war er bedeutend älter wie ich. Ich habe, bis vor wenigen Wochen, immer geglaubt er sei schwul. Mit Schwulen hatte ich so meine Erfahrung, mit denen wollte ich nichts, aber auch gar nichts zu tun haben.

Dass ich unterhaltsam war, ist sicher eines meiner angeborenen Talente, denn das bin ich heute noch. Keine Party, auf der ich nicht in Minuten der Mittelpunkt bin. Das hat mich allerdings lange Zeit gerade im sozialen Bereich schwer behindert, weil ich halt immer nur dann gefragt war, wenn man Stimmung auf einer Party brauchte. Diese Oberflächlichkeit habe ich sehr lange mit mir herumgetragen und mich immer gewundert, dass niemand "unter der Woche" was mit mir zu tun haben wollte.

Dazu die Fernsehserien, was gab es denn da, ach ja, ich erinnere mich: Mondbasis Alpha 1, Raumschiff Enterprise, Bonanza, Lassie, Flipper. Na klar, nicht nur Michael Mittermaier ist ein TV-Junkie. Im Gruppenzimmer stand ein S/W-Fernseher, und der war zwar meistens aus, aber die Serien, die ab 17 Uhr liefen, die durften oft geschaut werden. Sobald die Glotze an war und ein Spielfilm geschaut wurde, saß Sr. Bernhardina immer mit dabei. Nein, nicht weil sie der Film irgendwie interessiert hätte. Warum dann? Lesen sie einfach weiter, sie werden es bald erfahren.

Er ist sehr gesellig und lässt sich spontan für das Gute begeistern.

Ich freue ich mich immer noch wie ein kleines Kind, wenn mir etwas gefällt, und Neuem gegenüber bin ich nun zwar etwas kritischer, weil ich auch schon mal etwas hinterfrage, aber immer noch sehr aufgeschlossen. Zum Leidwesen meiner Frau. Denn alles Neue kostet auch Geld. Manchmal mehr als ich eigentlich habe.

Er hat eine blühende Fantasie und ein gutes Gedächtnis.

Ja, mein Gedächtnis. Das ist manchmal schon phänomenal. Sag' ich jetzt mal so. Wenn ich mal etwas gelesen habe, kann ich mich Jahre später noch daran erinnern. Einen Liedertext, den ich mal auswendig kann, vergesse ich auch über Jahre nicht mehr. In meinem Kopf sind bestimmt mehr als tausend Liedertexte gespeichert, ich kann unglaublich viele Lieder, meistens deutsche, aber auch englische, mitsingen. Filme, die ich mir einmal angeschaut habe, erkenne ich bereits nach wenigen Minuten, manchmal schon nach Sekunden. Dann spielt es auch gar keine Rolle, an welcher Stelle der Film gerade ist. Meine Frau findet das immer witzig, wenn sie durch die Kanäle zappt, und nach ein paar Sekunden rate ich den Titel des Films. Zu 95 % liege ich immer richtig, ich rate aber auch nur mit, wenn ich den Film kenne.

Beim Radiohören nervt das aber bereits die ganze Familie, wenn ich nach Sekunden den Titel des Liedes ansage. Das Gleiche gilt für TV-Serien, egal wie viele Folgen diese hat. Habe ich die Folge schon mal gesehen, weiß ich das nach ein paar Sekunden. "Star Trek - The Next Generation", "CSI", "Criminal Intent", "Für alle Fälle Amy", "NCIS", "Dr. House", "Criminal minds", "The Mentalist", "Pretender", alles TV-Serien, die ständig wiederholt werden: Ich brauche nur 10 Sekunden vom Vorspann, das reicht schon. Meistens weiß ich dann sogar noch, wer wen getötet hat und warum.

Das ist auch so eine Sache mit der Auffassungsgabe. Wenn ich mitten in einen Film einsteige, den ich noch nicht gesehen habe, und dieser nicht gerade abstruse Wendungen hat, kann ich schon nach ein paar Minuten in der Story mithalten. Kurze Infos noch aus dem Teletext, das reicht mir meistens. Oftmals liege ich sogar beim Mörder richtig. Woher das kommt? Keine Ahnung, ich bin kein Psychologe!

Er liebt es zu schwimmen, fährt gerne Rad und Ski.

Na, hallo, mein Sternzeichen ist Wassermann. Ich könnte mich den ganzen Tag im Wasser aufhalten. Leider komme ich heute nicht mehr so häufig dazu, ins Schwimmbad zu gehen. Im Kinderheim sind wir im Durchschnitt ein Mal pro Woche ins heimeigene Hallenbad gegangen. Im Wasser zu spielen war für mich das Größte. Ich bin nicht wirklich geschwommen, das habe ich erst viel später richtig gelernt. Ich beeilte mich immer mit Duschen, damit ich als Erster ins Bad konnte, denn wenn die Wasserfläche ganz still da lag, das war ein Schauspiel. Ich tippte dann immer mit dem Finger an den Wasserrand und sah zu, wie die Kreise sich ausbreiteten. Vorne im flachen Bereich gab es eine Treppe, und ich tauchte immer unter ihr durch. Das war dann mein U-Boot und ich musste es reparieren. Ich mochte ja ein geselliger Typ gewesen sein, im Wasser spielte ich meistens alleine. Auch das Tauchen machte mir großen Spaß, und wenn ich einen Tauchring bekam, war ich immer beschäftigt. Die Zeit im Bad verging viel zu schnell, und wenn es nach einer Stunde hieß: "Rauskommen", war ich immer traurig.

Wenn eine bestimmte Schwester mit uns zum Baden ging, ihren Namen möchte ich nicht sagen, achtete diese unter persönlichem Einsatz peinlichst genau darauf, dass wir uns auch ja richtig wuschen. Sie machte das dann nämlich mit Vorliebe selbst. Dabei wusch sie meinen Johann besonders ausgiebig. Nicht nur meinen, den von den anderen Jungs auch. Ja, Hygiene musste sein, das ist wichtig für das spätere Leben. Natürlich war das Schwimmbad bestens dafür geeignet, Studien am "anderen Geschlecht" vorzunehmen. Ein Bikini oder ein Badeanzug verdeckt halt doch nicht so viel. Ich bemerkte natürlich, dass man mit einer Taucherbrille bewaffnet in diesem kleinen Becken ziemlich weit schauen konnte. In meiner Gruppe waren zwei Mädchen, denen ich unter Wasser meine ganze Aufmerksamkeit schenkte.

In diesem Hallenbad hatte ich oft das Problem, dass mir nach einer Anstrengung das Herz "bis zum Halse" schlug. Es war ein unglaublich lautes, heftiges Pochen, das kaum zum Aushalten war. Nach ein paar Minuten war es meistens vorbei, war aber schon beängstigend. Während dieser Anfälle bekam ich auch fast keine Luft.

Er wendet sich nun auch älteren Mädchen zu.

Ja, aber nur aus Neugierde. Mehr war da nicht dabei. Ehrlich nicht. Ich wollte halt nicht nur Kerle als Freunde haben, sondern auch Mädchen. Schließlich konnte man einige Exemplare dieser Spezies unmöglich ignorieren. Ein Mädchen aus meiner Gruppe war oftmals präsent in meinen Träumen. Sie hat mich immer verhauen, aber je gemeiner sie zu mir war, desto mehr mochte ich sie. Ich suchte immer ihre Nähe und habe nichts ausgelassen, um mit ihr zu streiten oder sogar zu raufen. Dabei konnte ich ihr nahe sein und habe immer versucht, ihre Brüste zu berühren. Es waren kleine Brüste, aber mir haben sie gereicht. Ich glaube, sie bemerkte schon, warum ich immer mit ihr raufen wollte, und lies es mehr als einmal geschehen. Jedenfalls bildete ich mir das damals ein.

Ich hatte eine richtige, feste, aber nur platonische Freundin. Mit ihr habe ich mich fast täglich getroffen, wir sind zusammen den Schulbuckel hochgelaufen, haben uns in der Pause getroffen, und wenn wir raus durften, suchten wir immer die gegenseitige Nähe. Erst später, kurz bevor ich entlassen wurde, riskierte ich auch schon etwas mehr und habe einmal nachts über das Regenabflussrohr die Gruppe verlassen. Durch das Badezimmerfenster! Das war immerhin im zweiten Stock! Sie hatte in ihrer Gruppe ebenfalls ein Fenster offen gelassen, auch im zweiten Stock und dort bin ich am Abflussrohr wieder hoch geklettert. Dann durch die Dunkelheit in ihr Zimmer, wo sie schon auf mich gewartet hatte. Wir kuschelten uns aneinander und genau nach zwei Minuten ging das Licht an! Ihre Gruppenschwester muss mich gesehen oder sonst wie bemerkt haben und zerrte mich ziemlich unsanft aus dem Zimmer. Die nächsten Stunden verbrachte ich in einem kleinen Zimmer in der Pforte, und abwechselnd kam eine Schwester, um mit mir zu beten. Anscheinend beratschlagte man, was mit mir geschehen sollte. Ich bilde mir heute noch ein, die wollten mir den Teufel austreiben. Ging aber nicht! Aber mit dieser Freundin war es bis zum Schluss bei der platonischen Liebe geblieben.

Was war das Ende dieser Geschichte? Die ist so unglaublich, dass ich nicht vergessen darf, sie aufzuschreiben: Zunächst entfernte Sr. Bernhardina den Griff des Fensters in diesem Badezimmer. Da sie aber schnell bemerkte, dass dies ungeschickt war, kam man auf die Idee, an die Regenrinne Stacheln anzubringen, um uns das Runterklettern an dieser Regenrinne zu erschweren. Diese Stacheln befinden sich dort heute noch! Was soll ich sagen? Durch diese Stacheln wurde das Runterklettern noch einfacher, denn endlich hatte man Halt für die Füße an dem glatten Rohr!

Er macht am Liebsten was ihm Spaß macht und ist sehr musikalisch.

Ich mache heute noch nur, was mir Spaß macht. Nach meiner Bundeswehrzeit hatte ich mindestens 20 verschiedene Arbeitsstellen. Mir hat keine davon wirklich Spaß gemacht und so habe ich manche davon schon nach zwei oder drei Tagen wieder gekündigt. Hey, ich lebe nur einmal und dann sollte es auch Spaß machen, oder nicht? Wenn Smokie im Radio lief, welches im Gruppenzimmer auf dem Schrank mit den Spielen stand, habe ich einen Stuhl genommen, damit ich an das Radio kam. Um es lauter zu stellen. Smokie fand ich toll und auch auf Suzi Quatro bin ich voll abgefahren. "Deutscher Schlager", das war mein Ding. Ich wollte Schlagersänger werden, unbedingt. Die Rockmusik von Kiss musste ich mir mal antun, weil einer meiner Zimmerkameraden, gerade als ich mal krank war, vier LPs auf Kassette aufgenommen hat. In einer irrsinnigen Lautstärke. Hintereinander! Danach hatte ich nicht nur die Grippe, sondern auch noch einen Hörsturz.

Er ist sehr intelligent und langweilt sich deswegen in der Schule.

Aha. Ist ja toll. Warum, um alles in der Welt, hat niemand etwas gegen meine Langeweile unternommen? Warum ist keiner von den Lehrern auf die Idee gekommen, mich auf eine höhere Schule zu schicken? Weil diese Heimschule anscheinend doch keine richtige Schule war. Werner hat das mal so ausgedrückt, er nannte die Heimschule eine "Verwahranstalt".

Es gab dort zwar einen Rektor und natürlich auch Lehrer, aber was soll man davon halten. So weit ich mich erinnern kann, waren die Grundschulklassen sogar zusammengelegt, weil nicht genug Kinder für eine eigene Klasse da waren. In der achten und neunten, in meinem Jahrgang, waren wir knapp 10 Jugendliche.

Er redet sehr viel, schneidet gerne auf und prahlt.

Aber das Aufschneiden und Prahlen war doch völlig normal. Wenn du das nicht gemacht hast, bist du in der Masse der Kinder einfach untergegangen. Das wollte ich nicht, ich wollte immer oben mitschwimmen. Gesehen und gehört werden! Schaut her, Hans-Gerd ist im Raum! Beachtet mich, ich sehe gut aus, ich bin intelligent, ich kann singen und Schillers Glocke aufsagen. Fehlerfrei und: Ohne zu stottern!

Das war ein Phänomen, das sich keiner erklären konnte und oftmals Gesprächsstoff bei den Nonnen und Lehrern war. Wenn ich etwas auswendig aufsagte oder ein Lied sang, habe ich nicht gestottert! Heute weiß ich, warum das so ist. Weil das Stottern halt seelischer Natur war und kein körperlicher Schaden. Hätten die Schlaumeier ja auch mal drauf kommen können. Aber über meine Vergangenheit wurde ich nie befragt. Erwähnte ich das schon? Keiner hat sich dafür interessiert. Als ich später ins Lehrlingsheim kam, wurde ein kompletter Aufnahmebericht erstellt, der ist mehrere Seiten dick (ich durfte den lesen)! Da hat man sich zum ersten Mal die Mühe gemacht und zuerst mal geschaut, wer einem da ins Nest gesetzt wurde. Dementsprechend wurden dann die Erzieher informiert, die wussten schon am ersten Tag mehr über mich als mir lieb war.

Bei seinen Mitschülern und auch bei den Lehrkräften ist er sehr beliebt

Na, wenn das da steht, dann muss das wohl so gewesen sein. Ich habe in dieser Schule so viel Schabernack getrieben, das haben die Lehrkräfte entweder nicht bemerkt, oder mir nicht zugeordnet. Kein Streich war mir zu derb und keine Aktion zu gewagt. Ich kann mich auch nicht an alle Lehrer erinnern, das ist zu lange her. Einmal sollte eine Nonne den Musikunterricht übernehmen, das war so dermaßen langweilig, dass wir vor der nächsten Stunde einfach die Türe von innen blockiert haben. Dem Huster (Name geändert) haben wir einmal einen Reißnagel auf den Stuhl gelegt, auf den er sich auch setzte. Er stand dann ganze 45 Minuten nicht mehr auf, normalerweise lief er andauernd im Zimmer herum. Zur Strafe bekamen wir noch richtig viel zur Hausaufgabe auf. Er hat über den Nagel auf seinem Stuhl kein einziges Wort verloren.

Die Heimschule Rickenbach

Auf meinem Abschlusszeugnis der 9. Klasse steht: Heimschule Rickenbach. Es stellt sich aber die Frage: Was unterschied diese Schule von einer "echten" Hauptschule? Warum ließ man uns nicht nach Rickenbach in die Schule gehen? Rickenbach war gerade mal zwei Kilometer entfernt, und es wären sicher Kapazitäten für uns frei gewesen. Der Schulbus, der morgens und mittags am Heim vorbei in Richtung Rickenbach fuhr, hätte uns mitgenommen. Stattdessen wurde 1973 oberhalb des Heimes ein eigenes Gebäude errichtet, ein Schulgebäude. Mit Chemie- und Werkraum, einem riesigen Treppenhaus, einer Wohnung unter dem Dach und einem Hallenbad. Mit dieser Schule verbinden mich so viele Fragen und ich kann nur hoffen, dass ich die mal von jemandem beantwortet bekomme, der dabei war und eine Ahnung davon hat. Der Unterricht war, bis auf eine Ausnahme, stinklangweilig. Furchtbar. Deutsch habe ich gehasst, genau wie Mathe. Was mich wundert, ich kann mich nur an zwei Lehrer wirklich erinnern: Herr Ammon und Herr Huster (Name geändert). Da waren wohl noch ein Herr Schneider, eine Frau Hartmann (die Schwester einer Nonne, die auch im Heim war) und mehrere Nonnen, die unterrichtet haben, u. a. in Religion (klar, was sonst) und Musik (furchtbar!).

Herr Huster, seines Zeichens Rektor der Hauptschule

Ich hoffe er lebt nicht mehr oder hat bereits Alzheimer, damit er mich nach diesen Zeilen nicht mehr verklagen kann, denn jetzt werde ich beleidigend: Er war ein Vollhorst, eine echte Schande für alles, was sich Lehrer nennt. Von Erziehung keine Ahnung, so eine Art Schulhofgeneral. Erziehung durch Strenge. Was habe ich und sicher auch viele andere Kinder, ihn gehasst. Wo er auftauchte, tauchte auch die Angst auf. Er führte die Schule mit eiserner Faust, wie ein Oberst. Dabei trug er immer einen grauen Arbeitskittel, aus dessen Brusttasche mehrere Schreiber herausragten. Redete von sich fast immer in der 3. Person. Das war vielleicht ein Kotzbrocken. Zu allem Übel blieb es uns dann nicht erspart, dass wir diesen Menschen in der Neunten als Lehrer hatten. Sein Unterricht war das Letzte. Er warf mit Schlüsseln, Kreide, nassen Schwämmen und scheute sich auch nicht davor Kopfnüssen zu verteilen. Meiner Tischnachbarin schlug er so heftig ins Gesicht, dass ihre Nase platzte und sie rückwärts vom Stuhl kippte. Sie hatte ihn leise beschimpft, er war aber noch nicht weit genug weg, sodass er es hörte. Sie wurde noch am gleichen Tag aus dem Heim entfernt, ich sah sie nie wieder. Ich empfand ihn damals als sehr unangenehm und ging ihm, so weit ich das konnte, aus dem Weg. In seinem Unterricht war es besser, wenn man unsichtbar blieb. Da konnte ich dann auch brav mein vorlautes Maul halten. Ich war zwar vorlaut, aber nicht dumm. Gelernt habe ich bei ihm nichts, dafür war sein Unterricht zu schlecht. Wenn ich mir heute anschaue, was meine Kinder in Deutsch für Hausaufgaben heimbringen, da wird's mir ganz schwindelig. Später, als Herr Ammon als Rektor der Schule eingesetzt wurde, weigerte sich Herr Huster den Hauptschlüssel der Schule abzugeben und musste richtig dazu gezwungen werden. Er war sehr "nonnenhörig", warum auch immer, und wahrlich kein Kinderfreund.

Danke, Herr Ammon, dass es sie gab!

Er hatte bei uns Werken und Musik übernommen. Das hat Spaß gemacht, mein lieber Herr Ammon, das hat wirklich Spaß gemacht. Gleich am ersten Tag, die erste Stunde Musik mit ihm, da wusste ich, dass es jetzt besser werden würde. Alles würde besser werden! Er kam mit einem Kassettenrekorder ins Klassenzimmer und verteilte Percussions-Instrumente. Dann lies er ein Lied von den Beatles laufen und sagte uns, wir sollten einfach, mit den ausgeteilten Instrumenten, mitklopfen. Gerade so, wie wir es für richtig hielten. Das war ein Höllenlärm, und damals wusste ich natürlich nicht, was er damit bezweckte. Dann verteilte er verschiedene Instrumente auf die Schüler meiner Klasse und sagte zu mir, er werde mich nun beim Gitarrenspielen unterstützen. Das fand ich grandios, denn die Schwester, bei der ich etwas Gitarrenunterricht nahm, brachte mir nur stures Pauken der Akkorde bei.

Ich habe ihm so viel zu verdanken, ich weiß gar nicht, wo ich anfangen soll. Mit riesigem Durchhaltevermögen und unglaublichen Ideen hat er das ganze Heim auf den Kopf gestellt und revolutioniert. Auf einmal bekamen wir einen Sportplatz, der Spielplatz bekam einen Sandkasten und ein Klettergerüst und wir durften eine Hütte bauen. Im Werken baute ich eine eigene Gitarre, ein Holzschiff und einen Kopf aus Ytong. Der Musikunterricht war schlichtweg phänomenal, es gab die Beatles, Cat Stevens, Lieder aus den Charts. Er unterrichtete mich in Gitarre und besorgte mir die ersten Auftritte.

In der Turnhalle habe ich vor dem gesamten Heim "Father and son" von Cat Stevens und "Bobby McGee" von Janis Joplin gesungen. Dass ich mich heute einen "Musiker" nenne, habe ich ganz alleine diesem Mann zu verdanken. Bei ihm hatte ich das erste Mal das Gefühl, das ich wirklich etwas wert bin. Er war der erste Mensch, der sich intensiv um mich bemüht hat. Um für meine ersten Auftritte gewappnet zu sein, gab er mir bei sich zuhause Privatunterricht. Ihm war damals eine Dohle zugeflogen die die unmöglichsten Geräusche machen konnte, z. B. das Herunterfallen eines Tellers, das war unglaublich lustig. Noch heute, wenn mich jemand fragt, wie ich zur Musik gekommen bin, fällt gleich im ersten Atemzug der Name "Herr Ammon" aus Rickenbach.

Vielen, lieben Dank!

Eigentlich bin ich ja gerne in die Schule gegangen, denn das war eine Abwechslung vom üblichen Trott. Es gab natürlich Fächer, die mir sehr viel Spaß gemacht haben, und in denen ich mich dann auch anstrengte. Vor dem Schwimmen habe ich mich öfters mal gedrückt und bin einfach nicht erschienen. Als ich älter wurde, hatte ich halt meinen Dickschädel, und was konnten sie schon ausrichten. Angeschrien zu werden, tut nicht weh und es gab keine Strafe mehr, die mich schrecken konnte. Sollte ich etwas auswendig lernen, habe ich das sogar mit Spaß gemacht und später habe ich nur noch die Hälfte auswendig gelernt, weil der Lehrer sowieso nach drei oder vier Strophen abgebrochen hat. Diese Strafen bekam ich dann auch gar nicht mehr. Strafarbeiten in schriftlicher Form gab es zuhauf. Was habe ich DIN A4-Blätter vollgeschrieben mit allem möglichen Mist.

"Ich darf im Unterricht nicht Kaugummi kauen" (200 Mal)
"Ich darf im Unterricht nicht essen" (250 Mal)
"Ich darf den Mädchen nicht unter den Rock fassen" (500 Mal)

Ich entwickelte eine Methode, um möglichst schnell zu schreiben, mir machte das nichts aus. Ich hätte einen Satz auch tausendmal geschrieben. In Englisch wurde ich immer eine halbe Note schlechter bewertet, weil ich mir, durch meine Musik, eine amerikanische Aussprache angewöhnt hatte. Was soll man dazu sagen? War mal kein Lehrer im Klassenzimmer, ging's in der Achten, Neunten immer hoch her. Es gab eine Phase, da fassten wir den Mädels in die Hose und versuchten an ihre Muschis zu gelangen. Nee, kein Witz, ich raufte die Mädels auf den Boden nieder und schob' dann meine Hand in ihre Hose. Das hat mehr als einmal wunderbar geklappt, das war immer schön weich. Nur die betroffene Hand roch hinterher nicht mehr so toll. Das war einer der Nachteile von diesem Spiel. Aber im Zimmer, vorne am Lehrerpult, gab's ein Waschbecken.

Abenteuer im Bunker

Unter der Schule gibt es einen Luftschutzbunker. Warum auch immer. Anscheinend war einfach genug Geld da, denn so ein Bunker kostet ja nicht gerade wenig. Wenn man die Schule durch den unteren Eingang betrat, konnte man die Bunkertüre in einem Zwischenstock sehen. Diese war immer fest verschlossen, wir durften diesen Bunker nicht betreten. Ich war aber trotzdem mehrfach drin. Es gibt nämlich hinter und vor dem Schulgebäude zwei Schächte, durch die man in den Bunker einsteigen konnte. Der hintere Schacht war mit einem simplen Vorhängeschloss gesichert und das habe ich aufgebrochen. Dann habe ich ein neues Schloss angebracht. Von dort konnte ich dann nach Belieben in den Bunker einsteigen. Einmal drin, konnte man Licht machen und war völlig ungestört. Ich wurde bei dieser Aktion niemals erwischt, und es ist heute auch das erste Mal, dass ich darüber spreche. Das war mein eigenes, mein kleines Geheimnis. Um nicht erwischt zu werden, habe ich den Bunker immer nur aufgesucht, wenn es schon dunkel war, also in den Wintermonaten. Eigentlich wundere ich mich heute, dass mich nie jemand erwischt hat. Es lief aber auch selten jemand neben dem Schulgebäude herum. Allerdings sprach sich das unter den Kindern recht schnell herum, dass man dort einsteigen konnte und manchmal waren zehn Kinder und mehr anwesend. Platz war da genug.

Ich kann mich nicht erinnern ein besonderer Streber gewesen zu sein, meistens habe ich mich eher gelangweilt. Die Schule an sich war ja nicht schlecht, und als später die Fächer Physik und Chemie dazu kamen, fand ich das ganz interessant. Vor allem die Sache mit den Atomen, da hab' ich meine Note mal von einer Vier auf eine Zwei verbessert. Werken und Musik mit Herrn Ammon waren natürlich Highlights, Sport mit Herrn Schneider eine Katastrophe. Der hat mir auch mal ziemlich brutal eine Zigarette aus dem Mund geschlagen, nachdem er mich, vor der Turnhalle, damit erwischt hatte. Bei einem Fußballspiel in der Halle habe ich mal zwei Meter vor dem Tor das Selbige nicht getroffen. Dafür überhäufte er mich mit Spott und Hohn. Dabei hasste ich Fußball, ich mag den Sport heute noch nicht so besonders. In Völkerball war ich toll, da war ich ziemlich oft der "König". Das hat Spaß gemacht.

Immer, wenn schönes Wetter war, wurde im Sommer abends vor dem Heim Völkerball gespielt. Oftmals spielten auch die Nonnen mit und es war für uns Buben eine willkommene Gelegenheit, mal so richtig Frust abzulassen.

Entwicklungsbericht vom 12.03.1979

So schnell war ein Jahr vergangen. Leider sind die früheren Entwicklungsberichte abhandengekommen, ich habe mal das Jugendamt Waldshut bemüht, aber die konnten mir auch nicht weiterhelfen. Ich war nun schon das vierte Jahr in Rickenbach und bereits 14 Jahre alt. Wie bereits weiter vorne ausgeführt, habe ich mich in diesen vier Jahren über zwei Jahre auch "zuhause" in Hürrlingen aufgehalten. Zur Zeit dieses Entwicklungsberichtes war ich aber ein volles Jahr in Rickenbach gewesen, und so konnte dieser Bericht sicher das ausdrücken, was ich wirklich war. Schließlich hatte Sr. Bernhardina ein Jahr Zeit sich mit mir auseinanderzusetzen.

Hans-Gerd verfügt über einen reichen Wortschatz und kann sich gut ausdrücken.

So was liest man schon gerne, oder nicht? Ich konnte mich gut ausdrücken. Das war die Folge meiner Lesesucht. Was habe ich alles gelesen, nachdem ich entdeckt hatte, dass es im Schwesternflur mehrere Schränke mit Büchern gab. Keine richtige Bibliothek, aber immerhin. Da standen Bücher von Enyd Blyton, die habe ich regelrecht verschlungen. Die habe ich alle gelesen, das waren immerhin so um die 20 Bücher! Zwischendrin dann noch ein paar???-Bücher. Wenn ich meine Lesewut überschlage, habe ich in meinem bisherigen Leben annähernd zwei- oder dreihundert Bücher verschlungen. Dann noch ca.

700 Jerry Cotton-Romane, unzählige Santana- und andere Westernromane, eine Zeit lang auch Perry Rhodan.

Die Bücher, die ich gelesen habe, kann ich gar nicht mehr zählen (Der Medikus, Das 4. Protokoll, Das Geisterhaus, Das Kartell, usw.). Die Biografien? Julius Cäsar, Dschingis Khan, Alexander der Große, Götz von Berlichingen, usw. Mehr als zehn Hitlerbiographien. Ich habe alles aufgesaugt, was mit dieser Zeit zu tun hatte. Sogar die erste Hitler-Biografie über zwei Bände von Konrad Heiden, die schrieb er schon vor dem 2. Weltkrieg! Dann das Buch von Rudolf Höß (Auschwitz), außerdem "Der Untergang", "Bis zur letzten Stunde", selbst "Mein Kampf" habe ich gelesen. Wie gesagt, gelesen, aber nicht immer kapiert. Dann ein Büchlein "Der Mythos des 20. Jahrhunderts" von Alfred Rosenberg (was eine gequirlte ....), der später Hitlers "Reichsminister für die besetzten Ostgebiete" wurde und verantwortlich ist für den Tod von Tausenden von Juden. Er war der "Plünderer" unter den Nazis, unglaubliche Schätze hat er geraubt und verschwinden lassen, u. a. auch das legendäre Bernsteinzimmer. Er wurde in Nürnberg hingerichtet. Über die Nazizeit würde ich auch gerne ein Buch schreiben, denn ich finde alle Bücher, die ich ja nun bereits besitze, zu hochtrabend und psychologisch angehaucht.

Und zum Schluss dieser Aufzählung dürfen auch die unzähligen Fachbücher und Zeitschriften nicht fehlen. Alleine fünf EDV-Zeitschriften habe ich jeden Monat im Abo und das schon seit zehn Jahren! Rechnen Sie es ruhig hoch, das sind mehr als sechshundert EDV-Zeitschriften. Ich lese jedes Wort, blättere jede Zeitschrift mehrfach durch! Ich hatte fünf Jahre den Stern im Abo, lesen Sie das mal, die Zeitschrift kommt jede Woche! Erwähnen möchte ich noch mein PM-Abo, nur mal so am Rande. Die Comics, die hätte ich jetzt fast vergessen: Supermann, Batman, Die fantastischen Vier, Tarzan, Rahan (kennt das noch einer?), Asterix (alle Bände), Lucky

Luke, Die lustigen Taschenbücher, Fix & Foxie, Clever & Smart, Michael Vaillant, Micky Mouse, und was ich halt so in die Finger bekomme.

> **Bei Theaterstücken spielt er oft die Hauptrolle und spricht dabei sehr deutlich und gut**

Da kam mir mein Gedächtnis zugute, denn nach einigen Proben konnte ich nicht nur meinen Teil, sondern das komplette Stück auswendig. Jetzt raten Sie mal, warum ich immer beim Theater mitgemacht habe? Ich bekam Applaus dafür. Man klopfte mir auf die Schulter. An einige der Stücke kann ich mich gut erinnern, einmal spielte ich einen gläubigen Jungen, der auf dem Weg nach Hause überfallen wurde, weil man seine Hostie haben wollte, die er in der Messe bekommen hatte. Man "schleifte" mich dann hinter eine Absperrung, sodass mich das Publikum nicht sehen konnte, und machte Töne, als würde man auf mich eindreschen. Ich hatte die Idee diese Zeit zu nutzen, mich blutig zu schminken und mir die Klamotten zu zerreißen. Die "Bande" lies dann von mir ab und ich torkelte hinter der Absperrung vor. Ich muss fürchterlich ausgesehen habe, denn jeder in der Turnhalle erschrak und es wurde still. Ich sagte einen letzten Satz, natürlich irgendwas Frommes, und brach dann zusammen. Damit war das Stück zu Ende und ich lag da auf dem kalten Boden der Turnhalle. Ich hatte die Schwester extra gebeten einige Sekunden zu warten, bis sie selbst mit Applaus beginnen sollte. Sie war aber von der Szene so ergriffen, dass sie weinte, und ließ mich da auf dem kalten Boden liegen. Es dauerte endlos, bis endlich einer zu klatschen begann und ich wurde mit Lobhudelei überschüttet!

Ich spielte einen Wirt im Weihnachtsspiel, den Bettler von St. Martin und viele weitere Stücke. Mir hat das einfach Spaß gemacht, weil ich damit auch in eine andere Welt flüchten konnte. Das Auswendiglernen machte mir nichts aus, das war einfach.

Später, als ich im Lehrlingsheim in Sinsheim war, hatte ich eine kurze Phase beim "Würfeltheater". Ich sah dort das Chaos in der Lichtanlage und bot an, dies zu reparieren. So kam es, dass ich während einer kompletten Saison das Licht machte. Das Stück, welches gespielt wurde, immerhin fast zwei Stunden mit sechs oder sieben Darstellern, konnte ich komplett auswendig. Ich hätte jederzeit für jeden einspringen können. Was bei den weiblichen Rollen sicher doof ausgesehen hätte.

Er hat wenig Sinn für Ordnung und Sauberkeit

Da frage ich mich, was damit gemeint war. Hatte ich keine Lust den Gruppenraum aufzuräumen? Oder das Schlafzimmer, den Waschraum oder den Flur? Ich denke mal, für einen Teenager sind das völlig normale Eigenschaften. Im Zimmer meiner Kinder sieht's jeden zweiten Tag so aus, als ob da eine Bombe eingeschlagen hat. Aber dieser Satz hat sicher etwas damit zu tun, dass "Ordnung und Sauberkeit" Tugenden sind, die man uns versuchte beizubringen. Gewisse Räume waren ja noch in Ordnung, aber die Toilette im Waschraum, die rechte Zelle mit dem Fenster, war immer kaputt. Man watete ständig durch Pisse und Wasser. Auf die linke Toilette bin ich nie gegangen, denn die war immer verstopft. Was kein Wunder war, denn beide Toiletten waren für Kleinkinder, wir waren aber längst groß und machten halt auch dementsprechend große Haufen in die Schüssel. Dann noch das Papier dazu und das Chaos war perfekt. Vorne rechts im Flur gab es noch einen Waschraum mit einer Badewanne und zwei größeren Toiletten. Da bin ich dann immer draufgegangen. Den Riesenflur zu bohnern (mit einer ziemlich wuchtigen Bohnermaschine) hat auch nicht wirklich Spaß gemacht, das Teil war einfach zu schwer.

Er drückt sich vor Körperpflege

Also das wollen wir mal klarstellen, das habe ich nur aus einem Grund gemacht: In unserem Waschraum war es eine Katastrophe sich zu waschen. Es war im Winter immer schweinekalt! Wenn man das Wasser laufen ließ, um warmes Wasser zu bekommen, gab es immer einen Anschiss. Wer wäscht sich schon gerne mit kaltem Wasser? Dass ich mich jeden Morgen waschen sollte, habe ich gar nicht eingesehen. Abends das gleiche Spiel nochmals. In einem kalten Waschraum, mit viel zu kleinen Waschbecken und meistens kaltem Wasser. Ich habe oft das warme Wasser angemacht und bin dann erstmal auf die Toilette gegangen. Mit vierzehn hatte ich dann auch schon den Mut mich diesem "Befehl" zu widersetzen. Ich putzte mir zwar die Zähne, wusch mich morgens aber nicht mehr. Da wir meistens zweimal die Woche ins Schwimmbad gingen, hielt ich das für ausreichend. Später wurde im vorderen Bad eine Dusche eingebaut, und auch in die Wanne habe ich mich öfters mal gelegt. An dieser Wanne wusch man uns immer die Haare, das war spaßig. Fünf Kinder in Reihe über den Wannenrand knien, einmal nass machen, Shampoo drauf, rubbeln und wieder abbrausen. Dabei war das Wasser nicht immer in "Wohlfühltemperatur".

Hans-Gerd ist waghalsig und sehr wehleidig

Ich kann mich an eine Sache gut erinnern: Ich bin auf einen Baum geklettert und habe mich dort über einen Ast gehangelt. Dabei bin ich abgerutscht und fiel aus etwa drei Meter Höhe vom Baum direkt auf meinen Rücken. Dabei muss ich mir etwas verknackst haben, denn ich bekam keine Luft mehr. Ich konnte einfach nicht mehr atmen! Dadurch konnte ich auch nicht sprechen, und so brachte es nicht viel, dass ich Sr. Bernhardina zwar fand, ihr aber nicht klarmachen konnte, was mir fehlt. Ich deutete auf den Baum und versuchte ihr zu erklären, was passiert war, was aber nicht ging. Nach endlosen Sekunden bekam ich endlich wieder Luft und ich erklärte es ihr. Sie meinte nur, ich solle mich nicht so anstellen, ich jedoch hatte noch tagelang Rückenschmerzen, sodass ich nicht am Sport teilnehmen konnte. Was mir wieder Ärger einbrachte, weil auch Herr Schneider mir meine Schmerzen nicht abnahm. Jetzt erklären Sie das jemandem, dass sie wirklich Schmerzen haben, wenn Ihnen erstens kein Mensch glaubt und zweitens gar niemand richtig zuhört?

Er ist jetzt stark in der Pubertät, ist flegelhaft, überheblich und verlogen und benutzt oft Kraftausdrücke. Dadurch macht er sich unbeliebt.

Kein Kommentar. Nee, mal ehrlich: Ich war vierzehn Jahre alt und lebte in einem Heim unter mehr als hundert weiteren Kindern. Dort kannst du dich auf zwei Arten aus der Masse hervorheben: Du bist besonders gut oder besonders laut. Ich habe mir eine Mischung aus beidem gewählt, denn in vielen Bereichen war ich besonders gut, wollte es mir aber mit meinen Kameraden auch nicht verscherzen. Denn wer Schwesters Liebling war, der hatte nicht unbedingt viele Freunde. So war das eine immense Gratwanderung zwischen dem "braven" und dem "frechen" Hans-Gerd. Der Versuch, es beiden Seiten recht zu machen, also der Schwester und meinen Kameraden, hat halt nicht immer funktioniert. Von diesem Kampf hatte Sr. Bernhardina entweder keine Ahnung oder sie wollte es nicht bemerken. Natürlich habe ich immer versucht es ihr so recht wie möglich zu machen und gleichzeitig wollte ich nicht als Schleimer dastehen. Bei mir in der Gruppe war das kein Problem, da waren wir "unter uns" und ich war dann ja auch schon einer der Älteren. Draußen jedoch habe ich immer versucht, so wenig wie möglich als Schwesters Liebling angesehen zu werden. So ging ich ihr draußen oft aus dem Weg. Ob sie das verstanden hat, das weiß ich heute natürlich nicht und leider habe ich auch keine Möglichkeit mehr mit ihr darüber zu reden. Sie ist 1993 in Altötting verstorben.

Er interessiert sich für Mädchen, schreibt Liebesbriefe

Aha, hat sie das also doch mitbekommen. Das Schreiben von Liebesbriefen musste im Geheimen ablaufen, denn jegliche Art von Sexualität wurde auf das Schärfste unterdrückt. Das hat zum Teil wirklich groteske Formen angenommen. Dass man sich in diesem Alter für Mädchen interessiert, ist einfach der Lauf der Natur: Wenn ich abends in meinem Bett lag, bekam ich dann schon mal feuchte Träume. Ich erinnere mich aber an kein einziges Mal, dass mit mir gesprochen wurde, weil ich eine nasse Nachthose hatte. Das sieht man ja hinterher. Einen kalten Bauer kann man ja nicht wegschrubbeln. Das wurde einfach von der Schwester weggeblendet. Vermute ich mal. Aber sie hat sich in diesen Dingen oft so seltsam verhalten, dass man sich heute fragt, was das bringen sollte. Schauten wir uns einen Spielfilm an und es begann eine Liebesszene, hat sie den Fernseher für ein paar Minuten einfach ausgeschaltet. Natürlich haben wir lautstark protestiert, aber das nutzte nichts. Bei "Am laufenden Band" hat sie immer, wenn das Ballett tanzte, ausgeschaltet: Die Mädels waren immer sehr spärlich bekleidet. So ging das bei allen Sendungen, in denen man etwas nackte Haut sehen konnte:

Schwupps, war die Kiste aus. Wenn wir uns die "Bravo" oder die "Pop-Rocky" kauften, wurden die Seiten mit der Aufklärung und z.T. die Leserbriefe herausgerissen. Natürlich haben wir diese Teile direkt nach dem Heftkauf gelesen und sind erst dann ins Heim zurückgelaufen. Das muss die Schwester doch auch gewusst haben, die war ja nicht blöde.

Sexualität spielte sich, wenn überhaupt, dann im Verborgenen oder im Spielerischen ab. Ein Mädel hat mal mit mir Schluss gemacht, weil ich ihr keinen Zungenkuss gegeben habe. Vorher hatte sie sich extra mit mir auf dem Spielplatz verabredet und wollte ständig küssen. Da ich nicht wusste, was sie wollte, habe ich ihr auch keinen Zungenkuss verabreicht. Das war wahrscheinlich die kürzeste Beziehung, die ich bis heute geführt habe, sie dauerte keine zwei Stunden. Mit Clara (Name geändert) habe ich mal auf dem Mädchenklo geschmust, sie hatte gewaltige Titten, die waren superweich. Leider wurden wir aber unterbrochen, ihre Gruppenschwester rief nach ihr und sie musste weg.

Hans-Gerd singt gerne, hört Smokie und Suzi Quadro.

Ja, Smokie ist geil. Die Stimme von Chris Norman fasziniert mich heute noch und ich habe alle (alten) Smokie-Alben auf CD. Dass ich damals auf Suzi Quadro stand, wusste ich nicht mehr. Die Bravo habe ich mir auch deswegen gekauft, weil da oft die Texte der Lieder abgedruckt waren, die ich dann auswendig lernte. Irgendwann bekam ich einen Kassettenrekorder, der ein eingebautes Mikrofon hatte. Wer kennt das nicht aus der damaligen Zeit: Mit diesem Mikrofon saß ich dann vor dem Radio oder vor der Glotze und habe Lieder mitgeschnitten. Wenn ich mir das vom Taschengeld leisten konnte, habe ich mir Kassetten oder Schallplatten gekauft. Smokie und The Teens, die LPs habe ich alle noch! Ich stand auf "Deutscher

Schlager", damals war gerade *"Rocky"* von Frank Farian angesagt, Peter Maffay *"Es war Sommer"*, außerdem *"Sommer in der Stadt"* und *"Ein ganz normaler Tag"* von Wolle Petry. Dazu alle anderen Interpreten, die in der Hitparade (Pflichtsendung am Samstagabend von halb acht bis Viertel nach!) und natürlich Ilja Richters Disco. 78' fing ich an Gitarre zu lernen, die Sr. Bernhardina mir für 30 Mark von meinem Taschengeld besorgt hatte, und so versuchte ich sehr schnell die bekannten Lieder nachzuspielen. Was bei den Mädchen natürlich gut ankam, denn wer Maffay singen kann, der muss ja ein lieber Kerl sein. Ich habe wirklich fleißig geübt, jeden Tag, Stunde um Stunde, und habe mir dabei fast alles selbst beigebracht. Natürlich wollte ich Schlagersänger werden, das ist doch klar. Leider hat das bis heute nicht geklappt, weil mir bisher einfach der nötige finanzielle Hintergrund oder das Quäntchen Glück gefehlt hat. Aber ich bin noch jung, das kann ja noch werden! Ich will mich nicht beklagen, ich finde, ich habe auch auf dem musikalischen Sektor viel erreicht und bin schon sehr viele Jahre erfolgreich in meinem kleinen Dunstkreis unterwegs.

Er ist rauflustig und kämpft auch mit Stärkeren

Solche Sätze zeigen eigentlich, dass Sr. Bernhardina von unseren Revierkämpfen keinen blassen Schimmer hatte. Nehmen wir mal ein Beispiel: Ich hatte, wie bereits erwähnt, eine platonische Freundin. Eines Tages tauchte ein neues Mädchen im Heim auf, welches es sehr geschickt verstand, sich zwischen Beziehungen zu drängen. Dies tat sie auch mit mir und sagte zu meiner Freundin: entweder er oder ich. Ich bekam dies natürlich mit und forderte sie heraus. Sie bestimmte jedoch eine weitere Freundin als Kämpfer, ausgerechnet die heimliche Liebe aus meiner Gruppe. Dies machte mich auf zwei Arten wütend: Erstens fand ich es eine Sauerei, dass ein

Gruppenmitglied sich auf so was einließ. Zweitens hatte ich das Gefühl, dass man mir damit doppelt schaden wollte: Alle Beteiligten dachten wohl, ich würde ihr nichts antun. So traf man sich dann in der Anlage (die Wiese vor dem Haus) und man bildete einen Kreis um uns. Was soll ich sagen? Ich war wütend und habe den Kampf gewonnen. Die Geschichte ist bezeichnend für die Hierarchie im Heim, die es nun mal gab: Biste frech und stark, gehörste halt dazu und kannst mitbestimmen. So blieb es dann nicht aus, dass ich mich auch mit Stärkeren angelegt und oftmals den Kürzeren gezogen habe. Dies brachte mir trotz der Niederlage aber viel Respekt ein und ich wurde sehr selten angemacht, weil man nach einer Weile wusste, dass ich keinem Kampf aus dem Weg ging. Wer hat schon Lust ständig seine Fresse hinzuhalten.

Er entwirft Pläne für Wohnhäuser

Das ist witzig. Vermutlich habe ich das wegen des neuen Hauses gemacht, welches meine Mutter in Hürrlingen gebaut hat. Aber auch im Tagebuch von Schloss Matschatsch, welches ich noch habe, habe ich bereits mehrere Seiten mit Bauplänen und Zeichnungen von Wohnungen vollgemalt. Muss eine Phase gewesen sein. Ich könnte mir denken, dass ich gerne ein Haus gehabt hätte, in dem ich meinen eigenen Bereich bekomme. Wo ich, ganz nach Belieben, schalten und walten konnte.

Er erfindet sehr fantasievolle Kriminalgeschichten...

...die ich dann immer Sr. Bernhardina zum Lesen gegeben habe. Leider sind die alle verschütt gegangen, denn es wäre sicher spaßig heute so was durchzulesen. Aber da sehen sie mal, schon als Teenager wäre ich beinahe ein Schriftsteller geworden. Vermutlich habe ich mit den Geschichten nur meinen Kopf leer geschrieben, denn ich wusste manchmal einfach nicht wohin mit meiner ganzen Fantasie und meinem Tatendrang.

Hans-Gerd möchte Koch werden, hilft in der Küche!

Kochen ist eine tolle Sache. Man nimmt irgendwelche Zutaten und zaubert daraus ein Essen. Das finde ich heute noch toll und ich bin ein begeisterter Hobbykoch. Dabei nehme ich viele Rezepte aus Büchern, erfinde aber auch gerne selber mal etwas. Geht's daneben, kippe ich es eben weg. Meine engsten Freunde sind dankbare Probe-Esser und wir treffen und uns regelmäßig zum Schlemmen. Inzwischen habe ich sogar ein kleines Kochbuch veröffentlicht, welches man in jedem Buchshop im Internet kaufen kann. Das Helfen in der Küche des Kinderheimes hatte allerdings auch Vorteile: Ich saß an der Quelle der Nahrungsmittel und ich wurde für meine Bemühungen sehr gelobt. Dabei war ich nicht nur in der Küche, sondern auch bei Sr. Benita in der Backstube fleißig. Der Job war nicht nur begehrt, sondern geradezu genial: wer schon einmal frische Brötchen direkt aus dem Ofen bekommen hat, der weiß, wovon ich rede. Sr. Benitas "Hans, mach Dampf" klingt mir jetzt noch in den Ohren. An sie erinnere ich mich sehr gerne, sie war eine tolle Frau! Ich muss aber auch gestehen, ich habe mich sonntags sehr oft in die Backstube geschlichen und habe die eine oder andere frische Backware gemopst. Nein, nicht gestohlen, das war Mundraub. Ich hatte halt immer Hunger.

Er ist bei seinen Kameraden sehr beliebt, ist voll integriert, aber nachlässig und flatterhaft

So nach dem Motto: "Komm' ich heut' nicht, komm' ich morgen". Das hat sich nicht geändert, das Leben ist zu wichtig um sich mit Unwichtigem abzugeben. Was für mich wichtig ist, das bestimme ich selber. So viele Kameraden hatte ich gar nicht, denn die Interessen lagen zum Teil doch schon meilenweit auseinander. Oftmals halt auch der Intelligenzquotient. Ja, sorry, das war halt so. Das hat mit eingebildet sein nichts zu tun. Wenn man sich wie ich für Musik interessierte, Koch oder Polizist werden wollte, schon Romane schrieb, in Theaterstücken mitspielte, was soll ich dann mit einem Kumpel, dessen einzige Sorge darin bestand, wo er die nächste Zigarette herbekommt? Der dafur sogar nackt um den Sportplatz gerannt ist! Das war eine Show. Oder sich während der Pause, auf dem Klo der Schule, einen runtergeholt hat.

So Kameraden hatte ich. Oder einen der im Klassenzimmer sein Heft angekokelt hat. Auf solche Leute konnte ich in meinem privaten Umfeld gerne verzichten. Eigentlich hatte ich niemanden, der mich wirklich interessiert hat. Ich war ein Einzelgänger, ich habe meine Tage, meine Nächte, meine Geschichten, meine Ängste, meine Hoffnungen alleine durchlebt.

Deswegen verstehe ich es auch nicht, warum das so in diesem Entwicklungsbericht steht.

Entwicklungsbericht vom 24.09.1979

Hans-Gerd ist manchmal hinterhältig und schwer durchschaubar, angeberisch und herausfordernd.

Anstatt zu versuchen mich zu durchschauen, hätte man sich vielleicht mal die Mühe machen sollen mich zu verstehen. Das sind zwei völlig verschiedene Dinge. Gut, das weiß ich heute, damals hätte es mir sicher geholfen zu hinterfragen, warum ich dieses oder jenes gemacht habe. Dies ist offenbar nie geschehen und auf eine Aktion folgt ja immer bekanntlich eine Gegenaktion.

Es gibt so viele kleine Geschichten über Rickenbach, von denen ich nachher noch ein paar erzählen werde. Viele dieser Erlebnisse haben sicher dazu beigetragen, dass ich so war, wie es hier geschrieben steht. Ich kann es nur noch einmal wiederholen: Um aus der Masse der Kinder herauszuragen, muss man einfach "anders" sein als der Rest. Dazu gehört es sicher auch, dass ich die Schwester eben herausgefordert habe, um meine Stellung in der Gruppe zu finden und, wenn ich diese gefunden habe, zu festigen und auch zu behalten. In der Gruppe bedeutet dies, die Aufmerksamkeit der Gruppenschwester auf dich zu lenken. Dies kann man im Guten wie im Bösen machen und ich habe gute Erinnerung daran, dass mir beides recht gut gelang. Hatte ich einmal die Schwester verärgert, war es ein Leichtes sie durch eine weitere Aktion wieder auf meine Seite zu ziehen. Was im Bericht als flatterhaft beschrieben steht, ist sicher nichts anderes als das Resultat dieses Spielchens. Diese Stellung galt es aber nicht nur in der Gruppe, sondern auch im Rest des Heimes zu finden. Es kam durchaus vor, dass man sich nicht auf die Straße traute, weil mal wieder irgendjemand Unwahrheiten oder Lügen verbreitet hatte. Bei mir kam das wegen meiner Rauflust weniger vor, aber von andern Kindern habe ich das mehr als einmal mitbekommen.

Er hat keine Selbstbeherrschung, widerspricht sich oft

Es ist halt schwierig, wenn man sich aus irgendeiner Sache rauswinden will und später nicht mehr so genau weiß, wie man sich in diese Sache reingebracht hat. Ich hatte das ja schon erwähnt, diese Gratwanderung ist wirklich nicht einfach. Es gab später auch Phasen, in denen ich so viele Lügengeschichten erzählt habe, dass ich lange Zeit schon selbst nicht mehr wusste, ob ich das nun wirklich erlebt oder erfunden habe. Wenn man dann in die Ecke gedrängt wird und nicht flüchten kann, dann verliert man eben auch mal schnell die Beherrschung und wehrt sich halt, indem man unflätige Worte durch die Gegend brüllt oder eben jemandem Prügel androht. Dann widerspricht man sich auch schon mal. Die Frage ist auch, wie äußerte sich das Verlieren meiner Beherrschung. Bin ich laut geworden? Ausfallend? Leider vermerkt der Bericht das nicht so genau.

Er schlägt Kleinere, verleugnet es dann aber

Hier kann ich mit hundertprozentiger Sicherheit sagen: Das stimmt nicht! Ich habe keine Ahnung, wie sie darauf kommt. Ich habe niemals Kleinere geschlagen, das stimmt einfach nicht. Es gab dafür einfach keine Veranlassung. Ich kann mich auch an keinen solchen Fall erinnern. In dem Forum im Internet, in dem sich viele Rickenbacher Heimkinder treffen, auch welche aus meiner Gruppe, kann sich auch niemand erinnern, dass ich jemals ein Schläger war. Das passt doch auch gar nicht zu den anderen Aussagen in den Entwicklungsberichten. Wie kann ich denn beliebt sein, wenn ich Kleinere verprügele? Wie kann ich voll integriert sein? Ich war sehr erschrocken, als ich diesen Satz gelesen habe, denn es passt einfach nicht zu mir. Weder gestern noch heute.

Er ist labil im Wesen und geht jeder Arbeit aus dem Weg

Da wunderte sich Sr. Bernhardina drüber? Ich hatte einfach keine Lust im Garten zu helfen, ich hatte keine Lust morgens um vier aufzustehen, und den Stall auszumisten. Ich hatte keine Lust den Schwesterntrakt zu putzen. Ich hatte keine Lust Heu zu machen und ich wollte auch die Fahrräder nicht reparieren. Anstatt mich mit solchen Aufgaben zu überhäufen, hätte man sich lieber mal darum kümmern sollen, dass ich bald entlassen werde, und wie es dann weitergehen soll.

Das Leben da draußen hatte mit dem Leben da drinnen nicht das Geringste zu tun. Das merkte ich durch meine Freunde in Rickenbach, die ich dann schon hatte. Die durften alles lesen, alles im Fernsehen anschauen, die hatten Mofas und tolle Jacken, nagelneue Schuhe und eigenes Geld! Ich bekam 8 Mark Taschengeld. Im Monat! Das bekam ich ja auch gar nicht wirklich in die Hand, sondern es wurde von der Gruppenschwester verwaltet und man musste um jeden Pfennig betteln, denn natürlich wollte sie wissen, wofür man die eine oder andere Mark brauchte.

Er besuchte die Hochzeit seiner Schwester, wo er Geld bekam. Dieses gab er für Zigaretten aus, die er verschenkte.

Nee, meine Liebe, die hab ich nicht verschenkt. Das stimmt so nicht. Die hab' ich getauscht. Zigaretten waren wertvoller als Geld. Für Zigaretten bekam man alles. Vom Radio über die

Bravo bis hin zu einem Kuss oder einem Griff in den BH. Zigaretten waren ein Währungsmittel! Dafür bekam man dann auch schon mal die eine oder andere Hausaufgabe gemacht.

Er schreibt lange Erzählungen und hat eine gute, sehr lebhafte Fantasie.

Schade, dass diese Erzählungen abhandengekommen sind. Das würde mich heute brennend interessieren, was ich damals geschrieben habe. Das ist sehr, sehr schade.

Entwicklungsbericht vom 19.03.1980

Die letzten Wochen brechen an. Mein Abschlusszeugnis ist vom Juli 1980. Ich kann mich an kein einziges Gespräch erinnern, in dem es um meine Zukunft ging. Was möchtest Du werden? Wo möchtest Du hin? So ein Gespräch fand nicht statt. Weder mit den Lehrern noch mit den Schwestern. Stattdessen wurde ich in ein Praktikum als Einzelhandelskaufmann gezwungen, welches ich im Hotzenwald-Markt in Rickenbach absolviert habe. Da habe ich mir so viele Süßigkeiten rein gestopft, dass dies bald auffiel und ich das Praktikum beenden musste.

Hat ein eigenes Zimmer und hält nichts von Körperpflege.

Ja, das war was: klein aber mein! Ich bekam zunächst das hintere rechte Zimmer, in dem immer Sr. Nikola schlief, bevor sie geheiratet hat. Na klar, das soll häufiger vorkommen! Sr. Nikola war eigentlich in der Gruppe unter unserer eingesetzt, schlief aber bei uns im Stock. Sie kam nachts fast immer zur gleichen Zeit und ich habe oft gewartet, damit ich ihr "Gute Nacht, Sr. Nikola" sagen konnte, denn mein Schlafzimmer lag direkt gegenüber. Eines Tages ging sie nicht sofort in ihr Zimmer, sondern betrat den Schlafraum und schaltete das Licht ein. Sie setzte sich auf mein Bett und auch ich setze mich auf. Dann nahm sie meine Hand und legte ein Bild hinein. Es war ein Passbild von ihr, auf dem sie ohne die Schwesterntracht zu sehen war. Sie sagte, dass dies ihre letzte Nacht wäre und sie das Heim verlassen würde. Ich solle das Bild behalten, denn am Wochenende, wenn ich Lust dazu hätte, würde sie mich gerne auf ihre Hochzeit einladen. Das traf mich wie ein Hammerschlag, denn ich mochte diese Schwester sehr, sehr gerne! Ich schaute das Bild an und erkannte sie nicht. Ich fragte, wer die Frau auf dem Bild sei und sie sagte: "Wenn Du am Samstag auf die Hochzeit kommst, dann such nach der Frau auf diesem Bild!" Tatsächlich wurde ich am Samstag abgeholt und die Frau auf dem Bild habe ich gleich gefunden, denn sie trug ein weißes, wunderschönes Hochzeitskleid. Es war eine tolle Hochzeit, schließlich war ich ja noch nicht so oft auf Hochzeiten gewesen. Sie fand in einem Wald statt, ich erinnere mich an eine Hütte, einen Grillplatz und ziemlich viele Menschen. Sr. Nicola kam mit ihrem Bräutigam auf einem Motorrad angefahren und ihr Mann hat mich auf dieser Maschine mitfahren lassen. Ich habe Sr. Nikola niemals wieder gesehen.

Quält oft die Kleineren bis sie schreien, leugnet es aber

Das leugne ich heute noch, denn ich habe so was, wie bereits erwähnt, niemals getan. Sicher gab es auch mit den Kleineren manche Reibereien, aber ich habe niemals irgendjemanden gequält, bis er geschrieben hat! Niemals! Hier liegt eindeutig eine Verwechslung vor, und ich habe auch eine Ahnung, mit wem ich da verwechselt wurde. Sag' ich aber niemandem, sonst regt derjenige sich wieder auf. Schlafende Hunde soll man nicht wecken.

Hat nach einem Betriebspraktikum einen Freund im Dorf, den er nun öfters besucht

Das war aber auch immer ein Mordsweg. Wenn ich das Fahrrad hatte, dann ging das ja noch. Nur das letzte Stück Weg, einen steilen Berg hoch, musste ich das Rad dann schieben. In dieser Zeit habe ich mich nachmittags nicht mehr so oft im Heim aufgehalten und bin auch jeder Art von Arbeit aus dem Weg gegangen. Was in diesem Entwicklungsbericht auch eine gesonderte Erwähnung findet. Ich hatte einfach keine Lust mehr diese Aufgaben zu übernehmen.

Der letzte Schultag

An meinem letzten Schultag, es sollte Zeugnisse geben, war die komplette hintere Seite des Schulgebäudes mit Dreck beworfen worden. Wer das wohl war? Raten sie mal! Der Rektor weigerte sich daraufhin die Abschlusszeugnisse herauszugeben, bis sich der Täter stellen würde. Da ich nicht wollte, dass alle meinetwegen Ärger bekamen, meldete ich mich. Was sagte der Rektor zu mir? Ich bekäme mein Zeugnis erst, wenn ich die Wand komplett gesäubert hätte. Die komplette Wand! Na klar, kein Problem. Vielleicht fünf Meter hoch und bestimmt vierzig Meter lang. Nachdem ich ein paar Dreckbatzen entfernt hatte, ging ich zum Rektor und sagte ihm, ich könne die Schule auch ohne dieses doofe Zeugnis verlassen. Daraufhin händigte er es mir aus und wünschte mir ein Auf Nimmerwiedersehen! Gleichfalls, Herr R., gleichfalls! Ich lege auch keinen Wert darauf, Ihnen nochmals über den Weg zu laufen.

Abschließendes über Rickenbach

In vielen Dingen wiederholen sich die Entwicklungsberichte, sodass ich an dieser Stelle damit auch gerne damit aufhören möchte. Dies war auch der letzte Entwicklungsbericht, denn 1980 wurde ich dann in die freie Welt entlassen. Trotzdem möchte ich das Kapitel Rickenbach nicht abschließen, ohne vorher noch ein paar Geschichten loszuwerden. Denn während des Studiums dieser Berichte sind mir viele Sachen wieder eingefallen, die ich gerne zu Papier bringen möchte:

Der Papst ist tot, "Viva la papa", der Papst ist tot!

Ich kann mich gut an das Jahr der drei Päpste (1978) erinnern, weil da etwas passiert war, was es so im Heim noch nie gegeben hatte: Alle Schwestern waren weg! Alle! Es war weit und breit keine Schwester mehr zu sehen! Weder in den Gruppen, noch im Hof, in der Küche war keine und in der Backstube auch nicht. Als ob der Erdboden sie verschluckt hätte. Irgendwann dann das Gerücht: Die sind alle in der Kapelle! Ich lief zur Kapelle und wagte einen Blick. Tatsächlich: Ausnahmslos alle Nonnen saßen dort und beteten wie die Bekloppten. Warum? Das wusste keiner! Doch auch das war bald geklärt: Der Papst war gestorben! Irgendwann kam Sr. Bernhardina dann in die Gruppe zurück, sie war völlig aufgelöst und weinte unaufhörlich. Sie brachte uns zu Bett und verschwand dann wieder in die Kapelle. In den nächsten Tagen war das Heim wie umgewandelt, denn die Nonnen machten sich sehr rar. Nur zu den Mahlzeiten waren diese zu sehen, in der übrigen Zeit überließ man uns selber. Das war eine herrliche Zeit, wir haben auf dem Hof geraucht, die Pärchen konnten endlich Händchen halten und niemand brauchte sich deswegen zu verstecken. Leider ging das nicht lange, denn irgendwann kam weißer Rauch aus einem Schornstein in Rom und die Nonnen feierten den neuen Papst. Nach hundert Tagen das Unfassbare: Der neue Papst war auch schon wieder tot! Das ganze Schauspiel begann von vorne! Wieder waren alle Nonnen verschwunden, und wenn man einmal eine gesehen hatte, dann nur mit einem Taschentuch in der Hand und völlig verheulten Augen. Doch auch dieses Phänomen verschwand sofort an dem Tag, an dem weißer Rauch aus dem Kamin der Sixtinischen Kapelle aufstieg: Mit Johannes Paul II. wurde ein neuer Papst ernannt. Die Nonnen beruhigten sich und alles ging wieder seinen gewohnten Gang.

Abenteuerspielplatz Dachboden

Ich bekam irgendwann heraus, wo Schwester Bernhardina den Schlüssel für den Dachboden aufbewahrte. Da dieser nur selten gebraucht wurde, habe ich ihn des Öfteren aus ihrem Zimmer entwendet. Keines der Kinder traute sich in das Zimmer der Gruppenschwester, und so war dieses so gut wie nie verschlossen. Gleich am Eingang des Zimmers, auf der linken Seite hatte die Schwester ihren Schrank, und auch dieser war, warum auch nicht, immer offen. Auf der Innenseite der Türe befanden sich alle Schlüssel und ich tauschte den Schlüssel des Dachbodens mit einem Schlüssel aus, den ich mal irgendwo gefunden hatte. So war der Platz des Schlüssels nicht leer, und es ist ihr niemals aufgefallen. Sie hat auch niemals bemerkt, dass ich mich auf dem Speicher aufgehalten habe, denn ich war immer sehr leise dort oben. Ich habe nach meinem Besuch auf dem Dachboden einfach nicht mehr abgeschlossen und so konnte ich, wenn keine andere Nonne zuschloss, den Dachboden nach Belieben aufsuchen. Was ich da gemacht habe? Na, die Kisten durchsucht! Da waren eine Menge Kisten! Jede Gruppe hatte einen eigenen Abstellplatz auf dem Dachboden und ich machte alle durch. Ohne Ausnahme. In den Kisten befanden sich Kleidung, Spielzeug und jede Menge Gegenstände, die sich im Laufe der Jahre so angesammelt hatten. Schätze waren die Kisten, in denen sich z. B. das Karnevalszeugs befand, u. a. natürlich die Spielzeugpistolen, die wir nach Fasnacht immer abgenommen bekamen. Irgendwann fand ich alte Hefte mit Entwicklungsberichten von Kindern, die längst entlassen waren (teilweise aus der Zeit nach dem Krieg!) und las diese neugierig durch. Erwischt hat mich da oben nie jemand, obwohl es einige Male sehr knapp war und ich mich nur mit Mühe noch schnell verstecken konnte.

Der Pfarrer mochte Kinder. Sogar sehr....

Alle mochten den Herrn Schuhmacher (Name nicht geändert, der Mann ist bereits gestorben). Wenn ich mich recht erinnere, war er ein kleiner, rundlicher Mann mit gütigen Augen und feiner Stimme. Natürlich war ich Ministrant, da ist fast keiner der Buben entkommen. Ich war aber auch gerne Ministrant, weil man für diese Tätigkeit einige Sonderrechte bekam. Bis zu dem Tag, als auch ich zur Party der Ministranten eingeladen wurde. In seine Wohnung. Das war ein ganz besonderes Privileg, denn nur die Besten der Besten durften auf diese Party gehen! Wie viele der Buben sich an diesem Tag in der Wohnung aufhielten, das weiß ich nicht mehr, ich erinnere mich aber sehr genau, dass der feine Herr Pfarrer sich neben mich setzte und ein Gespräch mit mir begann. Im Laufe dieses Gespräches legte er seine Hand zunächst auf mein Knie. Diese Hand rutschte dann aber weiter nach oben auf meinen Oberschenkel und bei mir schrillten alle Alarmglocken. Daher wehte also der Wind! Sofort stellte ich mein Glas ab und verließ die Wohnung. Doch das hatte ihn nicht davon abgehalten, es mehrere Wochen lang immer und immer wieder zu versuchen. Er bestellte mich zu sich in die Wohnung (wo ich dann nicht mehr hinging), er bestellte mich früher in die Sakristei (wo ich dann nicht mehr hin bin). Er half mir persönlich beim Anziehen des Ministrantengewandes (was ich dann nicht mehr zuließ), streichelte mir über das Haar, lobte mich auffällig oft und versuchte dauern mich zu umarmen.

Eines Tages dachte er dann wohl, er hätte seine Annäherung genug vorbereitet und versuchte mich auf den Mund zu küssen. Ich habe ihm gegen das Schienbein getreten und bin sofort weggerannt. Von diesem Tag an wollte ich kein Ministrant mehr sein. Den Vorfall habe damals niemandem erzählt. Von diesem Tag an weigerte ich mich auch die Kapelle zu besuchen, so blieb ich z. B. jeden Sonntag dem Gottesdienst fern. Mit einem Gott, der einen Pädophilen als Stellvertreter hat, wollte ich nichts zu tun haben. Das brachte mir eine Menge an Ärger und Diskussionen ein. Trotzdem habe ich den Vorfall nie erwähnt, denn die Nonnen hätten mir niemals geglaubt. Niemals! Wer glaubt schon einem verlogenen Heimkind? Außer ich bilde mir da nur was ein! Klar, ich bilde mir seine Hand auf meiner Hose ein, die in Richtung meines Schrittes rutscht.

Die Arbeit auf dem Feld, im Stall, in der Küche.....

Das hat mir nie Spaß gemacht. Mit einer Ausnahme: In der Küche und in der Backstube habe ich sehr gerne geholfen, kochen und backen fand ich toll. Aber die Arbeit auf dem Feld oder im Garten fand ich schrecklich. In der prallen Sonne irgendwelche Heuhaufen umzudrehen, das war nichts für mich. Ich hatte aber nichts dagegen, wenn einer unserer Nachbarn Helfer für die Kartoffelernte suchte: Da meldete ich mich immer freiwillig. Er holte die Kinder dann mit dem Hänger ab, und wir schufteten den ganzen Tag auf dem Acker, bewarfen uns mit Kartoffeln und wühlten im Dreck um die Kartoffeln, die die automatische Erntemaschine nicht erwischte, mit den Händen aufzusammeln. Die Belohnung dafür hatte es aber in sich: Abends bekamen wir bei ihm auf dem Hof Spiegeleier mit Speck! Die Schwester ermahnte uns während des Abendessens dann immer zur Genügsamkeit, aber was nützte das, wenn die alte Bäuerin Pfanne um Pfanne Eier mit Speck briet? Ich schaffte einmal elf Spiegeleier! Mir war nicht mal schlecht danach!

Wanderungen und Ausflüge

In einem Forum im Internet wurde sehr viel über eine Wallfahrt nach Todtmoos diskutiert. Ich kann mich an diese Wanderung auch erinnern, sie fand meines Wissens nach nur ein einziges Mal statt. Sie war nicht freiwillig! Ich wurde jedenfalls nicht gefragt, ob ich die vierzig Kilometer wirklich laufen wollte, es wurde einfach vorausgesetzt! Den Rückweg fuhr ich jedenfalls im Bus, den bin ich nicht gelaufen.

Wanderungen wurden viele unternommen, es ging auf den Solfelsen nach Bergalingen, zum Guggelturm oder nach Wieladingen zur dortigen Burgruine im Wald. Mir persönlich haben diese Wege nie etwas ausgemacht und gerade die Burgruine fand ich toll. Es war immer noch besser, als im Heim rumzusitzen. Einmal im Jahr kamen zwei Busse, die uns in irgendwelche Freizeitparks kutschierten. Einmal hab' ich die Abreise verpasst, da war ich acht Stunden völlig alleine mit einer Handvoll Nonnen.

Ferienfreizeit

Das war immer ein Problem: wohin in den "großen Ferien"? Das Heim leerte sich auf wundersame Weise, und ich wurde zweimal auf eine Ferienerholung geschickt. Zumindest kann ich mich an zwei solcher Aufenthalte erinnern. Das erste Mal war dies auf einem stillgelegten Bahnhof in der Nähe eines Tunnels. Als wir diesen in einer Nachtwanderung bezwangen, wurde ich so krank, dass man mich, wenn auch unter heftigem Protest meinerseits, ins Heim zurückschickte.

Das zweite Mal wurde ich ins Allgäu geschickt, und diese Freizeit veränderte mein Leben: Als ich ankam, trug ich meine Koffer in das Haus und wollte die Treppe hoch. Mir kam eine Schar Mädchen in die Quere, und in der Mitte war sie:

schlank, lange blonde Haare und ein Lächeln, dass ich einfach nicht mehr atmen konnte! Ich machte irgendeinen dummen Spruch, und sie ließ mich vorbei. Es war um mich geschehen! Ich war sofort verliebt! Ich stellte meine Koffer in das erstbeste Zimmer und machte mich auf die Suche nach ihr. Schon am ersten Abend war klar: Die Erzieher hatten die Lage in keinster Weise im Griff, denn die Buben hatten es sich längst bei den Mädchen im Zimmer bequem gemacht.

Die Flamme hieß Gabi, und ich wich nicht mehr von ihrer Seite. In den nächsten Tagen kamen wir uns immer näher und so kam, was kommen musste: Wir wurden eines Morgens, als die andern aus dem Zimmer schon zum Frühstück gingen, intim. Es kam nicht zum Äußersten, aber es war trotzdem wunderschön. Sie stand danach auf und ging erstmal alleine nach unten. Ich wäre ja gerne sofort nachgekommen, hatte aber ein mittelprächtiges Problem: Mein Ding war mächtig steif. Ich meine so richtig, heftig steif. Also die Steife, die schon wehtut und man eigentlich froh ist, wenn es vorbei ist. Es kam aber der Umstand hinzu, dass meine Blase voll war. Was macht man also mit einer vollen Blase und einem Steifen? Erst einmal irgendwie ablenken. Ich zog mich an, quetschte meinen Stängel in die Hose und wanderte auf dem Flur auf und ab. Das half aber nichts und langsam tat es richtig weh. Direkt vorne an der Treppe gab es eine Toilette, und ich musste es irgendwie schaffen zu pinkeln. Diese Toilette war sehr klein, was sollte ich machen? Die Türe offen lassen, etwas Abstand einhalten und versuchen die Schüssel zu treffen? Das ging nicht, weil ständig jemand die Treppe benutzte! So schloss ich die Türe hinter mir, ließ das Wasser im Waschbecken laufen und nach einer Weile pisste ich einfach gegen die Wand. Das löste dann auch mein Problem und ich ging in den Frühstückssaal, nachdem ich mit jeder Menge Klopapier die Sauerei beseitigt hatte.

Ich habe sie Jahre später mehrfach getroffen. Das letzte Mal, als ich sie traf, wollten wir in einem Hotel nachholen, was wir damals im Ferienlager nicht geschafft hatten. Aber was soll ich sagen, das war einer der Fehler, die ich besser nicht gemacht hätte, denn der Abend war nicht so besonders. Seit diesem Zeitpunkt hat sie sich niemals wieder bei mir gemeldet. Einen Brief von mir, den ich ihr danach schrieb, hat sie damit beantwortet, indem sie alles, was sie noch von mir fand, in ein Päckchen packte und es mir zuschickte. Diese Dinge hatte ich immer als Grund benutzt, um vorbei zu kommen. Danach habe ich sie niemals wieder gesehen.

Erinnerungen kommen und gehen

Das ist einfach so. Es gibt Menschen, die begleiten dich nur einen Teil deines Leben, dann sind sie wieder weg. Dabei ist es egal, wie nahe dir diese Personen standen, sie kommen nicht wieder. Dies gilt auch für Menschen, die mich in diesem Heim ein Stück begleitet haben. Übrig bleiben nur die Erinnerungen, die zwar verblassen, aber nicht ganz verschwinden.

Es gab im Ort Rickenbach eine Familie, die mich mit offenen Armen aufgenommen hat, nachdem ihr Sohn mich eines Tages anschleppte. Dort ging ich viele Wochen ein und aus, und der Familie war es völlig schnurz, dass ich aus dem Heim war. Der evangelische Pfarrer des Ortes hatte eine Tochter, mit der ich mich gut verstand. Zwischen Rickenbach und dem Kinderheim gab es einen kleinen See, wir nannten ihn den Weiher, wo sich die Jugendlichen des Ortes oft im Sommer trafen. Dort war ich, im letzten Jahr in Rickenbach, mit meiner Gitarre ein gern gesehener Gast. Dann gab es da noch einen Burschen, wir nannten in Johny, der wohl mal im Heim war und inzwischen in Albbruck wohnte. Er hatte schon ein Auto! Mit ihm machte ich die Diskotheken in der Gegend unsicher und habe die eine oder andere Nacht bei ihm in der Wohnung genächtigt, wenn es mal wieder zu spät war, um nach Rickenbach hinauf zu fahren.

In Hottingen gab es einen Fußballverein, dort wurde ich sogar Torwart. Das Training habe ich aber nicht immer regelmäßig besucht, sodass der Trainer die Geduld verlor und mich hinauswarf. War für mich halt schwierig mich immer zum Training abzuseilen, aber das konnte er ja nicht wissen. Ich hab' ihm erzählt ich, sei aus Rickenbach. Vom Heim habe ich nichts gesagt.

Ebenfalls in Hottingen war einmal im Jahr Jahrmarkt, einmal Autoscooter für fünfzig Pfennig. Das sind Preise, was? Dort habe ich mich mit dem Burschen angefreundet, der die Autoscooter immer an ihren Platz gefahren hat, und habe, damit er mit seiner Freundin knattern konnte, umsonst seinen Job gemacht. Sonntags bin ich dann abbauen bis spät in die Nacht, zwanzig Mark habe ich dafür bekommen.

Ich habe mehr als einmal vor dem Heim auf der Bank geschlafen bis morgens die Türe wieder aufging. Geklingelt habe ich nur, wenn es zu kalt war oder wenn es geregnet hat. Weihnachten durften wir uns etwas für fünfundzwanzig Mark aus einem Katalog von Quelle aussuchen. Einmal ein Fernrohr, das packte ich sofort aus, stellte eine Kerze an die Fensterseite des Flures und setzte das Fernrohr selbst an die Seite mit der Tür. Das müssten vielleicht fünfzehn Meter Abstand sein. Dann schaute ich hindurch und war sehr enttäuscht, denn die Kerze sah ich nur ganz verschwommen. Bis ich darauf gekommen bin, dass die Kerze viel zu nah und damit der Flur viel zu klein war. Vom Dachstuhl, aus einem Dachfenster heraus, konnte man bei gutem Wetter bis in die Schweizer Alpen sehen, und das Fernrohr war sogar so gut, dass ich an einem der vorderen Berge Bergsteiger gesehen habe. Damals bekam man noch Qualität für sein Geld. Ein anderes Mal an Weihnachten wünschte ich mir ein Mikroskop. Da musste ich Taschengeld draufzahlen, dafür war das dann eins mit Licht. Das war wochenlang ein geiles Spielzeug, ich habe alles unter dieses Mikroskop gelegt. Im Garten stand eine ausgediente Badewanne, in der sich Regenwasser sammelte und das war ein Paradies für Mikroskopgucker. Was da in diesem Wasser kreuchte und fleuchte, wurde alles von mir untersucht und peinlichst genau dokumentiert.

Wieder Weihnachten wollte ich ein Fahrrad dafür kaufen, welches die Gruppe neu bekommen hatte. Das kostete aber fünfzig Mark (eigentlich ja nicht, die Schwester hat diesen Preis halt genannt) und den Rest habe ich vom Taschengeld bezahlt. So besaß ich dann ein eigenes Fahrrad und musste mir nicht immer eines aus dem Fahrradraum leihen. Das war ein kleiner Raum, der auf dem Weg zum Hallenbad war. Dort standen viele Fahrräder der einzelnen Gruppen. Ich habe erreicht, dass mein Rad nicht immer eingeschlossen wurde, sodass es mir immer zur Verfügung stand. Eines Tages bekam die Gruppe ein gebrauchtes, kaputtes Bonanza-Rad und ich habe die Schwester bekniet, es gegen mein, immerhin fast neues, Rad zu tauschen. Was sie dann auch gemacht hat. Ich habe das Bonanza-Rad repariert und fuhr stolz wie Oskar damit über den Hof. Hey, ein Bonanza-Rad war halt was ganz besonderes, das hatte keiner, nur ich! Allerdings habe ich das schnell bereut, denn eine Fahrradtour mit einem Bonanza-Rad ist ein Ding der Unmöglichkeit. Wo jedes noch so popelige Fahrrad locker hochkommt, musst Du von diesem albernen Protzerrad absteigen. Auf dem Weg nach Wehr zum Schwimmbad bin ich einmal heftig von diesem bescheuerten Rad gefallen. Das Resultat waren Hautabschürfungen, es war Sommer und wir waren leicht bekleidet. Diese Narben sieht man heute noch, vor allem am linken Ellenbogen. Das Fahrrad war Schrott und ich musste den Rest des Weges laufen. Ins Wasser konnte ich dann auch nicht, weil die Wunden bluteten.

Verletzt war ich nicht so oft, einmal ließ ich mich auf Rollschuhen mit einem Fahrrad ziehen und stürzte dabei auf den Hinterkopf. Eine schwere Gehirnerschütterung war die Folge und ein gebrochenes Handgelenk. Krank war ich dafür öfter mal, und die Schleimsuppe kommt mir heute noch hoch, die es dann gab. Oder Brotsuppe, pfui, wie kann man nur Brot in die Suppe packen. Ist doch kein Krieg mehr, also wirklich!

Das Essen war großteils wirklich hervorragend, da kann man nichts gegen sagen. Es hat mir zu 90 % gut geschmeckt und man muss den Schwestern in der Küche wirklich Anerkennung zollen. Ich habe in den letzten Monaten dort öfter mal ausgeholfen, und die hatten ihr Reich wirklich im Griff. Witzig war die Eismaschine, die ganz hinten links am Fenster stand, denn manchmal im Sommer, vor allem sonntags, machte sich eine der Schwestern die Arbeit und rührte eine Eismischung an. Dann gab es frisches Eis. Das war sehr, sehr lecker. Wie ich schon erwähnte, waren auch die Backwaren frisch. Es gab frisches Brot, sonntags frische Brötchen, es gab Kuchen, Brezeln, Laugenstangen. Kein Vergleich zu dem verschimmelten Scheiß von daheim.

Irgendwann hielt es mich nicht mehr in meiner eigenen Gruppe aus und ich streifte durchs Heim. Ich habe hin und wieder andere Gruppenräume besucht, einfach aus Neugierde. Dabei blieb mir Sr. Clementine (reine Mädchengruppe) in Erinnerung, weil sie mich immer fair behandelt hat. Selbst nachdem sie mich mal aus dem Bett eines ihrer Schützlinge geholt hatte. Bei ihr im Gruppenraum konnte ich mich immer aufhalten, ich durfte am Tisch mitspielen und wurde nie vertrieben. Bei Sr. Bathildis aus der Babygruppe habe ich viele, viele Stunden verbracht. Sie merkte, dass ich mich dort wohlfühlte, und so half ich öfters mal beim Wickeln, beim Füttern und habe auch das eine oder andere Baby spazieren getragen, wenn es mal geschrien hat. Sie durfte das eigentlich nicht zulassen, hat es aber trotzdem getan. Wenn ich eines dieser kleinen Wesen im Arm hatte, versank die Welt um mich herum in Wohlgefallen. Ich liebe heute noch den Geruch von Babys, ich kann davon nicht genug bekommen. Diese kleinen Wesen zu schützen und zu behüten, das war einzigartig. Leider wurde diese Gruppe irgendwann aufgelöst und blieb leer.

Ich erinnere mich an die Mädchen. Elvira, Roswitha, Carmen, Inge, Alexandra. Mit Alex hatte ich tatsächlich eine kurze Romanze. Das war in der Zeit, als ich nach meinem Aufenthalt in Köln noch mal für ein paar Wochen aufgenommen wurde. Eines Abends saßen wir im Dunkeln auf einer der Parkbänke und sie sollte eigentlich längst drinnen sein. Sr. Bernhardina kam raus und suchte sie. Sie rief ihren Namen und lief in einem Abstand von vielleicht zwei Metern an unserer Parkbank vorbei. Wir hielten den Atem an aber in der Dunkelheit bemerkte sie uns nicht. Das war ein Erlebnis, unfassbar. Heute kann ich mir das gar nicht mehr vorstellen, sie muss uns einfach gesehen haben. Vielleicht wollte sie nicht stören und Alex eine Chance geben gleich hochzukommen. Sie war so nah, ich roch das Waschmittel ihres Kleides. Sie muss uns gesehen haben, ich bin fest davon überzeugt.

Das mit dem Rauchen war auch so eine Sache. Ich habe bereits mit zwölf- oder dreizehn Jahren angefangen zu rauchen. Das machte man einfach, dann gehörte man dazu. Irgendeiner hatte immer Tabak, den er mit allen, die auch rauchten, teilte. Das war so etwas wie eine Ehrensache. Wer Tabak hatte, der teilte einfach und konnte so natürlich auch hoffen, von einem Anderen etwas zu bekommen. Mit Zigaretten war das anders, Zigaretten waren Zahlungsmittel. Manchmal hat mein Schwager mich übers Wochenende abgeholt und er rauchte auch. Meine Schwester rauchte. Meine Mutter rauchte (aber mit Rothändle ohne Filter bin ich nur einmal angekommen, da wurde uns allen schlecht von). Beide Stiefbrüder rauchten. Wenn ich von jedem aus einer vollen Packung zwei oder drei Kippen nehmen konnte, hatte ich immer was zum Rauchen für trockene Tage. Der Schneider (der Sportlehrer) hat mich mal mit einer Kippe erwischt und sie mir aus dem Gesicht geschlagen. Er würde mich auf der Stelle totschlagen, wenn er mich noch mal damit erwischen würde. Da war ich dann etwas aufmerksamer. Geraucht habe ich fast zwanzig Jahre. Am traurigen Ende waren es bis zu sechzig (!) Zigaretten am Tag. Dann wurde meine große Tochter geboren und ein paar Wochen später habe ich einfach aufgehört zu rauchen. Von jetzt auf nachher. Ich habe nie wieder eine angemacht, das war vor fast 13 Jahren. Aber das packt dich, das lässt dich nicht mehr los. Immer wieder erwische ich mich dabei, wie ich nach den Zigaretten suche, vor allem nach einem guten Essen. Aber das ist schon gut so, dass ich aufgehört habe. Alleine was das heute kosten würde, die Packung kostet inzwischen fast sechs Euro, und ich bräuchte drei davon. Täglich! Ich konnte nicht mehr richtig atmen, jede Anstrengung fiel schwer. Morgens kam ich erst nach zwei Zigaretten in Fahrt, ich habe gehustet wie ein Idiot, konnte nicht mehr richtig singen und lachen ging auch nicht. Schon irre, du kannst nicht mehr richtig lachen, weil die Pafferei dich zum Husten bringt. Nee, das brauche ich nicht mehr.

An einem Tanzkurs habe ich teilgenommen, aber nur, weil da viele Mädchen dabei waren. Das war eine gute Gelegenheit, das "andere Geschlecht" noch etwas näher kennenzulernen und natürlich, sich näher zu kommen. Das Gleiche gilt für den Kurs "Maschinenschreiben". Auch wegen der Mädchen. Was sollte ich denn mit Maschinenschreiben? Außerdem brachte es Bonuspunkte bei der Gruppenschwester. Eine der anderen

Gruppenschwestern gab mir eine Zeit lang Gitarrenunterricht bis dann Herr Ammon kam, der konnte das wesentlich besser.

Ach ja, um noch mal auf meine Wanderung durch das Haus zurückzukommen: Es gab kein Zimmer, welches vor mir sicher war. Alles, was nicht abgeschlossen war, wurde von mir besucht. Es gab, alleine im unteren Flur, eine Menge Zimmer, die nicht oder nicht mehr abgeschlossen waren. Mehr als Gerümpel habe ich aber nie gefunden, ich weiß auch gar nicht so wirklich, was ich da gesucht habe. Der Dachboden war, wie erwähnt, die reinste Fundgrube. Einmal fand ich Entwicklungsberichte von Kindern aus den Sechzigern. Da hab' ich mir immer wieder mal welche eingesteckt und diese dann heimlich gelesen. Danach brav wieder zurück gebracht, ich schwöre! Die Zimmer im vorderen Schwesterntrakt waren ein Abenteuer für sich, denn an einer Türe lauschen, ob jemand im Zimmer ist, war nicht immer von Erfolg gekrönt. So öffnete ich mehrfach Türen, hinter denen sich Schwestern aufhielten, und ich wurde Meister im Ausreden erfinden. Das wurde mir dann aber zu heiß, denn irgendwann nutzt die beste Ausrede nichts mehr. Um den Schwesterntrakt habe ich dann einen großen Bogen gemacht.

Das andere Gebäude mit dem Stall wurde dann auch von mir besucht. Da gab's eine Waschküche und einen Hühnerstall. Vor der Waschküche konnte man nach links in den Stall. Da hinten gab es auch einen Schlachtraum. Im Haus selber gab es wohl noch zwei Gruppen im ersten Stock. Ich war mehrfach bei Schlachtungen anwesend, mir machte das nichts aus. Der an das Heim angeschlossene Bauernhof hatte Kühe, Schweine und Hühner. Hühnerschlachten fand ich toll, das habe ich gerne gemacht. Erst das Huhn fangen, dann an den Beinen festhalten und mit zwei, drei großen Schwüngen durch die Luft drehen. Das arme Tier war jetzt völlig verwirrt, das Blut schoss schwer in den Kopf. Es war benommen, wenn nicht sogar bewusstlos. Egal, auf jeden Fall bewegte es sich nun nicht mehr und so konnte der Kopf mit dem Hals leicht auf einen Holzbock gelegt werden. Die Füße des ahnungslosen Tieres also in der linken, die Axt in der rechten Hand und - ZACK - war der Kopf ab. Seltsamerweise fing der Körper des Tieres sofort an auszuflippen und machte einen auf Zombie. Der flatterte noch mehrere Sekunden wie blöde durch den Hof, und am Anfang wollte ich den wieder einfangen. Bis ich halt merkte, dass der Körper nach ein paar Sekunden ganz alleine umfiel und dann nur noch eingesammelt werden musste. Rechnen Sie mal, manchmal gab es tatsächlich Huhn zum Essen. Kam schon mal vor, dass ich zwanzig Hühnern das Leben genommen habe. Ich bereue nichts! Ich musste es tun, der Hunger hat mich getrieben. Was sollte ich denn machen, sollten meine Kameraden etwa verhungern? Die Hühner hatten ein schönes Leben bei uns auf dem Hof. Allerdings stanken die wie Bolle, ehrlich, der Gestank in diesem Hühnerhaus war unerträglich. Ich sollte das sauber machen, aber das war sicher nur als Scherz gemeint. Da wurde seit Jahrzehnten nicht mehr sauber gemacht.

 Bei Schlachtungen von Schweinen war ich dann auch mehrfach dabei und an ein Kalb kann ich mich erinnern. Der Metzger hat das Auge des Kalbes herausgeholt und wir haben auf dem Hof damit Fußball gespielt. Ja, in so einem Kinderheim verrohen die Sitten, das ist nicht zu fassen. Im Stall habe ich hin und wieder mal ausgeholfen und auch die eine oder andere Runde im Silo habe ich gedreht um den Mais festzutreten. Fünf Kinder im Silo, der Bauer füllt von oben frisches Zeugs rein und wir immer im Kreis, immer im Kreis, mal links rum, mal rechts rum. Bis einer im Silo fast gestorben ist! Sauerstoffmangel! Dann durften wir da nicht mehr rein. Was nicht so schlimm war, denn das war eine Scheißarbeit. Immer im Kreis laufen, da verblödet man doch völlig.

Wenn über dem Stall in der Scheune frisches Stroh oder Heu kam, das war immer ein Fest. Gegen Ende des Sommers war diese Scheune bis unter die Decke mit Stroh gefüllt und man konnte unter der Verstrebung des Dachstuhls klettern. Die ganz Mutigen haben sich von da oben ins Heu fallen lassen, aber so bescheuert war ich dann doch nicht. Ich würde heute gerne noch mal hinfahren und mir anschauen, ob es diese kleine Nische noch gibt, in der wir unser Hauptquartier errichtet hatten. Dort fand uns nie jemand, das war das genialste Versteck aller Zeiten. Man kam dort definitiv nur hin, wenn der Befüllstand der Scheune das auch erlaubte. Mehr als drei oder vier Kinder passten da aber nicht rein, und so wurde das dann manchmal ein richtiges Gedränge.

Die Winter dort unten waren auch so eine Sache, so viel Schnee, das kann man sich heute gar nicht mehr vorstellen. Den legendären Winter '74 habe ich am eigenen Leib erlebt! Wir besuchten in diesem Winter meine Mutter, die eine Kur in Höchenschwand machte, und dieser Ort wurde fast eingeschneit. Meterhoch türmten sich die Schneemassen am Straßenrand, die Schneefräsen kamen kaum noch nach. In den Wintermonaten wurde im Hof eine Schneeburg nach der anderen gebaut, einmal fast durchgehend vom Hallenbad bis zur Straße vor. Eine Trutzburg, die den Frühling aber auch nicht überlebt hat. War ja klar.

Das Leben ist manchmal kurz

In Rickenbach habe ich auch meinen ersten Toten gesehen. Bzw. meine erste Tote. Sie entstieg, allerdings noch lebend, einem VW-Käfer. Es war sehr warm. Die Frau war dick, sehr dick. Dann ist sie direkt vor meiner Nase einfach umgefallen und war auf der Stelle tot. Mit vereinten Kräften wurde sie dann ins Haus getragen, der hinzugerufene Notarzt konnte aber nichts mehr für sie tun. Hitzschlag. Stelle man sich das vor, die ist einfach umgefallen wie ein Baum. Direkt vor meine Füße. Tot. Hat mich das belastet? Nicht die Bohne. Hatte ich danach Betreuung durch einen Seelsorger? Wo denkst du hin! Hat sich jemand mit mir über den Tod unterhalten und mich noch ein paar Tage betreut wegen meines Seelenheils? Wozu denn das!

Früher gab's so was nicht. Den zweiten Toten habe ich im Weiher gesehen. Dieser Tümpel zwischen dem Heim und Rickenbach. Ich war nur zufällig da und gefunden hat ihn jemand anders. Das war in irgendeinem Sommer und zwei Erwachsene haben ihn aus dem Weiher gezogen. Es war aber nichts zum Zudecken da und so lag er dann auf der Wiese. Sah nicht mehr sehr schön und frisch aus. Das Gesicht aufgeblasen wie ein alter Fußball, aus Nase und Mund, sowie aus den Ohren sickerte das Seewasser und die Haut am Kopf war aufgeplatzt. Der ganze Körper war aufgedunsen und die Hände waren dick und grau wie die von Bud Spencer. Der hatte anscheinend tagelang im hohen Schilf gelegen. Ich habe ihn nur kurz gesehen, dann haben die Erwachsenen mich weggeschickt. Spielverderber.

Der kurze Abschied von Rickenbach

1980 war es dann so weit: Ich musste das Heim verlassen. Es ging nach Köln-Mühlheim, in die Wohnung meiner Mutter. Entweder hat Norbert mein Schwager mich hochgefahren, vielleicht hat mich aber auch Helmut, mein Cousin aus Köln, abgeholt. Daran kann ich mich nicht erinnern. Ein Stall voller Tanten wohnten alle noch da oben und die Familie war groß. Warum ich zu meiner Mutter kam, die ja schon zuvor eine Unterbringung in das Jugendheim Rösrath vorgeschlagen hatte, wer kann das sagen. Der Abschied von Rickenbach fiel mir nicht sonderlich schwer, denn in den letzten Monaten hatte ich durch meine Pubertät doch ziemlich mit den Nonnen zu kämpfen. Die ganzen Beschränkungen, die hohen Erwartungen an meine Gehorsamkeit waren sicher einer der Gründe. Ein anderer Grund war vermutlich auch, dass ich keine Angst vor Veränderungen hatte, denn was sollte schon passieren.

Auf das Leben danach wurden wir im Heim in keinster Weise vorbereitet, man sagte mir nur, ich müsse nun gehen und dürfe zu meiner Mutter. Von all dem was kommen würde hatte ich nicht die geringste Ahnung. Es gab in den ganzen Jahren keinerlei Gespräche oder Informationen über das, was uns da draußen erwarten würde. Nichts. Da bekommt der Ausspruch ins kalte Wasser geworfen die richtige Bedeutung, denn das Leben außerhalb des Heimes war mir völlig fremd. Ich habe niemals gelernt mit Geld umzugehen (bekam übrigens auch keines mit), Autoritäten waren mir ein Gräuel, ich hatte keinerlei Vorstellungen, wie es in der Zukunft mit mir weitergehen sollte. In meinen kindlich naiven Träumen wollte ich Polizist, Koch oder Schlagersänger werden. Die letzten Jahre lebte ich mehr oder weniger abgeschottet in diesem heimeigenen Mikrokosmos, dieser eigenen Welt und die ganze

Sache drum herum kam nicht an uns ran. Wir lasen keine Tageszeitungen, wir schauten fast keine Nachrichten. Wenn ich doch einmal mitschaute, verstand ich in keinster Weise, was da vor sich ging. Ich hatte keine Ahnung davon eigenes Geld zu verdienen, wusste nicht, was eine Lehre ist. Es gab keine Berufsfindungswochen, ich wurde einfach, ohne mich zu fragen, in ein Praktikum gesteckt. Das war in einem Kaufhaus in Rickenbach und das Letzte, was ich werden wollte, war Kaufmann im Einzelhandel. Ganz sicher nicht.

So fand ich mich von einem Tag auf den anderen in einer Dreizimmerwohnung in Köln wieder. Gestern lebte ich noch auf dem Land, ganze fünf Häuser um mich herum und jetzt auf einmal in Köln. Mittendrin. Hochhaus, 6. Stock. Das Zimmer musste ich mir ausgerechnet mit Udo teilen, Mutter verbrachte den ganzen Tag im Wohnzimmer auf einem Sessel und rauchte immer noch. Sie rauchte viel, wie ein Schornstein. Sie fühlte sich nicht zuständig für mich und das spürte ich auch: Sie kümmerte sich überhaupt nicht. Sie fragte nur, wie lange ich bleiben würde und ob ich mir bald eine eigene Wohnung nehmen würde. Das Jugendamt würde mir dabei sicher helfen. Das Amt dachte jedoch gar nicht daran mich irgendwo anders unterzubringen, ich war ja erst 16 Jahre alt, und die besorgten mir zunächst einen Platz in einer Schule. Keine Ahnung mehr, was das für eine Schule war. Jedenfalls sollte ich jeden Tag um sechs Uhr aufstehen und dann mit der Straßenbahn in diese Schule fahren. Das habe ich genau vierzehn Tage mitgemacht. Danach bin ich zwar auch noch morgens nach Köln gefahren, aber nicht mehr in diese Schule, sondern habe mich einer Clique angeschlossen, die ich am Kölner Dom getroffen hatte. Hey, die hatten immer Zigaretten und was zu essen und ich konnte Gitarre spielen. So machte ich Straßenmusik und habe das Geld mit den Leuten geteilt. Bis mich dann irgendwelche Idioten mitten auf der Straße zusammengetreten haben und meine Gitarre zerschlugen. Da hatte ich auf dieses Abenteuer dann keine Lust mehr und trieb mich mehr in Mülheim herum. Auch dort trafen sich, allerdings erst mittags und gegen Abend viele Jugendliche zwischen den Hochhäusern. Die hatten geile Fahrräder und Mofas und ich lieh mir nun einfach Udos Mofa und hab's in einem Geräteschuppen versteckt. Das Teil verreckte aber ziemlich bald und ich lies es dann einfach irgendwo stehen.

Das Jugendamt kam bald dahinter das ich nicht mehr in diese Schule ging, denn meine Abwesenheit wurde natürlich gemeldet. Nachdem ich ein paar Male mit der Polizei in diese Schule gebracht wurde, ich aber direkt in der nächsten Pause wieder abhaute, gab man diesen Plan dann auf. Das Jugendamt besorgte mir nun eine Lehre als KFZ-Mechaniker. Da blieb ich genau einen Vormittag. Der Geselle schlug mir heftig ins Gesicht, weil ich den Vergaser irgendeiner Karre nicht ausgebaut habe. Er sagte mir allerdings nicht, wie so ein Vergaser aussieht und woher sollte ich das denn bitte wissen? Bis zu diesem Tag hatte ich noch niemals unter die Motorhaube eines Autos geschaut! So fuhr ich mit der Straßenbahn nach Hause zurück und bin da nie wieder hin.

Die Tage in dieser Wohnung waren grausam. Man konnte sich einfach nicht bewegen. Wenn Udo auf Arbeit war, war es einigermaßen erträglich, und da ich selbst ja auch rauchte, machte mir der qualmende Schornstein auf dem Sessel im Wohnzimmer nichts aus. Aber diese Enge fand ich doch sehr bedrückend. Vor allem hatte ich nichts mehr. Aber auch gar nichts. Mir gehörte nichts in dieser Wohnung außer ein paar Klamotten. Da die Gitarre kaputt war, konnte ich auch auf der Straße nichts mehr verdienen. Ich beschloss eines Tages, meine Mutter um etwas Geld zu erleichtern. Das ging aber nicht, denn erstens war diese ständig völlig blank und zweitens würde ich damit ja die Hand schlagen, die mich füttert. Von

Udo war auch nichts zu holen, der war genauso ein Pleitegeier. Draußen wollte ich nichts klauen, denn mit der Polizei wollte ich nichts zu tun haben. Zumindest nicht von der falschen Seite des Gesetzes, denn meinen Wunsch Polizist zu werden, hatte ich noch immer nicht aufgegeben.

Es blieb mir also nichts anderes übrig als zu betteln, wenn ich zu etwas Geld kommen wollte. Was ich dann auch tat. Ich verließ jeden Morgen die Wohnung und fuhr schwarz mit der U-Bahn in die Stadt. Seltsamerweise bin ich dabei niemals erwischt worden! In der Fußgängerzone stellte ich mich hin und sang einfach drauflos. Dabei klapperte ich mit einer Dose in der Hand, in der ich ein paar Pfennigstücke getan hatte, den Takt. Ich achtete peinlichst genau darauf, dass meine Klamotten sauber und meine Haare gewaschen und gekämmt waren. Außerdem putzte ich mir die Schuhe. Auf keinen Fall wollte ich so aussehen wie die vielen Penner, die sich in der Stadt herumtrieben. Auf ein Schild schrieb ich den Satz: "Ich singe für eine neue Gitarre, meine Alte wurde mir zerschlagen". Was soll ich sagen, der Erfolg war echt der Hammer. Das hätte ich mir nicht zu träumen gewagt. Die Leute blieben wirklich stehen und warfen mir Geld in meine Dose.

In einer der Seitengassen gab's einen kleinen Laden mit Musikinstrumenten. Dort hatte ich mir im Schaufenster schon eine Gitarre ausgesucht. Sie war pechschwarz mit weißen Einlassungen und gefiel mir außerordentlich gut. Bereits nach zwei Wochen hatte ich 150 Mark zusammen, bin in diesem Laden geschlappt und habe damit die Gitarre anbezahlt. Nach weiteren drei Wochen konnte ich noch mal 200 Mark abzahlen. Ich hätte die Gitarre nun mitnehmen können, doch das wollte ich nicht. Ich fand sie so dermaßen wertvoll, zuerst wollte noch auf einen Gitarrenkoffer sparen. Da geschah dann zum ersten Mal etwas, was mir in meinem späteren Leben noch mehrfach passiert ist: Der Ladenbesitzer kannte die Umstände, mit denen ich das Geld für die Gitarre verdient hatte, und er schenkte mir einen gebrauchten Koffer. Das war für mich wie Weihnachten und Ostern an einem Tag. Zudem zog er nagelneue Saiten auf und legte noch ein weiteres Päckchen dazu. Eine Handvoll Plektrons, eine Stimmpfeife sowie ein Kapodaster rundeten das Paket ab. Nun konnte mich nichts mehr halten. Der Fabrikschornstein auf dem Sessel fragte nicht einmal, woher ich diese Gitarre hatte, vermutlich hätte ich im gleichen Raum sterben können und sie hätte das nicht mal bemerkt. Ich übte nun wie ein Bekloppter, und immer wenn das Wetter es zuließ, fuhr ich in die Fußgängerzone um Straßenmusik zu machen. Bald bildete sich eine kleine Fangruppe, die mich regelrecht in der Straße suchte und dann stundenlang bei mir sitzen blieben. Ich habe die Übungsstunden im Sommer dann einfach auf die Fußgängerzone verlegt, habe mir von Bekannten neue Griffe zeigen und neue Lieder beibringen lassen. Immer wenn ich einen anderen Straßenmusiker traf, habe ich mich dazugesetzt und gelernt. Den Spruch, man lernt nie aus, habe ich mir bis zum heutigen Tage zur Devise gemacht.

Ich verdiente richtig Geld. 100 Mark und mehr am Tag waren keine Seltenheit. Das brachte manchmal im Monat über 2.000 Mark, mehr als Udo in seinem Job verdiente. Aber das Leben in Köln war damals auch schon teuer und Zigaretten, Essen, Kino und Klamotten verbrauchten das Geld genauso schnell, wie ich es eingenommen hatte. Zudem ist die Straßensingerei ein reines Sommerabenteuer, denn wenn es draußen kalt wird, macht das einfach keinen Spaß. Mit klammen Fingern kann man einfach keine Gitarre spielen. Für die vielen Musikkneipen war aber mein Repertoire viel zu klein und mein Geklampfe einfach noch nicht gut genug. So manchem neuen Freund habe ich den einen oder anderen Hunderter geliehen. Natürlich habe ich das Geld niemals wieder zurückbekommen. Udo fand einmal fast 1.000 Mark unter meiner

Matratze und stellte mich zur Rede. Ich riss ihm das Geld aus der Hand und sagte ihm er solle gefälligst die Finger von meinen Sachen lassen, und wie ich mein Geld verdiene, gehe ihn einen Scheißdreck an. Von da an mietete ich mir mehrere Schließfächer am Kölner Hauptbahnhof und verstaute dort meine Sachen. Sicher dachte Udo, ich würde in Köln auf den Strich gehen. Das hätte er wohl gerne gehabt. Selbst wenn es so gewesen wäre, hätte ich ihn mir eher abgehackt, als diesen Penner an mich ran zu lassen.

Und schon wieder Udo

Er war ein Schwein. Nein, ich nehme das auch nicht zurück, nur weil er tot ist. Er war so ein Arschloch, das kann sich niemand vorstellen. Seit Jahren wehrte ich mich erfolgreich gegen seine Annäherungsversuche, in dem ich ihm schlichtweg androhte, dem Jugendamt alles zu erzählen. Aber in Köln ging der ganze Scheiß wieder von vorne los: Er wollte mich mit allen Mitteln zurück in seine Kiste bekommen. Er hat es immer und immer wieder versucht. Ständig berührte er mich beim Vorbeigehen, setzte sich dicht neben mich auf das Sofa, kam einfach ins Bad, wenn ich duschte oder badete. Natürlich war kein Schlüssel da, den hatte er versteckt. Er konnte mich ja nun nicht mehr mit irgendwelchen Belohnungen locken, denn mich reizte nichts, was er hatte. Zudem hatte ich Geld genug. Wenn ich etwas brauchte, kaufte ich es mir einfach.

Zwei krasse Ereignisse sind mir noch sehr gut in Erinnerung. Eines Tages suchte ich einen Videofilm, weil Mutter mich danach gefragt hatte. Udo hatte ihr wohl am Vortag irgendeinen Film aus dem TV aufgenommen und diesen bei uns im Zimmer ins Regal gelegt ohne ihn zu beschriften. Ich nahm alle unbeschrifteten Kassetten heraus und schaute mir die ersten Minuten an. Was ich dann auf einer der Kassetten sah, war so unglaublich, so unfassbar, dass ich es selbst nicht richtig glauben konnte: Ich sah mich schlafend in meinem Bett! Im Schein einer Taschenlampe hatte Udo mich nachts gefilmt. Ich lag auf dem Bett auf dem Rücken und meine Schlafanzughose war heruntergezogen. In der einen Hand hielt er die Kamera, während er mir mit der anderen Hand einen runterholte. Manchmal hielt er auch inne und steckte sich mein steifes Ding in den Mund. Dabei filmte er sich immer selbst, wie er sich befriedigte.

Ich glaubte nicht, was ich da sah, ich war völlig von den Socken. Auf dem Video sah man klar und deutlich, dass ich tief und fest geschlafen habe! Von der ganzen Aktion habe ich nichts mitbekommen, habe mich keinen Millimeter bewegt.

Dann fiel es mir schlagartig ein: Ein paar Tage vorher war er unglaublich nett zu mir, als ich mich zu Bett legte. Er brachte mir sogar noch ein Glas Milch, in welches er viel Kaba gerührt hatte. Dieses Video musste er in genau dieser Nacht aufgenommen haben, denn ich habe am nächsten Tag bis zum Mittagessen geschlafen und fühlte mich den Rest des Tages wie gerädert. Mutter hatte vom Arzt starke Schlafmittel und diese muss er mir gegeben haben. Ich rief sofort meine Mutter ins Zimmer und zeigte ihr das Video. Da habe ich sie zum allerersten Mal richtig entsetzt gesehen. Sie sah ja auch, dass ich auf dem Video fest schlief. Ich habe von der ganzen Filmerei nichts mitbekommen. Ich tobte, ich heulte, ich schmiss Sachen durchs Zimmer und habe wirklich gedroht ihn zu töten, wenn er nach Hause kam. Ich war so unglaublich wütend, das kann sich keiner vorstellen.

Mutter rief sofort meinen Cousin Helmut an, weil ich bereits in der Küche nach einem Messer suchte, welches groß genug war, um den Hals von diesem Tier durchzuschneiden. Helmut kam sofort, vermutlich, weil Mutter ihm die Situation sehr drastisch geschildert hatte. Sie war auch kurz davor, bei der Polizei anzurufen und mich abholen zu lassen. Ich zeigte Helmut das Video und gemeinsam warteten wir auf Udo, der gegen Abend von der Arbeit kam. Helmut verschwand dann mit Udo im Zimmer und ich genoss es, ja ich hab es genossen, dass er richtig aufs Maul bekam.

Körperlich war mir Udo überlegen, das glaubte ich zumindest, und ich hätte mich nicht getraut, ihn zu verprügeln. Das erledigte Helmut an diesem Tag für mich. Nachdem Helmut das Zimmer verlassen hatte und gegangen war, kam Udo einige Zeit später heraus und ging zunächst ins Bad. Er wusch sich das Blut aus dem Gesicht und kam dann ins Wohnzimmer, um sich bei mir zu entschuldigen. Ich habe ihm ins Gesicht gespuckt. Meinen Hass auf dieses Stück Dreck kann sich niemand vorstellen. Glauben sie, dass ihm das eine Lehre war? Mitnichten!

Als Helmut Geburtstag hatte, Wochen später, waren wir auch eingeladen und wir fuhren zusammen hin. Ich saß den ganzen Abend auf der Couch und habe dem lustigen Treiben zugeschaut. Währenddessen, ich saß zufällig genau neben der Bowle, aß ich die Erdbeeren, die darin schwammen. Ich aß viele, in der Bowle weich gewordene Erdbeeren. Ich wusste nichts von Alkohol, bis zu diesem Zeitpunkt hatte ich keinerlei Erfahrung damit. Ich wusste nicht das die Früchte in einer Bowle den meisten Alkohol aufnehmen, ich bemerkte nur eines: Die Früchte waren lecker. Als ich gegen Mitternacht aufstehen wollte, bemerkte ich, dass etwas mit mir nicht stimmte. Ich war mir nicht sicher, was es war. Ich beschloss, erst einmal die Toilette aufzusuchen. Das schaffte ich nicht. Direkt, nachdem ich aufgestanden war, fiel ich erst lang hin und dann ins Säuferkoma. Das erste Mal erwachte ich kotzend über der Kloschüssel. Das zweite Mal wurde ich wach, weil mir jemand zunächst eine übelriechende Flüssigkeit unter die Nase hielt und mir dann Salzwasser in den Rachen pumpte. Das war der hinzugerufene Notarzt und er beschloss, mir den Magen auszupumpen. An Ort und Stelle! Der Notarzt nahm mich aber nicht mit, sondern lies mich da. Helmut legte mich in einen Schlafsack, damit ich meinen Rausch ausschlafen konnte. Dabei schaute er die Nacht mehrfach nach mir, was er mir später auch erzählte. Am nächsten Nachmittag fuhr er mich dann nach Hause. Dort angekommen ging ich in mein Zimmer und staunte nicht schlecht, als ich auf meinem Bett alle Waffen von Udo fand: zwei Winchester-Luftgewehre und drei Schreckschusspistolen nebst Munition. Neben den Waffen lag ein Brief von Udo. Er selbst war nicht da und so las ich verwundert seine geschriebenen Worte. Er bedankte sich in dem Brief für die letzte Nacht, die seine Träume endlich wahr gemacht hätten. Endlich hätte ich meine Scheu überwunden und wir beide könnten nun die Freunde werden, wir er sich das immer gewünscht hatte. Er schenke mir nun, wie verabredet, seine Waffen und freue sich, dass ich gestern Abend meine ablehnende Haltung überdacht, und wieder zu ihm zurückgekehrt sei.

Alter Schwede, da flog mir echt das Blech weg. Was für eine gequirlte Kacke war das denn! Ich war an dem Abend so was von besoffen, ich hätte nicht mal vögeln können, wenn ich das gewollt hätte. Wenn ich die Möglichkeit dazu gehabt hätte, dann sicher nicht mit ihm. Da gab es mehr als genug Mädels auf dieser Party. Er wollte einfach nicht begreifen, dass ich nicht schwul war. Ich lag in dieser Nacht fest verschnürt in einem Schlafsack, mitten im Wohnzimmer zwischen mehreren anderen Gästen, die ebenfalls über Nacht geblieben waren. Den ganzen Vormittag, bis ich aufwachte, war Helmut in meiner Nähe. Ich konnte auf gar keinen Fall irgendetwas mit Udo gemacht haben, erst recht nicht freiwillig. Ich rief wieder Mutter, die wieder Helmut anrief, der wieder kam und wir warteten wieder auf Udo. Ja, ich habe es wieder genossen, dass dieser Vollhorst was auf die Fresse bekam.

Von dem Tag an zog ich es vor, auf der Couch zu schlafen. Mit einem Messer unter dem Kopfkissen. Ich hatte einfach Schiss in einem Zimmer zusammen mit diesem, diesem Vollpfosten zu schlafen. Das war nun schon das zweite Mal, das er wegen mir den Frack voll bekommen hatte und ich hatte einfach Angst, dass er mich irgendwann in der Nacht absticht. So schloss ich mich nachts im Wohnzimmer ein und lies den Schlüssel von innen stecken. In Mutter kam nach dieser Sache dann aber etwas wie Bewegung denn sie merkte auch, das ich nicht bleiben konnte. So ging das ja nun wirklich nicht weiter. Sicher befürchtete sie, dass ich Udo irgendwann abstechen würde, und sie rief meine Schwester im Schwarzwald an. Ich sollte weg aus Köln, und das möglichst bald. So bekam ich dann eines Tages die Nachricht, dass man für mich eine Kochlehre organisiert hatte. Im Schwarzwald. Nur zehn Kilometer von Rickenbach! Allerdings dauerte es noch zwei Monate, bis ich dort anfangen würde. Da ich in Köln nicht bleiben konnte, inzwischen wusste auch das Jugendamt von den Vorfällen, beschloss man unter Vermittlung des Jugendamtes, mich in Rickenbach für diese acht Wochen noch einmal aufzunehmen. Mit der Auflage, dass ich im Heim arbeiten und somit für meine Unterkunft und Verpflegung etwas tun müsse. Das war in Ordnung für mich, Hauptsache weg von diesem Arschloch und einer Mutter, die froh war, wenn ich nicht mehr auf ihrer Tasche lag. Was ich ja eigentlich gar nicht tat.

Ein letztes Mal zurück nach Rickenbach

Das Jugendamt holte mich in Köln ab und wir fuhren nach Rickenbach zurück! Nach Hause! Klar, ich habe das so empfunden, ich freute mich wie Bolle auf das Heim. Dort war alles besser. Dachte ich. Ich bin ja davon ausgegangen, dass ich in die Gruppe 9 in mein eigenes Zimmer zurück konnte. Dem war aber leider nicht so, denn ich wurde in einem Nebengebäude einquartiert, in einem kleinen Zimmer mit einem Fenster zum Hof. Dort hatte ich einen Schrank, ein altes, knarzendes Bett und eine zweite Türe (ohne Witz), die zum Schlafzimmer einer Schwester führte. Wenn diese Nonne irgendwann mitten in der Nacht ins Bett ging, musste sie also durch mein Zimmer durch. Wie nett. So marschierte jede Nacht und jeden Morgen um 5 Uhr eine fremde Frau durch mein Zimmer. Herrliche Aussichten. Man verlangte tatsächlich von mir, aktiv mitzuhelfen. Ich meine wirklich: aktiv! Ich sollte mich morgens um 6:30 Uhr in der Küche einfinden. Hallo? Geht's euch gut? Da schlafe ich doch noch! Ich bin immer erst zwischen 7:00 und 8:00 Uhr in die Küche gegangen. Je nachdem, wie ich aufgewacht bin. Das musste reichen und ich habe auch nie etwas dagegen gehört, die Nonnen in der Küche wollten anscheinend keinen Streit mit mir.

Bis zum Mittag sollte ich in der Küche helfen, was ich gerne gemacht habe und mich dann, nach einer Mittagspause, bei diversen Nonnen zur Mitarbeit melden. Was ich allerdings nie getan habe. Für das Zimmerchen und das bisschen Essen, so habe ich mir gedacht, reiße ich mir sicher kein Bein raus. Da reichen die fünf Stunden Maloche am Vormittag völlig aus. In den ersten Tagen wurde mir, natürlich, heftig gedroht, dass man mich rausschmeißen würde, aber mal ehrlich: So blöde war ich nun auch wieder nicht. Erstens waren es nur noch sechs Wochen, bis ich sowieso wieder weg war und zweitens wohin sollten sie mich denn schicken? Mir war klar, dass die Heimleitung in dieser Sache mit dem Rauswurf nur mit heißer Luft kochte und bin dann in den letzten fünf Wochen auch nicht mehr in die Küche gegangen.

Geldsorgen hatte ich wieder mal keine, denn jeden Tag fuhren mehrere Busse von Rickenbach nach Bad Säckingen, Waldshut oder Wehr und ich hatte mir ja in Köln die Gitarre gekauft. So stellte ich die Arbeit in der Küche komplett ein und fuhr jeden Morgen, wenn es nicht gerade regnete, in irgendeine Stadt in der Nähe, meistens Waldshut oder Bad Säckingen, suchte mir eine Kneipe und spielte dort abends Gitarre. Ich wusste ja bereits, dass man mit dieser Art Arbeit ein recht ansehnliches Sümmchen erspielen konnte. Das war in Köln schon so und warum sollte das in Waldshut oder in irgendeiner anderen Stadt anders ein. Was heißen soll: Ich hatte immer etwas Geld in der Tasche. Es reichte, um nicht zu verhungern, denn im Heim aß ich nun nichts mehr.

Da ich in keine Gruppe zum Essen durfte und auch nicht mehr an den Mahlzeiten der Schwestern teilnehmen konnte, kaufte ich mir im Supermarkt in Rickenbach einfach was zu essen und nahm das mit aufs Zimmer. Irgendeine der Schwestern, ich gehe immer noch von Sr. Bernhardina aus, stellte mir immer wieder mal was zu Essen ins Zimmer. Wenn ich unterwegs, und mal nicht so bei Kasse war, nahm ich mir manchmal einfach, was ich brauchte. Erwischt worden bin ich nie. Ich beschränkte die Klauerei immer auf das Notwendigste, einen Apfel, eine Banane, Kassetten oder Batterien. Natürlich Zigaretten, manchmal die Bravo. Aber ich habe niemals Kameraden oder Freunde bestohlen. Nicht, weil mir das zu heikel war, sondern weil man so was nicht macht. Der Laden, so dachte ich immer, schlägt den Schwund sowieso auf die Preise drauf. Aber Freunde oder andere Leute bestiehlt man nicht, so was macht man nicht. In den paar Wochen war ich ziemlich auf Achse und lernte viele Leute kennen, bei denen ich dann auch hin und wieder mal übernachten konnte. War mal schlechtes Wetter, blieb ich im Zimmer und lernte neue Gitarrengriffe. Da ich einen Kassettenrekorder mit Radio von Udo mitgenommen hatte, konnte ich wenigstens Musik hören und damals lief viel deutscher Schlager. Mein Englisch war zwar nicht so schlecht, aber wenn ich mit deutschen Sachen Geld verdienen konnte, warum nicht?

Mit Mädchen lief das nicht so gut und erst in den letzten Tagen lernte ich im Heim Alexandra kennen. Sie war schlank, unglaublich hübsch und konnte mit ihren weichen Lippen echt super küssen. Sie fühlte sich immer so schön warm an, das fühlte sich an wie das Leben selbst. Sie im Arm zu halten war etwas ganz besonderes, das kann man gar nicht beschreiben. Da wurde es einem ganz warm ums Herz. Wir trafen uns so oft es ging, bis ihre Gruppenschwester dahinter kam und ihr den Umgang mit mir verbot. Ihr war das ziemlich schnurz, sie traf sich trotzdem ganz offen mit mir und ich hörte nun öfter von den Schwestern den Satz, dass man es längst bereue, mich wieder aufgenommen zu haben. Tja, Pech gehabt, nun habt ihr mich aber, jetzt seht mal zu!

In Rickenbach hatten sie zu der Zeit schon eine kleine Diskothek gebaut und ich konnte die Wochenenden gar nicht abwarten. Freitags und Samstags blieb ich nun dort, bis ich rausgekehrt wurde, trank Cola und hörte mir die Musik an. Ich erinnere mich sehr gut, wir hörten die Lieder „Last night the DJ saved my life", „Indian Reservation" und „Dreiklangdimensionen". Lieder von Smokie, Boney M. und Abba. Ich beneidete den DJ, der so viele Platten hatte, und weitete meinen Berufswunsch auf diese Branche aus. Dass ich Jahre später tatsächlich DJ werden würde, das habe ich natürlich nicht geahnt. Vor allem nicht, dass ich diesen Beruf dann tatsächlich mehr als zwanzig Jahre machen würde. Ich machte meine ersten Tanzversuche, doch mehr als "von einem Bein auf das andere Bein" hat es nie gereicht. Doch das machte nichts, im Gegensatz zu der heutigen Jugend sind wir nicht zum Brüll- oder Flatrate-Saufen in die Disco gegangen, sondern um Musik zu hören, zu tanzen und um neue Leute zu treffen. Ich war nach diesen Abenden immer völlig durchgeschwitzt.

Es machte mir Spaß diese Musik zu hören und ich konnte davon gar nicht genug bekommen. Ich träumte dann auf dem Heimweg immer davon, wie es wäre, wenn man jetzt Musik auf den Ohren hätte. Nicht dieses Gefiebse aus dem kleinen Ohrhörer, den ich für mein kleines Taschenradio hatte. MP3-Player gab's damals nicht und auch die Erfindung des Walkmans 1981 war für mich nicht wirklich eine Alternative. Das Teil war viel zu teuer! Den Radio-Kassettenrekorder hatte ich zwar auch, aber der war im Gegensatz zu den heutigen Playern riesig. Viele Jahre später kaufte ich mir diesen Walkman, der kostete über hundert Mark, einen Kopfhörer und einen Satz Batterien. Dazu erwarb ich eine Kassette von Smokie (zwanzig Mark) und hab' alles gleich ausprobiert. Ich erinnerte mich an den Wunsch Musik auf den Ohren zu haben und habe fast eine Stunde nur geheult. Mit diesem Walkman ging einer meiner Träume in Erfüllung und ich habe das Teil wochenlang nicht mehr abgesetzt.

Im Februar 1981 war es dann so weit, mein Schwager fuhr mich zu meinem neuen Lebensabschnitt: Ich sollte nun endlich meine Kochlehre beginnen. Einerseits freute ich mich darauf, denn das Kochen machte mir wirklich Spaß, andererseits würde ich das leichte Leben in Rickenbach sicher vermissen. So ging es dann mit dem Auto zu einem Gasthof nach Waldshut. Ich wurde dem Chef vorgestellt, er musterte mich kurz und zeigte mir dann mein Zimmer, welches ich mit einem anderen Lehrling teilen sollte. Mein Schwager ging dann mit den Worten: "Wenn du das versaust, dann schlag' ich dich tot".

Meine Zeit als Kochlehrling

Dass es dann doch so schlimm werden würde, das hatte ich natürlich nicht geahnt. Eine Lehre als Koch hatte ich mir mit Sicherheit so nicht vorgestellt. Ich musste um 6 Uhr aufstehen, am Anfang gab es noch ein Frühstück, später wurde das gestrichen und ich musste mir immer zwischendrin was reindrücken. Gearbeitet wurde dann meistens bis 15:00 Uhr. Theoretisch gab's dann eine Pause bis 17:00 Uhr. Aber auch nur theoretisch, denn auch in dieser Zeit war der Gasthof geöffnet und es gab eine Vesperkarte. Dann musste ich wieder ran von 17:00 Uhr bis 1:00 Uhr nachts. Zum Schluss noch putzen bis 2:00 Uhr, manchmal 3:00 Uhr. Morgens dann um 6:00 Uhr wieder raus. Was für eine Schinderei!

Es wurde übrigens ein Lohn von 390 DM vereinbart, wovon mir allerdings 300 Mark für Verpflegung und das Zimmer abgezogen wurden, welches ich am Anfang mit einem der Gesellen und später mit einer Menge Schaben teilen musste. Er zahlte mir also jeden Monat 90 DM für zwölf bis sechzehn Stunden Arbeit. Das sollten sich die heutigen Lehrlinge mal auf der Zunge zergehen lassen. Beklagen geht nicht. Mit einem hünenhaften Schwager im Nacken.

In der Küche befanden sich zur Anfangszeit, wenn ich das noch richtig in Erinnerung habe, ein weiterer Lehrling, ein Geselle und der Chef. Doch das sollte sich bald ändern, denn in dieser Küche hielt es echt keiner aus. Zuerst ging der Lehrling, dann innerhalb der nächsten drei Monate auch der Geselle. So war ich bis zu meinem "Abgang", also fast ein halbes Jahr, alleine mit dem Chef in der Küche. In dieser Zeit wurde ich auf "alles" getrimmt. Ich sollte nun nicht nur die Salate machen, sondern auch noch die Beilagen, die Soßen, die Hauptspeisen, den Nachtisch und mittags noch Vesper. Zudem hatte der tolle Chef vergessen mich an der Schule anzumelden, sodass ich den ersten Blockunterricht schlichtweg verpasst hatte. Selbstverständlich sollte ich alles in Rekordzeit lernen, denn vor allem zu Zeiten, wenn Bundesligaspiele in der Glotze liefen, hatte der tolle Herr Chef überhaupt keine Zeit.

So kam es dann, dass ich bereits nach mehreren Wochen sämtliche Salate, viele der Hauptgerichte, und natürlich die komplette Vesperkarte alleine zubereiten konnte. Nur die Fleischstücke, die schnitt der Herr Chef selbst ab, die machte ich ihm immer zu groß. War mal viel in der Küche los, musste auch eine der Bedienungen in der Küche mithelfen, vor allem für die Vorspeisen und Salate, und selbst die Spülfrau hat mehr als einmal mit hingelangt. Ich weiß heute noch viele der Gerichte, die auf der Karte standen. Alleine das Salatbüfett: Sellerie-, Gurken-, Karotten-, rote Beete-, Kartoffel-, Rettich-, Rotkraut- und Weißkrautsalat. Dazu natürlich Kopf-, Feld- und Endiviensalat. Alles von mir zubereitet, immer frisch. Dann mussten Kartoffeln geschält werden, Knödel vorbereitet, Spätzle geschabt (ich durfte die dann mit der Presse machen, weil ich das Schaben nicht kapiert hatte), Pellkartoffeln geschnitten und frisches Brot und Brötchen gebacken werden.

Immer diesen Chef im Nacken, dem es nie schnell genug, und vor allem nicht gut genug gemacht wurde. Er scheute sich nicht davor, mich ab und an körperlich zu verweisen in Form von Kopfnüssen, Fußtritten oder in dem er mit irgendwelchen Sachen nach mir schmiss. Gut, der Umgangston in der Küche ist rau, aber ich habe das alles nur deswegen ertragen, weil ich von meinem Schwager nicht totgeschlagen werden wollte. Dazu hat er mich ständig nachgeäfft, weil ich versuchte meinen Sprachfehler unter Kontrolle zu bringen und fast jeden Satz mit "em, em" begann, um mir meine Worte sorgsam zu überlegen und langsam zu sprechen. Er würdigte mich ständig herab mit Sätzen wie:

"Was kann man von einem Heimkind schon erwarten!"

Ständig holte er mich während der Mittagspause aus meinem Zimmer um Gäste zu bewirten, die etwas aus der Vesperkarte bestellt hatten.

Als es draußen wieder wärmer wurde, habe ich eine tolle Lösung für die Mittagspause gefunden: Ich bin einfach nach Waldshut gegangen! Das waren nur knapp zwei Kilometer und ich schnappte mir irgendwo ein Fahrrad, um diese Strecke schneller fahren zu können. So konnte er nicht mehr auf mich zurückgreifen und musste in dieser Zeit das Vesper selber machen. Das hat ihn geärgert und er versuchte mehrfach, mich daran zu hindern das Haus zu verlassen, in dem er z. B. einfach die Haustüre verschloss (mein Zimmer befand sich in einem Nebengebäude). Doch mein Zimmer war Parterre und so kletterte ich einfach aus dem Fenster und machte mir einen Heidenspaß daraus, kurz vor 17 Uhr rotzfrech durch die Gaststube wieder reinzukommen.

Lothar Späth kommt zum Essen

Das war noch ziemlich am Anfang, als die Küchenmannschaft noch vollständig war. Eine Riesenhektik brach an diesem Tag aus, vor allem deswegen, weil der Herr Ministerpräsident kein Essen vorbestellt hatte, sondern aus der Karte bestellen wollte. Kurz bevor er selbst eintraf, schlugen die Bodyguards in der Küche auf. Das waren Gestalten, mein lieber Mann. Niemals zuvor in meinem Leben habe ich solche Typen gesehen, von meinem Schwager mal abgesehen. Die glaubten wirklich, sie könnte vier, ich wiederhole die Zahl gerne, vier Leibwächter in die Küche stellen. Wir Köche hatten ja schon kaum Platz und der Chef machte denen klar, dass einer dieser Riesen reichen musste. Ich weiß sogar noch, was er bestellt hat: Putenleber mit Berner Rösti und Salat. Das Rösti und den Salat habe nämlich ich gemacht. Jawohl! Nach dem

Essen kam er in die Küche und wollte wissen, wer sein Essen zubereitet hatte. Er gab mir ein Fünfmarkstück. Echt jetzt! Ich muss dazu allerdings gestehen, dass ich keine Ahnung hatte, wer dieser Mann war. Seinen Namen hatte ich zum allerersten Mal gehört und ich wusste auch nicht, was ein Ministerpräsident ist. Mich haben die Leibwächter viel mehr beeindruckt wie dieser Mann, der stark schwäbelte und sehr nett war. Keine Frage, das war er. Vermutlich ist er es heute auch noch.

Reiche Menschen sind nicht immer reich

Der Porsche war schon beeindruckend und auch die Klamotten, die die Beiden anhatten. Er lief immer im Anzug rum und sie war so rausgeputzt, dass man glauben könnte, die beiden wären Filmstars. Immer feinste Kleider und diese Stöckelschuhe! Das kannte ich bisher nur aus dem Fernsehen. Die Zwei hatten ein Doppelzimmer gebucht. Für eine Woche. Vollpension. Ich kann mich aus zwei Gründen gut daran erinnern, denn der Porschetyp kam nachts einfach nicht ins Bett. Während seine Frau so gegen 23 Uhr abrauschte, saß dieser Arsch bis in die Puppen im Gastraum, gab eine Flasche Wein, oder manchmal auch Champagner aus, und wollte sich einfach nicht verpissen. Ich schlief dann im Sitzen in der Küche und war froh, wenn ich aufs Zimmer konnte. Nach einer Woche war die Show dann vorbei, das Pärchen hatte sich mitten in der Nacht aus dem Staub gemacht. Natürlich ohne zu bezahlen! Keiner hatte daran gedacht sich mal einen Abschlag bezahlen zu lassen und so blieb das Gasthaus auf einer Rechnung im vierstelligen Bereich sitzen. Ich wurde von der Polizei befragt, ich freute mich aber so diebisch über diese Aktion, dass ich mich einfach dumm stellte. Nee, ich hab' die beiden nicht so oft gesehen und auch das Nummernschild konnte ich nicht sehen. Keine Ahnung, welchen Dialekt die sprachen, die haben mit mir nichts gesprochen. So genau hab' ich mir die Zwei nicht angesehen, ich war ja die ganze Zeit in der Küche beschäftigt. Hehe, das fand ich geil, das war gut. Ich hab's im gegönnt, dass er mal so auf jemanden reinfällt.

Der Wunderheiler aus der Schweiz

Wie das manchmal halt so ist, eines Tages wurde ich krank. Der Chef scheuchte mich zwar morgens aus dem Bett und meinte, ich solle mich nicht so anstellen. Nach vielleicht einer Stunde merkte er, dass ich wirklich krank war und in diesem Zustand konnte ich nicht arbeiten. Für ihn war das eine Katastrophe, denn ich war alleine mit ihm in der Küche und nahm ihm inzwischen sehr viel Arbeit ab. So legte ich mich an diesem Tag wieder mit Fieber und Schüttelfrost ins Bett zurück und er versprach, einen Arzt zu holen. Was dann kam, war aber kein Arzt, sondern ein Wunderheiler aus der Schweiz, der ein wirklich lieber Gast im Restaurant und anscheinend auch ein Freund des Chefs war. Schon als er mich so elend im Bett liegen sah, bekam sein Gesicht einen mitleidigen Ausdruck. Er fragte ob ich es schaffen würde mich auf einen Stuhl zu setzen. Was ich dann tat, denn wenn er mir helfen konnte, warum dann also nicht. So saß ich auf diesem Stuhl und sollte einfach nur die Augen schließen. Er stellte sich hinter mich und nach einer Weile fühlte ich eine unerklärliche Wärme, die meinen Rücken raufkroch. Diese Wärme war nicht überall, sondern an einer Stelle spürbar und dieser "Wärmepunkt" kroch langsam über den Rücken bis zu meinem Hals hinauf und dann zu meinem Kopf, dann über mein Gesicht, die Brust und zu meinem Bauch. Dann war die Wärme wieder weg. Das Ganze wiederholte sich zweimal und danach war ich ein neuer Mensch. Das Fieber, die Grippe war vollkommen verschwunden. Ich fühlte mich wie neugeboren. Was man von dem Wunderheiler nicht behaupten konnte, der sah nun wirklich elend aus und er musste sich am Tisch festhalten. Erst nach ein paar Minuten war er wieder voll da und er erklärte mir, dass er die Krankheit auf sich übertragen habe und das es immer ein paar Minuten dauern würde, bis sein Organismus damit fertig werden würde. Was soll ich sagen, von diesem Tag an war ich mehrere Jahre nicht mehr krank. Auch die Rückenschmerzen, die ich beim Arbeiten oft hatte, zeigten sich nicht mehr. Ich hatte eine solche Energie von ihm bekommen, dass ich es selbst nicht glauben konnte.

Mein fast erstes Mal

Sie arbeitete bei uns als Kellnerin und wir verstanden uns auf Anhieb. Es war immer so ein unerklärliches Kribbeln in meinem Bauch, wenn sie mit mir im gleichen Raum war. Dass es ihr genauso ging, bemerkte ich schon, denn sie suchte aktiv meine Nähe. Sie lies keine Gelegenheit aus das Geschirr selbst in die Küche zu tragen, und war oftmals eine Stunde vorher im Lokal. Das bekam bald auch der Chef mit und machte uns unmissverständlich klar, dass er keine "Liebschaften" zwischen seinem Personal dulden würde. Was uns eigentlich egal war, wir trafen uns dann halt in der Mittagspause. Leider hatten wir beide kein Auto und so waren unsere ersten Versuche intim zu werden auf Küssen und ein wenig Petting beschränkt. Dabei sollte es dann auch bleiben, denn eines Tages kam sie nicht einfach nicht mehr. Ich habe noch versucht, von ihren Kolleginnen aus dem Service, die Telefonnummer zu bekommen, aber diese wussten sie auch nicht. Ich erfuhr nur, dass sie aus Tiengen war. Ich wusste ihren Nachnamen doch das nutze mir nichts. Alleine in Tiengen wohnten über 100 Familien mit diesem Namen. Ich hoffte noch, das sie auch versuchen würde mich wieder zu sehen, aber das war nichts. Ich sah sie nie wieder.

Der Bus mit 80 Gästen und mein Abgang

Das war eine Katastrophe! Eigentlich war es ein ruhiger Vormittag und es regnete stark. Wenn es stark regnete, kam fast niemand zum Essen. Dann dieser Anruf: ob wir vielleicht noch Kapazitäten für achtzig Gäste hätten. Dieser Depp sagte auch noch zu! Achtzig Essen! Gut, nur Vesper, aber achtzigmal! Es sollte einen kleinen Salatteller für alle geben, gemischter Salat natürlich, und einen "Resteteller". Das waren keine Reste, der hieß nur so, da kamen zwei Scheiben Brot drauf, verschiedene Wurstsorten, ein Ei in Scheiben, garniert mit einem Salzstangen-Tipi und Zwiebelringen. Achtzigmal, also hundertsechzig Scheiben Brot; drei verschiedene Wurstsorten, jeweils mit zwei Scheiben, das macht vierhundertachtzig Scheiben Wurst. Dann natürlich achtzig Eier. Der Salat reichte auch nicht für so viele Essen, ich musste mehr machen. Also begann ich zu rödeln. Ist besser als rumzusitzen, und am Däumchen zu drehen. Während ich die Salatteller bestückte, erst ein Klacks Karotten-, dann ein Klacks Selleriesalat, schaute mir der Chef über die Schulter. Er stand tatsächlich hinter mir und beobachtete mich, wie ich die achtzig Salatteller anrichtete. Anstatt zu helfen! Ich nahm also die Schüssel mit dem Tomatensalat und wollte diese, wie ich es seit Monaten bei jedem gemischten Salat machte, mit den Fingern auf die Teller zu verteilen. Daraufhin schlug er mich! Ohne Witz, er schlug mich auf den Kopf und schrie mich an, was mir einfallen würde das mit den Fingern zu machen! Ich sollte gefälligst eine Gabel oder einen Löffel dazu nehmen! Inzwischen waren neun Monate vergangen und ich hatte neun Monate davor Angst gehabt, dass mein Schwager mich umbringt, wenn ich das versaue. Aber ehrlich, was zu viel ist, das ist wirklich zu viel. So stellte ich die Schüssel mit Tomatensalat hin, nahm das nächste Messer, welches greifbar war, und hielt es in seine Richtung. Dazu sagte ich folgenden Satz: "Wenn sie mich noch mal anfassen, dann steche ich sie ab!" Er wich einen Schritt zurück. Ich sagte: "Ich meine das wirklich ernst, ich habe nun endgültig die Schnauze voll. Ich gehe jetzt, sofort und heute. Versuchen sie auf keinen Fall mich aufzuhalten und wagen sie es ja nicht mich noch einmal anzufassen!" Ich nahm das Messer mit und verließ rückwärts die Küche. In meinem Zimmer zog ich mich um und packte meine Habseligkeiten in einen Koffer. Das dauerte nur wenige Minuten. Ich hatte sowieso seit Wochen schon das Verlangen, dieses Sklaventreiben zu beenden. Traute mich nur nicht! Die Tür schloss ich während des Packens ab, ich wollte nicht, dass er ins Zimmer kam. Aber er kam natürlich an die Tür und klopfte. Bevor ich die Tür öffnete, nahm ich wieder das Messer in die Hand. Was jetzt kam, das verschlug mir echt die Sprache, denn er bettelte mich an. Er bettelte mich an zu bleiben. Unfassbar. Dieses Arschloch, das monatelang meinen Sprachfehler (sie erinnern sich sicher, ich habe gestottert) nachäffte, dieser Sklaventreiber, der mich seit Monaten sechzehn Stunden am Tag arbeiten lies und mir dafür nur 90 Mark bezahlte, dieser Halsabschneider, der drei Viertel meines Lohnes für ein ärmliches Zimmer ohne Waschmöglichkeit einbehielt (das ich mir die ersten Wochen sogar noch mit einem Gesellen teilen musste), dieser Mensch stand nun vor mir und bettelte mich an. Er bettelte mich an, dass ich bleiben solle. Er hätte es nicht so gemeint. Ich lehnte ab. Dann legte er zweihundert Mark auf den Tisch, die ich sofort einsteckte. Ich hatte schon befürchtet, meinen Lohn nicht mehr zu bekommen. Da Freitag war, sagte ich, dass ich jetzt erst einmal drüber nachdenken müsse und nach Hause fahren würde.

Meine Mutter war inzwischen nach Bonndorf gezogen und da wollte ich hin. Er legte noch mal hundert Mark auf den Tisch und meinte, er wäre einverstanden. Ich sollte über das Wochenende heimfahren, er würde ein Taxi rufen. Am Montag könne ich dann wieder kommen und wir würden reden. Das Messer hielt ich die ganze Zeit noch in der Hand. Ich legte es weg und spielte den Einverstandenen. Ich dachte nicht im Traum daran hierher zurückzukehren, und wenn mein Schwager mich totschlagen würde, dann würde er das eben machen. Das Taxi kam, ich stieg ein und habe dieses Lokal erst zwanzig Jahre später wieder betreten. Er hatte mich, selbst nach so langer Zeit, sofort erkannt. Das schlechte Gewissen sprang ihm förmlich aus dem Gesicht, sodass ich das Essen an diesem Tag nicht bezahlen musste. Erst vor Kurzem, während ich für dieses Buch recherchierte, also fast dreißig Jahre nach der misslungenen Kochlehre habe ich erfahren, dass dieser feine Herr nach meinem Abgang einen Bericht an das Jugendamt geschrieben hat. Dort beschrieb er aus seiner Sicht, wie es zu der Aufgabe der Lehre meinerseits kam. Für diesen Bericht könnte ich ihm heute noch auf die Finger hauen. Ich selbst habe ja von diesem Bericht nie etwas erfahren, ich wurde von niemandem gefragt, warum ich die Lehre abgebrochen habe. Der Mitarbeiter vom Jugendamt hat mich nicht einmal danach gefragt, nicht einmal. Der Brief des Chefs hat dem völlig ausgereicht. Was da drin stand? Halten Sie sich fest:

"Hans-Gerd hat sehr viel Wirbel in den Betrieb gebracht, seitdem er weg ist, ist es wieder ruhig. Er war sehr ungepflegt und musste zur Körperhygiene angehalten werden. Mit seinem Geld konnte er nicht umgehen, obwohl mehr bezahlt wurde als im Lehrvertrag ausgemacht war. Im laufenden Betrieb spielte er oft den großen Mann und kommandierte die Lehrmädchen aus dem Service herum. Er stieg oft

durchs Fenster aus und kam dann erst sehr spät wieder zurück. Sein Zimmer war sehr unordentlich und dreckig. Allerdings konnte er auch sehr fleißig sein und hat in der kurzen Zeit, in der er bei uns war, sehr schnell und sehr viel gelernt."

Warum hat mich keiner gefragt? Also, jetzt und hier eine kleine Stellungnahme, wenn auch dreißig Jahre zu spät:

Ich bin ein Wirbelwind

Oh, ja, das streite ich nicht einmal ab, das bin ich wirklich. Vor Jahren machte ich ein Praktikum in einer Elektrofirma. Dort im Büro saßen drei Leutchen, die sich den ganzen Tag anschwiegen. Das war genau das, was ich nicht gebrauchen konnte. So brachte ich wirklichen Wirbel in den Laden. Da reden die heute noch davon.

Er musste zur Körperhygiene angehalten werden

Nein, das musste ich sicher nicht. Es war nur schier unmöglich, sich regelmäßig zu duschen, denn ich musste dazu die Dusche aus einem der Gästezimmer benutzen. In meinem Zimmer gab es nur ein Waschbecken. Mal ehrlich, wenn man um 6:30 Uhr aufsteht und um 2:00 Uhr nachts halb tot ins Bett fällt, wann willst man dann auch noch duschen? Wie soll das gehen?

Mit seinem Geld konnte er nicht umgehen...

Das ist der beste Satz. Der blanke Hohn! Ich konnte nicht mit meinem Geld umgehen! Mit neunzig Mark im Monat. Ich war sechzehn Jahre alt und hatte Bedürfnisse. Da sind neunzig Mark ein Witz. Selbst damals.

...obwohl mehr bezahlt wurde als im Lehrvertrag ausgemacht war

Übrigens, Chef, ich hab' den Lehrlingsvertrag noch! Da steht genau drin, wie viel Sie mir bezahlt und wie viel Sie mir abgezogen haben. Wenn Sie das hier lesen und sich aufregen, weil ich ja so gemein zu Ihnen bin, halten Sie bloß die Füße still. Sonst krame ich das Teil mal raus und schicke es an eine große deutsche Boulevardzeitung. Die freuen sich immer über so was.

Im laufenden Betrieb spielte er oft den großen Mann...

Was immer das auch bedeuten mag. Kurz zur Erinnerung: Ich habe sechs Monate lang die Küche fast alleine geschmissen. So kommt es mir jedenfalls heute vor. Nein, das ist nicht erfunden, das ist die volle Wahrheit. Der feine Herr Chef hat sich oft nur zum Fleisch abschneiden in die Küche begeben oder wenn ich gesagt habe, dass ich das wirklich nicht alleine schaffen kann. Die meiste Zeit hat er mich machen lassen. Die Karte war nicht so groß und er kam nur, wenn es kompliziert wurde. Aber die normalen Vor- und Hauptspeisen, Salate und Nachtisch, das konnte ich alleine. Auch die Vesperkarte konnte ich komplett selbst machen. Wenn die Essen nicht zu zahlreich waren, dann habe ich das auch geschafft. Die Karte war ja immer die Gleiche und die Tageskarte war auch nicht so kompliziert. Vieles konnte man am Vormittag schon vorbereiten, und wenn z. B. die Spätzle mal ausgegangen sind, hat man halt schnell neue gemacht. Bei den Knödeln war das komplizierter, wenn die aus waren, dann gab's halt keine mehr.

...und kommandierte die Lehrmädchen aus dem Service herum.

Ja klar, hab' ich gemacht. Schließlich muss der Laden laufen. Wenn die Mädels Fehler bei der Bestellung machen, dann war ich derjenige, der ihnen die Leviten gelesen hat. Wer denn sonst? Wenn der Gast "Russische Eier" bestellt und dabei deutlich sagt, dass er keine Mayonnaise dabei möchte, dann muss das Mädel das halt auch auf die Bestellung schreiben! Ich bin doch kein Hellseher. Das Gleiche war mit dem Berner Rösti, der Gast wollte ohne Speck, das stand aber nicht auf der Bestellung. Ich hab' die Bedienung darauf aufmerksam gemacht, dass sie das gefälligst auch notieren soll. Was kann ich denn dafür, dass sie so sensibel war und heulend aus der Küche gerannt ist.

Allerdings konnte er auch sehr fleißig sein und hat in der kurzen Zeit, in der er bei uns war, sehr schnell und sehr viel gelernt.

Okay, ich bin fast schon geneigt, ihm zu verzeihen. Ist ja auch schon so lange her. Ich habe wirklich sehr viel gelernt in diesen neun Monaten "intensives Kochtraining". Bis zur heutigen Zeit bin ich ein ausgezeichneter Hobbykoch geblieben.

Ab nach Bonndorf

Meine Mutter war völlig entsetzt, als ich in Bonndorf auftauchte. Sie hatte sicher nicht mit mir gerechnet und wähnte mich gut verstaut in Waldshut. Mich konnte sie nun überhaupt nicht gebrauchen. Natürlich war auch Udo da, dem ich diesmal unmissverständlich klarmachte, das er seine pädophilen Griffel bei sich lassen sollte ansonsten würde ich ihn abstechen. Gleich am nächsten Montag sollte ich mich beim Jugendamt melden, was ich auch tat. Dort hörte ich nur Vorwürfe und den Rat, mich mit dem Chef des Gasthauses auszusprechen, um meine Lehre dort zu beenden. Was ich aber dankend abgelehnt habe.

Die ersten Tage fuhr ich mit Udo auf Arbeit, der verteile Brötchen für eine Bäckerei, doch dann blieb ich immer häufiger einfach liegen. Eine Fabrik in der Nähe suchte Arbeiter, dort bewarb ich mich halbherzig, weil ich da jeden Morgen mit dem Bus hin sollte und das war mir zu stressig. Ich versuchte in dieser Zeit das wenige Geld, das ich hatte zusammenzuhalten, aber das war nicht so einfach. Ich packte wieder meine Gitarre und spielte mehrfach abends in Kneipen, um mir damit ein kleines Taschengeld zu verdienen. Da es Spätsommer und noch oft recht warm war, fuhr ich nicht selten mit dem Bus nach Waldshut, Bad Säckingen oder nach Schluchsee, um dort Straßenmusik zu machen. An Geld mangelte es mir mal wieder nicht, wohl aber am Willen, etwas Sinnvolles mit meinem Leben anzustellen.

Erstaunlicherweise lies auch Udo erstmals seine Finger von mir und versuchte es auch nicht mehr mit seinen schmutzigen Tricks. Das lag vielleicht auch daran, dass er in Bonndorf bereits Nachschub an Buben hatte und ich schon zu alt für ihn geworden war.

Eines Tages im Oktober 1981 dann die Nachricht meiner Mutter: Sie muss auf Kur. In vierzehn Tagen schon! Sie habe das Jugendamt bereits benachrichtigt, da ich nicht alleine in Bonndorf bleiben könne. Mir war das unverständlich, denn ich war inzwischen, meiner Meinung nach, alt genug und konnte durchaus auf mich selbst aufpassen. Das Jugendamt sah das allerdings etwas anders, die waren ja immer noch für mich verantwortlich, und ich wurde zu einem Gespräch gebeten. Diesmal ging es um alles, denn ich sollte in ein Lehrlingsheim. Dabei wurden mir zwei Heime zur Auswahl gestellt, eines davon das "Stift Sunnisheim" in Sinsheim. Man bot mir an, dass ich mir beide Heime anschauen könne und so fuhren wir als Erstes nach Sinsheim.

Der Besuch in Sinsheim verlief toll. Ein sehr netter Erzieher führte uns durch die komplette Anlage und ich war fassungslos. Das Heim ist riesig. So was hatte ich noch nicht gesehen. Es gab die Werkstätten, mehrere Häuser mit den Gruppen, einen Speisesaal, einen Sportplatz und einen Musikraum! Der Musikraum mit Instrumenten war ausschlaggebend dafür, dass ich mich sofort für Sinsheim entschloss. Eine Sache darf man nicht vergessen: Der Erzieher zeigte mir ein schönes Zimmer in Gruppe 6, welches schon ab nächste Woche mein Zimmer sein könnte. Ein eigenes Zimmer! Mit Schlüssel! Unfassbar! Und dann das Allerbeste: Ich könnte sofort kommen!

Stift Sunnisheim in Sinsheim

Die Zeit in Sinsheim bezeichne ich gerne als mein drittes Leben. Mein erstes Leben war die Hölle in Mühlheim, mein zweites Leben war Rickenbach. Mein drittes Leben begann genau am 03.11.1981 in einem Lehrlingsheim in Sinsheim. An diesem Tag wurde ich in der Gruppe 6 aufgenommen. Die ersten Tage waren geprägt von mehreren Aufnahmegesprächen. Ich wurde tatsächlich gefragt, welchen Beruf ich die nächsten drei bis vier Jahre lernen wollte. Eigentlich wollte ich Schreiner werden, da war aber kein Platz mehr frei und so entschied ich mich zunächst für den Beruf des Karosseriebauers. Mit Autos arbeiten, das würde sicher Spaß machen. Die ersten Wochen bin ich nach der Arbeit in der Werkstatt kaum aus meinem Zimmer gekommen. Ich genoss es einfach, dass ich die Möglichkeit hatte, ganz für mich alleine zu sein. Auf einmal konnte ich mich zurückziehen, hatte mein eigenes Reich. Bei den Erziehern kam das nicht so gut an, denn ich sollte mich ja auch in die Gruppe integrieren, nur ich hatte an der Gruppe keinerlei Interesse. Wie sollte ich das den Erziehern klar machen? Bis zu diesem eigenen Zimmer war ich niemals alleine gewesen, ich hatte niemals ein "eigenes Reich". Es war doch nur logisch, dass ich da nicht mehr raus wollte.

So weit ich mich erinnern kann, hatte ich in den ganzen vier Jahren, in denen ich im Lehrlingsheim war, einen einzigen Freund aus meiner eigenen Gruppe, der sich Jahre später als Wolf im Schafspelz entpuppte. Aber das ist wieder eine andere Geschichte und auch der Vorfall, der zur Zerstörung der Freundschaft führte, ist längst verziehen und vergessen. Die anderen Jungens aus meiner Gruppe, und auch die in meiner Werkstatt, interessierten mich nicht. Ich ging ihnen, so weit das möglich war, immer aus dem Weg. Einige davon waren auf Bewährung bei uns und das war für mich einer der

Gründe von diesen Jungs fern zu bleiben. Was natürlich nicht immer einfach war, denn man saß ja auch beim Essen beieinander. Verstehen Sie mich da nicht falsch, das hat nichts mit Einbildung zu tun oder dass ich denke, dass ich was Besseres bin: Es gab mit den anderen Jungs einfach keine Gesprächsbasis. Die hatten nichts zu erzählen, was mich interessiert hätte. Zu meinem Glück gab es keinen in der Gruppe 6, der irgendetwas von mir wollte. Ich hatte in den ganzen vier Jahren, in denen ich im Lehrlingsheim war, nicht ein einziges Mal Streit mit jemandem aus meiner eigenen Gruppe. Auch entgegen der Meinung einiger Erzieher wurde ich von keinem der Gruppenmitglieder erpresst. Die Wochenberichte für Schimanski (der hieß wirklich so) habe ich freiwillig geschrieben und immer eine Schachtel Zigaretten dafür bekommen.

Den Aufenthalt in der Gruppe empfand ich immer als angenehm, da sich alle Erzieher für das interessierten, was ich sagte und was ich tat. Für mich war das neu, dass es Menschen gab, die mir zuhörten. Vor allem einer der Erzieher, Klaus Steiger, hatte mich wohl in sein Herz geschlossen, denn mich ergreift heute noch ein sehr herzliches Gefühl, wenn ich an ihn denke. Wenn ich jemals einen Vater aussuchen dürfte, würde ich mir ohne zu zögern Klaus Steiger aussuchen! Aber auch über die anderen Erzieher kann ich nichts Negatives sagen. In der Werkstatt dagegen fühlte ich mich anfangs nicht sehr wohl. Der Job des Karosseriebauers war nichts für mich, doch wie sollte ich das den Verantwortlichen sagen? Nach ein paar Wochen entschied ich für mich selbst, dass die angenehmen Aspekte im Lehrlingsheim die Negativen bei Weitem übertrafen. So entschloss ich mich, erstmals bewusst, etwas einfach durchzuziehen. Ich würde mich einfach so weit durchschlängeln, wie es mir möglich war. Während der Arbeit selbst flüchtete ich immer öfter in Tagträumereien und so war die Arbeit erträglich.

Es gibt was auf die Fresse

Trotzdem kam es in den ersten Wochen zu einem Zwischenfall, den ich keinem der Erzieher erzählt, und bis zum heutigen Zeitpunkt für mich behalten habe. Heute, mehr als 25 Jahre später, rede ich das erste Mal darüber. Ich war damals einfach der Meinung, ich müsse das selbst regeln: Während einer Pause wurde ich in den Toiletten der Werkstatt von drei Jugendlichen aus einer anderen Gruppe abgefangen. Durch gemeinsame Schläge und Tritte machte man mich darauf aufmerksam, dass es ratsam wäre, jeden Montag einen "Koffer", das ist eine Packung Tabak, abzuliefern, denn sonst würde ich jeden Montag erneut Dresche bekommen. Dann lies man mich auf dem Flur der Toilette einfach liegen. Die Drei hatten sorgsam verhindert mich ins Gesicht zu schlagen, um keine Spuren zu hinterlassen. Nachdem ich mich etwas erholt hatte, überlegte ich, was ich nun machen sollte. Ich weinte, meine Rippen taten weh, ich hatte starke Bauchschmerzen und es war mir bewusst, dass ich etwas unternehmen musste. Ich würde mein sauer verdientes Geld sicher nicht drei Schlägern in den Rachen schmeißen. Es den Meistern sagen? Das würde in einer solchen Situation nichts ändern, denn die Drei hätten einfach alles abgestritten. Es wäre bei einer "Aussage gegen Aussage" geblieben! Zu den Erziehern gehen? Das kam mir wir petzen vor. Ich saß heulend mit dem Rücken zur Wand in dieser stinkenden Toilette und dachte nur, das kann alles nicht wahr sein. Schon früher hatte man mir doch schon kein Wort geglaubt, wenn ich erzählt hatte, von jemandem geschlagen worden zu sein. Ich hatte Mühlheim überlebt, ich hatte eine prügelnde Mutter und zwei notgeile Homobrüder überlebt. Ich würde jetzt auch das hier überleben. Oder untergehen.

So ging ich in das Lager der Schreinerei und holte mir ein handliches Stück Holz. An das eine Ende des etwa vierzig

Zentimeter langen Holzes bohrte ich ein Loch und zog eine Kordel durch, die groß genug war, dass ich das Holz um das Handgelenk tragen konnte. So konnte ich es beim Zuschlagen nicht verlieren. Dies habe ich in irgendeinem Kampfsportfilm gesehen und hielt es für eine gute Idee. Mit dieser Waffe trainierte ich nach der Arbeit auf meinem Zimmer oder ging damit in den angrenzenden Wald. Das hat am Anfang nicht wirklich Spaß gemacht und ich musste dem Holz erst eine Art Griffstück verpassen. Dazu nahm ich einen alten Gürtel, aus dem ich mit einem Teppichmesser längliche Streifen schnitt. Diese Lederstreifen wickelte ich fest um das hintere Ende des Kantholzes und tackerte die Enden fest. Während des Rests der Woche versteckte ich das Holz unter meiner Matratze. Ich wollte auf keinen Fall mehr der Prügelknabe sein, das war ich lange genug gewesen. Im Waschraum sahen einige meiner Gruppenkollegen die blauen Flecken, schwiegen aber. Keiner musste fragen, woher die kamen, jeder wusste es. Jetzt und hier wird das Schicksal entscheiden, ob ich mein Leben lang ein Opfer, oder ob ich ein Mann sein würde, der sich zu helfen weiß!

Am Montag darauf trug ich das Holz bei mir und ging in der Pause aufs Klo. Einer der Dreien kam tatsächlich und wollte sich den Tabak abholen. Ich hatte eigentlich damit gerechnet das alle drei Idioten auftauchen aber so war mir das dann doch viel lieber.

Du wirst das vielleicht nicht verstehen können aber an diesem Montag hatte ich einen Abschiedsbrief auf mein Bett gelegt, denn ich hatte wirklich Sorge, dass ich den Nachmittag nicht mehr erleben würde. Oder dass ich jemanden totschlagen würde. Wäre das passiert, wäre ich geflüchtet, eine Tasche mit Klamotten hatte ich bereits auf dem Gelände versteckt. Aber mir war klar, dass ich nicht weit gekommen wäre und so gab es in meinem Kopf nur drei Gedanken: (1) Ich würde es schaffen, mich von den Schlägern zu befreien. (2) Ich würde einen davon, oder auch alle drei, totschlagen und wäre die nächsten 20 Jahre verpflegt gewesen. (3) Ich würde den Vormittag nicht überleben.

Es war klar für mich, das ich gegen alle Drei einfach keine Chance hatte. Dass einer dieser Deppen dann alleine kam, weil sie dachten, sie hätten mich schon weichgeprügelt, kam mir dann gerade recht. Ich habe so lange auf diesen armen Trottel eingedroschen, bis er wirklich bettelte. Er lag weinend vor meinen Füßen und bettelte ich solle aufhören. Ich schwor ihm, das ich das nächste Mal nicht aufhören würde, das nächste Mal würde ich ihn totschlagen. Mit dem Holz unter der Jacke, vollgepumpt mit Adrenalin, und völlig außer Atem, bin ich dann in die Schreinerei und sprach den Zweiten an. Dabei tat ich so, als wollte ich ihm den Tabak geben, weil oben keiner gekommen wäre. Ich hoffte noch, dass sich der Erste nicht so schnell erholen und herunterkommen würde, denn der arbeitete auch in der Schreinerei. Doch dies geschah nicht und wir gingen in den Umkleideraum der Schreinerei. Dort wiederholte sich dann das gleiche Spiel. Das musste jetzt und heute erledigt werden. Auch auf den Zweiten habe ich wie von Sinnen eingeschlagen, bis er heulend am Boden lag. Ich beugte mich zu ihm herunter und zog seinen Kopf an den Haaren hoch. Dann sagte ich ihm mitten ins Gesicht, das es mir egal wäre, wenn sie zu Dritt irgendwo auf mich warten würden, um mich wieder zu verprügeln. Ich würde einfach wieder aufstehen und am nächsten Tag alle Drei einzeln besuchen. Sie müssten mich schon totschlagen, um das zu verhindern.

Den Dritten hab' ich dann ausgelassen, weil ich einfach nicht mehr konnte. Ich war mit meinen Kräften total am Ende, mir tat der rechte Arm weh und meine Beine waren aus Pudding. Ich schloss mich fast eine Stunde auf einer Toilette ein, schwitze wie ein Schwein und hatte Muskelkrämpfe, die höllisch wehtaten.

Ich hatte noch nie zuvor einen Menschen derart verletzt und ich hatte eine unglaubliche Angst, dass die Beiden mich bei der Heimleitung anschwärzen würden. Was ich da gemacht hatte, konnte man locker als schwere Körperverletzung bezeichnen. Wenn nicht mehr. Mit Notwehr hatte das nicht mehr viel zu tun, ich hätte den Vorfall ja auch den Meistern in der Werkstatt, oder den Erziehern melden können. Das Gefängnis war einer der Orte, wo ich sicher nicht hin wollte. Aber, zu meiner Verwunderung, keiner der Erzieher kam. Die Beiden hatten mich nicht angezeigt und alle Drei gingen mir von diesem Tage an aus dem Weg. Was ich zu diesem Zeitpunkt nicht wusste: Da gab es einen bescheuerten Ehrenkodex, und die Drei wären bei allen anderen Lehrlingen völlig untendurch gewesen, wenn sie mich der Heimleitung gemeldet hätten. Schließlich hatten sie die Fehde ja begonnen. Es war mein gutes Recht, mich dagegen zu wehren. Wie die Beiden ihre Verletzungen den Erziehern erklärt haben, ist mir heute noch nicht klar. Keine Ahnung. Die waren mit Sicherheit verletzt. Ich habe zwar versucht nicht auf den Kopf zu schlagen, aber alleine die Abwehrverletzungen an den Armen und den Händen haben geblutet. Das weiß ich deswegen noch, weil ich mir selbst nach dieser Aktion Blut aus dem Gesicht und von den Händen gewaschen habe. Ich selbst hatte mich nicht verletzt, es konnte also nur Blut der beiden Idioten gewesen sein.

Ich bin, zumindest in diesem Heim, nie wieder körperlich bedroht worden und das war das erste und einzige Mal, dass ich einen Menschen derart geschlagen habe. Ich gehe jedem Streit aus dem Wege und wenn ich merke es könnte zu einer Schlägerei kommen, nehme ich sofort Reißaus. Was leider nicht immer geklappt hat. Ich habe einfach keine Lust im

Affekt oder aus irgendeiner Dummheit heraus jemanden totzuschlagen. Denn eines möchte ich wirklich niemals: Ein Gefängnis von innen sehen.

Ich werde Schlosser

Zur Ausbildung des Karosseriebauers gehörte ein Schmiedekurs, damit ich lernte, mit dem Material Stahl umzugehen. Ich wurde für vierzehn Tage in die Schlosserei versetzt, um dort an einem solchen Kurs teilzunehmen. Was soll ich sagen, ich fand schmieden einfach nur geil. Wenn das Feuer brennt und die heiße Glut das Eisen erhitzt, wenn man dann mit dem Hammer draufhaut und sich langsam eine Form ergibt, nee, jetzt mal ohne Witz, das war genau das, was ich brauchte. Kreativ sein, nicht langweilig. Ich war der geborene Schmied. Es machte mir einen Höllenspaß und ich lernte so verdammt schnell die einzelnen Schritte, dass der Meister der Schmiede bald darauf aufmerksam wurde. Er warb mich von den Karosseriebauern ab und ich hatte nichts dagegen. Dabei konnte ich ja nicht wissen, dass die Schmiederei höchstens 30 % des Schlosserns ausmacht. Aber das merkte ich die nächsten drei Jahre! Zu spüren bekam ich das bereits in der ersten Woche, denn jede Schlosserausbildung beginnt mit feilen! Was für ein Scheiß! Vier Wochen lang habe ich an irgendwelchen Materialien herumgefeilt und es tausendmal verflucht, das ich mich darauf eingelassen habe. Was für ein langweiliger Mist, ich habe es jeden Tag aufs neue verflucht und viele Male bereut. Da half es auch nichts manchmal den Kranken vorzuspielen, dieser Einstieg blieb mir nicht erspart. Diese vier Wochen sind natürlich auch vorbei gegangen und ich konnte endlich wieder in der Schlosserei meine Arbeit aufnehmen.

Entwicklungsbericht Sinsheim, 01/1982

Hans-Gerd ist aufgeweckt und pfiffig, er bringt die Runde oft zum Lachen. Er ist gerne hier, was er oft betont und ist aufgeschlossen, liebenswürdig und sehr anhänglich.

Ich habe immer die Nähe der Erzieher gesucht, vor allem aber die Nähe von Klaus Steiger. Wenn er da war, fühlte ich mich einfach wohl, er hatte Interesse an allem, was ich tat. Ich hatte immer das Gefühl, das dieses Interesse nicht geheuchelt, sondern wirklich echt war. Er hörte mir zu, er fragte nach, wollte meine Meinung zu diesem und zu jenem hören. Das war wirklich neu für mich. Bis zu Sinsheim hatte sich nie jemand für das interessiert, was ich zu sagen hatte. Ich wurde im Stift von allen Erziehern oft gelobt und auch das war neu für mich: Wenn ich etwas gut gemacht hatte, klopfte mir jemand dafür auf die Schulter. Das geschah in Rickenbach hin und wieder auch, aber nicht so intensiv wie hier. So versuchte ich immer wieder, es einfach gut zu machen. Klappte natürlich nicht dauernd, logisch. In der Werkstatt war das anders, da verschwand ich einfach in der Masse und die ersten Wochen machten mir auch keinen richtigen Spaß. Zudem war einer der Meister in der Schlosserei nicht gut auf mich zu sprechen, ein alter, grimmiger Kerl mit krummen Fingern vom vielen Schmieden. Ich hatte ihm einmal frech geantwortet, weil ich den Kehrbesen nicht aufheben wollte, der direkt neben ihm auf dem Boden lag. Er hätte sich nur bücken müssen. Er versuchte daraufhin mich nach mir zu schlagen doch ich wich ihm aus und er verletzte sich an der Hand. Von diesem Zeitpunkt an sprach er kein Wort mehr mit mir und einer der anderen Meister nahm sich meiner an. Der sammelte Kakteen und war immer korrekt zu mir.

Er ist notorisch unruhig.

Diese Unruhe, ich nenne es gerne "hibbelig", als ob man nicht weiß wohin. Ich kann das nicht erklären, aber diese Unruhe habe ich heute noch. Mein Leben ist perfekt, aber noch nicht fertig. Besonders unruhig werde ich, wenn ich merke, dass etwas aus dem Ruder läuft. Wenn es sich nicht so entwickelt, wie ich das gerne hätte.

Er ist sensibel, selbstbewusst und nimmt aktiv an der Gruppe teil. Er ist ein echter Gewinn für die Gruppe.

Daran kann ich mich gar nicht erinnern, denn, wie bereits erwähnt, habe ich die Gruppe eigentlich oft gemieden. Das ging nicht immer, denn zum Frühstück und Abendessen sowie am Wochenende im Fernsehraum oder freitags beim Putzen, da war man natürlich schon mit den anderen Jungs der Gruppe zusammen. Am Wochenende waren es meistens weniger, weil manche nach Hause fuhren. Bei schönem Wetter saß man vor der Gruppe auf einer Bank, las, rauchte oder döste einfach vor sich hin. War das Wetter schlecht, hielt ich mich meistens auf meinem Zimmer auf, vor allem in den späteren Jahren, als ich dann auch noch, verbotenerweise, einen eigenen Fernseher auf dem Zimmer hatte. Das war so ein winziges s/w-Gerät, welches in einen Kassettenrekorder integriert war und ich hab' einfach behauptet der Fernseher wäre kaputt. Klaus wusste, dass dies nicht so war und hat nichts unternommen. Eines der vielen, vielen Dinge, die ich an ihm schätzte.

Er spielt aktiv Gitarre und hat eine "Band" gegründet.

In der Band waren ein Schlagzeuger, ein Bassist, ein Lead- und ein Rhythmusgitarrist. Ich hab' am Anfang nur gesungen. Das Allerbeste an der Sache: Später habe ich alle Mitglieder der Band durch Jugendliche aus Sinsheim ersetzt. Das hatte es bis zu diesem Zeitpunkt in diesem Heim nicht gegeben: Jugendliche aus Sinsheim trafen sich mit einem "aus dem - Stift". Der erste Auftritt fand auf dem "1. Sinsheimer Stadtfest" statt und die Band nannten wir "No Name". Es war ein geiles Debütkonzert, ich erinnere mich da sehr genau dran. Wir spielten fast drei Stunden, immer mit Unterbrechungen, weil wir so laut waren, dass die Blaskapelle in einem Nachbarzelt kaum zu hören war. Zu Beginn des Konzertes haben wir das halbe Stadtviertel lahmgelegt, der Strom fiel aus! Uns hatte keiner gesagt, dass man eine Kabeltrommel immer abwickeln muss, bevor man drei Verstärker dranhängt. War ja schließlich unser erster Auftritt. Die Kabeltrommel ist verschmort und der Knall war meterweit zu hören als aus einem Verteilerkasten in der Nähe Rauch kam. Die Kabeltrommel hatte sich verabschiedet und war zu einem festen Klumpen verschmolzen, der fürchterlich stank und sauheiß war.

Er geht gerne in die Disco.

Nicht weit vom Lehrlingsheim entfernt befand sich das "Watussi", eine kleine Diskothek. Da durfte ich bald als Stammgast umsonst rein, denn ich war immer der erste und meistens auch der letzte Gast. Eines Samstags kam der DJ nicht und ich wurde gefragt, ob ich mir das zutrauen würde, an jenem Abend die Platten aufzulegen. Klar, was kann da schon passieren!

Das war mein erster Arbeitstag als DJ und auch das mache ich heute noch. Herrje, das war ist nun wirklich schon verdammt lange her. Ich muss das damals recht gut gemacht haben, denn von da an legte ich öfters auf, wenn der DJ ausfiel.

Auf einen dieser Abende fiel dann auch mal ein Auftritt von Wolfgang Petry, das müsste so '82 oder '83 gewesen sein und ich sang zusammen mit ihm auf der Bühne "Wenn ich geh" und "Take me home, Country Roads". Ja, glauben Sie es ruhig, ich bin in den '80ern einmal zusammen mit Wolfgang Petry aufgetreten, ein weiteres Highlight in meinem Lebenslauf. Viele Jahre später sang ich noch mal mit ihm in der Diskothek "SuperMäx" in Lauda. Er erinnerte sich aber nicht mehr an mich, wie denn auch. Ich hab' dafür noch ein Bild von ihm von diesem Auftritt.

Hat von seinem Zimmernachbarn Duplo und Hanuta gekauft obwohl er wusste, dass diese aus einem Kiosk im Sinsheimer Freibad entwendet waren. Bekam daraufhin eine Anzeige wegen Hehlerei, die jedoch eingestellt wurde.

Da lernte ich zum ersten Mal den Satz: "Unwissenheit schützt nicht vor Strafe". Ich habe übrigens nicht gewusst, dass dieses Naschwerk geklaut war. Eines Tages wurde das Zimmer neben mir von der Kripo durchsucht. Die haben alles auf den Kopf gestellt und mehrere Kisten mitgenommen. Der Jugendliche, der dort wohnte, wurde verhaftet und ich habe ihn nie wieder gesehen. Tage später wurde ich ebenfalls festgenommen, mein Zimmer wurde durchsucht und ich wurde auf dem Revier verhört. Dort erfuhr ich, dass mein Zimmernachbar, vermutlich um seine Strafe zu mildern, mich als Käufer der Süßigkeiten angegeben hatte. Ich hatte von ihm eine komplette Schachtel Duplos und eine Schachtel Hanuta gekauft. Er sagte damals jedenfalls zu mir, die hätte er von seiner Mutter bekommen und könne die nicht alle alleine essen. Die Süßigkeiten stammten aber aus einem Einbruch in einen Kiosk auf dem Freibadgelände. Davon wusste ich absolut nichts und bin aus allen Wolken gefallen! Ich hab' die auch nicht alleine gegessen, sondern überall verteilt. Die Anzeige gegen mich wurde fallengelassen, weil ich nicht vorbestraft war und noch nie etwas mit der Polizei zu tun hatte.

Wieder mal davongelaufen

Vermutlich hatte ich einfach keinen Bock mehr. Jeden Tag der gleiche Trott, rein in die Werkstatt, arbeiten, raus aus der Werkstatt, essen und schlafen. Dann wieder rein in die Werkstatt und der ganze Mist beginnt von vorne. Jedenfalls habe ich im April 1982 eine Tasche gepackt, meine Gitarre umgeschnallt, einen Cowboyhut aufgesetzt und bin abgehauen. Ich wollte nach Hamburg zu fahren. Auf einem Schiff anheuern, als Smutje! Was ich tatsächlich auch geschafft habe. Ab nach Hamburg. Ich war auf der Reeperbahn und am Hafen. Auf einem Schiff war ich natürlich nicht, ich hatte ja nicht einmal einen Personalausweis dabei! Der Weg dorthin war allerdings abenteuerlich. Als Tramper hat man es auch nicht immer einfach. Bei diesem Ausflug überlebte ich sogar einen Unfall auf der Autobahn. Der Fahrer war eingeschlafen und nur durch die Tatsache, dass ich ziemlich weit hinten im Wagen saß, unter Unmengen von Wäsche, wurde ich nicht verletzt. Die Wäsche hat den Aufprall derart gedämpft, die wirkte wie Watte um mich herum. Was man vom Fahrer nicht behaupten konnte, der war auf der Stelle tot, seine Beifahrerin wurde schwer verletzt. Nachdem ich aus dem Auto gekrabbelt war und bemerkte, dass sich bereits einige Helfer eingefunden hatten, nahm ich meinen Gitarrenkoffer nebst meinem Rucksack und machte mich einfach aus dem Staub. Der Beifahrerin hätte ich eh' nicht helfen können und es waren bereits genug Leute an der Unfallstelle.

Von Köln bis Hamburg fuhr ich in einem Ferrari mit! Knallrot, sauschnell und sehr, sehr durstig. Den Gitarrenkoffer hatte ich mir zwischen die Beine geklemmt und das war wirklich nicht bequem. Der Fahrer hat an jeder Tankstelle zum Tanken angehalten! Einer der Gründe, warum ich mir so ein Teil niemals kaufen werde. In Hamburg angekommen, erkundigte ich mich nach einem Job auf einem der Schiffe. Doch so einfach, wie ich mir das vorgestellt hatte, war das dann doch nicht. Die wollten Papiere haben. Einen Personalausweis. Den hatte ich aber nicht und nach zwei oder drei Versuchen auf einem Schiff anzuheuern gab ich es dann auf. Ist halt nicht mehr so wie Anno 1602, da konnte man noch einfach so auf einem Segler anheuern. Da hat dich keiner nach irgendwelchen Papieren gefragt. Hey, du willst Seemann werden? Dann rauf auf den Kahn! Scheiß Bürokratie! Zudem war es kalt in Hamburg, ich hatte fast kein Geld mehr, das Wetter war total beschissen und ich war hungrig. Straßenmusik ging nicht wegen des Regens. Von Berlin hatte ich schon viel gehört, dort sollte man als Musiker ganz gut unterkommen und so wollte ich dort hin. Von einer Grenze, geschweige denn von der DDR (durch die ich ja durchmusste, wenn ich nach Berlin wollte), hatte ich noch nie etwas gehört.

Drei oder vier Tage nach meiner Flucht aus dem Lehrlingsheim lief ich dann im strömenden Regen über den Standstreifen auf der Autobahn Berlin-Dortmund, als ich von einer Streife aufgegriffen wurde. Da saß ich dann im Polizeiauto, meine Sachen waren pitschnass, ich war durchnässt bis auf die Knochen, mir war schweinekalt und ich hatte keine Lust mehr. Ich vermisste mein Bett, etwas Warmes zu essen und eigentlich wollte ich nur wieder zurück. So erzählte ich den Polizisten, wer ich war und wo ich herkam. Eine Vermisstenanzeige hatte es bis dahin aber nicht gegeben, da muss ich noch mal nachfragen, warum das keiner gemacht hat. Die dachten sicher, wir geben dem Gerd jetzt mal 'ne Woche und dann kommt der schon wieder zurück. Ja, die hatten sogar recht. Die erste Nacht nach dem Aufgriff verbrachte ich in einer Jugendherberge, das Essen kam aus einem benachbarten Restaurant. Es gab eine Suppe, die sehr lecker war und dann noch etwas, das ich nicht identifizieren konnte. Da auch kein anderer wusste, was das sein sollte, habe ich es nicht gegessen. Trotz meines Hungers. Am nächsten Morgen wurde ich von zwei Mitarbeitern des Jugendamtes abgeholt und zurück nach Sinsheim gefahren.

In der Gruppe wurde ich aufgenommen, als wäre nichts geschehen. Kein Wort des Vorwurfs, es wurde nicht geschimpft, ich bekam (fast) keine Strafen. Das hat mich richtig umgehauen. Klaus Steiger nahm mich sogar in den Arm und hielt mich sekundenlang richtig fest. Er war froh, dass mir nichts passiert war. Die Fehltage bekam ich vom Urlaub gestrichen und das Taschengeld wurde für eine Woche gekürzt. Mir wurde aber auch unmissverständlich klargemacht, dass dies nur einmal passieren dürfe. Beim nächsten Mal hätte ich mit weitaus härteren Strafen zu rechnen oder sogar mit einem Rausschmiss aus dem Heim.

Ein "nächstes Mal" hat es nie gegeben. Ich hatte nun meinen Platz gefunden, ich wusste, wo ich hingehörte. Dieses Abenteuer beschäftigte mich noch einige Zeit, denn natürlich wollten alle wissen, wo ich war und was ich erlebt hatte. So erfand ich beim Erzählen immer neue Geschichten, bis es niemanden mehr interessierte. Oder mir niemand mehr glaubte, das kann natürlich auch sein.

Eine Aktennotiz spricht Bände

Aktennotiz Jugendamt Waldshut vom 9.02.1982

H.G. Höller möchte vom 20.2. - 23.02.1982 (Fasnacht-Ferien) das Kinderheim in Rickenbach besuchen. Werden die Fahrtkosten hierfür übernommen? Werden anstelle einer 1-monatigen Heimfahrt auch ab und zu die Fahrtkosten in das Heim Rickenbach übernommen? Hierzu ist zu bemerken, dass sich Hans-Gerd vor seinem jetzigen Heimaufenthalt über mehrere Jahre hinweg in Rickenbach wohnte. Er hat nach dort die ausgeprägtesten Kontakte, sowohl zu Kameraden als auch zu Schwestern.

Kontakte zu seiner Mutter, zunächst in Hürrlingen, dann Köln und seit 5.1981 in Bondorf wohnend, hatte H.G. während dieser Jahre nur wenig. Eine Bindung des Jungen zu seiner Mutter besteht m.E. so gut wie nicht. Er selbst hat aufgrund der negativen Erfahrungen mit seiner Mutter nicht den Wunsch, Ferienaufenthalte oder Wochenenden bei ihr zu verbringen. M.E. nach hat auch Frau Höller nicht den Wunsch, regelmäßig oder gar ausgeprägten Kontakt zu H.-G. zu haben. Ihr lag vielmehr sehr viel daran, dass H.-G. nach Abbruch seiner Lehre so bald als nur irgend möglich wieder in ein Heim kommt.

Rickenbach ist für H.-G. eine Art Ersatzheimat. Deshalb sollten m.E. die Fahrtkosten für die Fahrt nach Rickenbach sowohl für die Fasnachts-Ferien als auch anstelle der üblichen Heimfahrt übernommen werden.

Das sagt doch alles aus, oder? Muss man noch mehr schreiben? Wie ich bereits erwähnt habe, musste ich ja aus Bonndorf raus, weil der Schornstein auf dem Sessel unbedingt auf Kur musste. Habe ich denn auch erwähnt, dass ich zwei Wochen später einmal angerufen habe und sie immer noch in Bonndorf war? Der Termin hätte sich verschoben! Auf welches Datum wusste sie aber nicht mehr. Daraufhin hatte ich fast fünf Jahre keinerlei Kontakt mehr zu ihr. Kein Anruf an ihrem Geburtstag, keine Weihnachtskarte. Nachdem ich aus dem Lehrlingsheim entlassen wurde und bereits beim Bund war, habe ich sie dann mal besucht. Mit einem Blumenstrauß in der Hand. Was ich mir da erhofft hatte, keine Ahnung. Sie nahm den Strauß und legte ihn in die Spüle. Zur Begrüßung sagte sie: "Was willst du denn hier!" Toll, oder? Auf so etwas kann ich doch gut und gerne verzichten. Ich bin dann auch gleich wieder weg und war erst zehn Jahre später wieder in Bonndorf. Da habe ich allerdings meine Schwester besucht und beim "rauchenden Colt" nur mal reingeschaut.

Entwicklungsbericht vom Mai 1982

Hans-Gerd spielt inzwischen gut Gitarre und trat an Weihnachten bei der Weihnachtsfeier als Sänger auf.

Ich habe jeden Tag Gitarre geübt und wenn es nur eine halbe Stunde war. Auf dem Weg zum Watussi (der Disco, in der ich samstags auflegte) gab es einen kleinen Musikladen und dort kaufte ich, nach Absprache mit den Erziehern, eine schwarze Gitarre auf Raten. Diese kostete unglaubliche 400 DM und ich zahlte 20 DM im Monat in Raten dafür. Da Musikbücher so teuer waren und ich mir nicht jedes Mal ein ganzes Buch kaufen konnte, nur weil ich ein oder zwei Lieder daraus haben wollte, erlaubte mir die Verkäuferin hin und wieder einzelne Lieder aus den Büchern zu kopieren. Diese Gitarre konnte ich dann recht schnell abbezahlen, da ich an den

Wochenenden wieder Straßenmusik machte und dabei wirklich nicht schlecht verdiente. Zudem fing ich an, in den Kneipen in Sinsheim und Umgebung aufzutreten. Was vom erspielten Geld übrig war, investierte ich in Zigaretten oder gab es Klaus Steiger für mein Lohnkonto.

Dies war auch für ihn eine neue Erfahrung, wie er mir einmal sagte. Dass ich das Geld nicht einfach behielt, sondern ihm für mein Konto gab hat ihn anscheinend damals schwer beeindruckt.

Er ist allgemein akzeptiert und anerkannt und spricht oft für die Gruppe

Logisch, der mit der größten Klappe muss immer der Sprecher sein. Dabei ging es z. B. darum, warum wir den Farbfernseher nicht behalten durften, der von einem Vater eines der Jugendlichen gespendet wurde. Dies verstoße gegen das Hausrecht und wäre den anderen Gruppen gegenüber unfair. Zusammen mit den Erziehern haben wir dann erreicht, dass wir den Fernseher wieder bekamen. So war unsere Gruppe dann lange Zeit die einzige Gruppe mit einem Farbfernseher.

Er hat zu den Erziehern ein sehr gutes Verhältnis

Das brachte doch auch Vorteile. Was hätte es mir gebracht, wenn ich mit den Erziehern Streit angefangen hätte? Klaus war wie ein Vater zu mir und auch die anderen Erzieher der Gruppe haben sich mir gegenüber immer korrekt verhalten. Ich hatte gegen Ende meines Aufenthaltes im Heim gewisse Vorteile, da konnten die anderen Jugendlichen wirklich nur von träumen. Das lag sicher zum Teil auch daran, dass ich mich immer korrekt zu den Erziehern verhalten habe. Es macht halt schon einen Unterschied, wenn man sich ständig mit seinen Vorgesetzten streitet oder ob man sich so weit im Griff hat, dass man genau weiß, wen man anmachen darf und wen nicht.

Mit Erziehern aus anderen Gruppen, die mich tadelten, bin ich nicht so zimperlich umgegangen. Da flog dann schon mal das "Arschloch" oder "Wichser" durch die Luft. Noch mal zu meinen gesonderten Privilegien: Während z. B. alle jugendlichen Heimbewohner am Wochenende um 23:00 Uhr in den Betten sein mussten, war ich um diese Zeit immer noch in der Stadt unterwegs. Der Nachtwächter des Heimes wurde angewiesen, mich auch nach 23 Uhr noch in die Gruppe zu lassen. Dafür habe ich ihm das eine oder andere Mal eine Flasche Schnaps mitgebracht, die ich aus dem Watussi hatte. Andere Jugendliche wurden da schon mal in eine Übernachtungszelle gesperrt.

Freitags und Samstags hatte ich überhaupt keine Sperrzeit mehr, ich konnte kommen und gehen, wann ich wollte. Ich brauchte mich auch nicht mehr in die Stadt abzumelden, ich war zu der Zeit anscheinend sowieso der einzige Jugendliche aus dem Heim, der Freundschaften in Sinsheim pflegte. Dort war ich Mitglied in einer Clique, die sich regelmäßig entweder im Jugendzentrum oder in einer der Kneipen traf. Ich hatte keine Probleme Freunde in Sinsheim zu finden, das war einfach: Ich konnte Gitarre spielen! Diese hatte ich deshalb auch fast immer dabei und habe sie benutzt, um mich bekannt zu machen. Erst nach und nach lies ich die Gitarre dann auch mal auf dem Zimmer stehen, man traf sich dann zum Billard spielen oder verdaddelte sein Geld an den damals aufkommenden Spielautomaten. Ich muss ein Vermögen in "Donkey Kong" investiert haben!

Entwicklungsbericht vom Juli 1982

> *Die Gruppe mag ihn sehr, er ist ordentlich und sympathisch. Gibt nun viel Geld für Kleidung aus, kann aber sehr gut mit seinem Geld umgehen.*

Wie man's nimmt. Die Frage ist ja, woher kam das Geld für die Kleidung? So viel Lohn bekam ich ja nun auch wieder nicht, dass ich mir dafür ständig Klamotten kaufen konnte. Ich habe mir das Extrageld wirklich schwer erarbeitet. Alleine um in Heidelberg auf der Straße zu spielen, musste man erst mal nach Heidelberg kommen. Das ging nur übers Trampen. Das war auch nicht immer vom Glück beschieden, denn manchmal brauchte ich für die Strecke bis Heidelberg, das sind knapp 30 Kilometer, eine Stunde. Der Weg nach Heidelberg, Mannheim oder Heilbronn war auch nicht das Problem, zurück nach Sinsheim war viel schwieriger. Wenn's dunkel wird, nimmt dich fast keiner mehr mit und so bin ich die Strecke von Heidelberg nach Sinsheim oft kilometerweise zu Fuß gegangen. Ich hab' das ein paar Mal mit dem Fahrrad versucht, aber das kannste vergessen. Die Gitarre hatte ich ja auch noch dabei. Das war eine Qual, wenn du da in Heidelberg angekommen bist, hattest Du keine Lust mehr auch noch stundenlang Gitarre zu spielen. Warum, das frage ich mich jetzt gerade, bin ich eigentlich nie auf die Idee gekommen, den Bus zu nehmen oder mit dem Zug zu fahren? So teuer war das ja damals nun auch wieder nicht. Es wäre wesentlich komfortabler gewesen. Sicher oftmals auch schneller. Ich bin immer getrampt, ich bin nicht einmal mit dem Bus oder der Bahn nach Heidelberg gefahren. Warum nicht? Ich bin damals nicht einmal auf die Idee gekommen! Kann mir das einer erklären? Verstehe ich jetzt im Nachhinein überhaupt nicht.

Körperlich Stärkeren ist er oft hilflos ausgeliefert, er schließt sich dann in seinem Zimmer ein und sein Stottern wird schlimmer.

Hm, damit kann ich nichts anfangen. So lange ist das ja noch nicht her und ich kann mich nicht daran erinnern, von "körperlich Stärkeren" angemacht worden zu sein. Dass ich sehr oft auf meinem Zimmer war, das stimmt, aber vielleicht haben sich die Erzieher hier einfach einen Grund zusammengereimt. Ich bin weder verprügelt, bis auf das eine, bereits erwähnte Mal, noch von jemandem unterdrückt worden. Bis auf die Geschichte gleich in der ersten Woche ist niemals etwas Derartiges passiert. Zumindest im Stift selber nicht. Ich wurde auch nicht gezwungen, für ein anderes Gruppenmitglied Berichte zu schreiben. Das stimmt einfach nicht. Wie bereits erwähnt, bin ich dafür mit Zigaretten bezahlt worden.

Er beantragt Kostenzuschuss von 300 DM für die Urlaubstage und eine externe Wohnung.

Da kam ich dann doch mit der Bahn in Berührung, denn ich wollte während des Jahresurlaubs mit einem "Tramperticket" der Bahn kreuz und quer durch Deutschland fahren und Straßenmusik machen. So hatte ich mir das jedenfalls vorgestellt. Das Ticket kostete aber 250 DM und so viel Geld hatte ich nicht. Zudem hatte ich gehört, dass man in eine Wohnung außerhalb des Heimes ziehen und trotzdem im Stift seine Lehre beenden konnte. Man kam halt einfach jeden Morgen auf die Arbeit und ging dann abends wieder nach Hause in die eigene Wohnung.

Mein eigenes Reich, meine eigene Wohnung. Ich habe mir einen Antrag besorgt, ausgefüllt und abgegeben. Mein Meister in der Werkstatt, der alte grimmige Mann, hat das rundweg abgelehnt. Das hat er aber nur gemacht, weil er mich nicht leiden konnte. In solche Entscheidungen wurden immer die Meister aus der Werkstatt mit einbezogen, weil diese schließlich den größten Teil des Heimaufenthaltes mit dir verbringen. Da war seine Zeit gekommen mir richtig einen reinzuwürgen, denn ich tanzte ihm schon lange auf der Nase rum und lies mir von ihm nichts mehr sagen. Er schmiss mal einen Handfeger nach mir, den habe ich einfach zurückgeworfen und ihn dabei am Kopf getroffen. Ja, was! Da kann ja jeder kommen und mit Sachen um sich schmeißen, er hätte mich ja damit verletzten können. Einer meiner Erzieher, in diesem Falle sogar eine Erzieherin, lehnte den Antrag auch ab, da sie meinte, mir fehle die soziale Reife für einen solchen Schritt. Da ich aber sowieso erst im September/Oktober ausziehen könne, stimmte sie abschließend doch zu. Von da an fieberte ich dem Tag entgegen, an dem ich meine sieben Sachen packen und in mein eigenes Reich ziehen konnte.

Hat seit mehreren Monaten eine Freundin in Sinsheim. Diese Beziehung tut ihm außerordentlich gut und wirkt sich sehr positiv auf ihn aus.

So, Alexandra, da hast Du's schriftlich: Die Beziehung zur Dir hat sich außergewöhnlich positiv auf mich ausgewirkt. Das stimmte auch. Dies war am meisten dadurch zu sehen, dass sich während ich mit Dir zusammen war mein Sprachfehler fast völlig auflöste. Deswegen widme ich Dir jetzt auch ein eigenes Kapitel:

Alexandra, meine erste, richtige Freundin

Eine schöne Überschrift. Meine erste richtige Freundin! Dabei war das am Anfang gar nicht so sicher weil ich echt Schiss hatte Dich zu fragen. Weißt Du noch, wie das mit uns angefangen hat? Ich glaube mich zu erinnern, wir trafen uns des Öfteren im Sinsheimer Stadtpark. Dort spielte ich manchmal Gitarre auf der Wiese oder bei einer der Bänke und bemerkte irgendwann, dass ein sehr hübsches Mädchen immer meine Nähe suchte.

Eines Tages sprach dieses Mädchen mich dann auch an und ich bemerkte sofort: Die war ja richtig nett! Dein Lachen, Dein Witz und Deine Herzlichkeit hatten mich sofort eingefangen. Ich war eigentlich gar nicht auf der Suche nach einer Freundin, dabei mangelte es nicht an Gelegenheit, denn das Watussi war voll mit Mädels. Nein, ich wollte nichts Festes, meine Interessen lagen zu der Zeit einfach woanders. Zudem war ich seit Jahren heftigst in Dèsirèe Nosbusch verknallt. Der konnte sowieso niemand das Wasser reichen, die war ständig im Fernsehen und im Radio, war eine ausgesprochene Schönheit (das ist sie heute noch) und hatte so was von einer Figur, das glaubt man nicht. In der Bravo war sie mal im Bikini abgebildet und dieses Bild war mein Heiligtum. Ich hatte Dutzende Poster von ihr, wahrscheinlich auch einen Bravo-Starschnitt und sammelte absolut alles, was irgendwo über sie geschrieben wurde.

Als ich Dich dann kennenlernte, war ich sehr oft mit einem Jugendlichen aus einer anderen Gruppe unterwegs und habe mit ihm zusammen die Stadt unsicher gemacht. Höhepunkt war mal ein Nachmittag an dem wir Dutzende von Pflaumen durch ein offenes Fenster eines Stadtgebäudes (irgendein Amt, welches an dem Tag geschlossen war) geworfen haben. Du fragtest mich an diesem einen, unvergesslichen, Tag, ob wir beide, Phillipo und ich, nicht Lust hätten am Samstag zu Dir nach Hause zu kommen. Natürlich sagten wir zu, und zwar beide aus dem gleichen Grund. Das wusste ich zu diesem Zeitpunkt aber noch nicht!

Phillipo redete dann nämlich die ganze Zeit bis zu diesem Treffen nur noch von Dir. Er wollte meinen Rat, wie er Dich fragen sollte, ob Du seine Freundin werden möchtest. Das haute mich echt um, denn er hatte wohl unsere Blicke noch gar nicht bemerkt. Er hatte nichts davon bemerkt, dass jedes Mal die Luft vibrierte, wenn wir beide nebeneinandersaßen. Er hatte nichts davon mitbekommen, das Du mich immer "wie zufällig" berührt hast. Wie denn auch, er war so hoffnungslos verknallt in Dich, er wäre nie auf die Idee gekommen, dass Du nicht ihn, sondern mich wolltest. Er war fest entschlossen, Dich an dem Tag des Treffens zu fragen. Ich habe von seiner Verliebtheit gar nichts mitbekommen, denn wenn Du in meiner Nähe warst, hatte ich nur noch Augen für Dich. Da saß ich dann ziemlich in einer Zwickmühle, denn ich mochte Phillipo sehr gerne und die Zeit mit ihm war echt toll. Er war mir zu einem wirklichen Freund geworden und die Möglichkeit, ihn nun wegen eines Mädchens zu verlieren, die schmerzte mich schon sehr. Eigentlich war er der allererste Mensch, mit dem ich in Freundschaft eine so lange Zeit verbunden war. Bis zu diesem Zeitpunkt hatte ich keine Freunde, nur Kumpels oder früher halt Spielkameraden. Richtige Freundschaft kannte ich nicht. Sollte ich zurückstecken und abwarten, was Du machst? Genau das nahm ich mir vor! Wir gehen am Samstag einfach beide zu Dir und ich analysiere die Situation. Das konnte ich schon damals sehr gut. Ich hatte gute Antennen dafür, wenn ich irgendwo unerwünscht war. Sollte dies der Fall sein, würde ich mich einfach zurückziehen und euch beide alleine lassen.

Endlich wurde es Samstag, ich duschte, zog meine besten Klamotten an, schnappte meine Gitarre und holte Phillipo ab.

Heute sollte es sich entscheiden, ich war zu allem bereit. Wir liefen zu dem Haus, in dem Du wohntest, und sprachen nicht viel. Vermutlich haben wir bemerkt, dass dies heute ein besonderer Tag war. Du öffnetest die Türe und mein Herz blieb bei deinem Anblick fast stehen. Am liebsten wäre ich sofort wieder umgedreht, mir war so schlecht. Wir liefen zu dritt bis unters Dach in dein Zimmer, Phillipo und ich setzten uns auf dein Bett. Wir tratschten eine Weile, hörten die Platte "Rust never sleep" von Neil Young und Phillipo wurde immer nervöser.

Du rauchtest eine Zigarette und sagtest, Du musst noch mal runter in die Küche, ob ich nicht Deine Zigarette so lange halten könne. Ich nahm Dir die Zigarette ab, und als unsere Hände sich berührten, entbrannte ich mir ein solches Feuerwerk, dass ich fast explodiert wäre. Der Weg der Zigarette von deiner in meine Hand dauerte Stunden! Eine Streichelorgie! Ein Fest der Sinne! Ich war verloren, rettungslos verloren! Was mache ich denn jetzt nur, wie bringe ich das Phillipo bei! Niemals, nein, niemals werde ich jetzt und heute gehen können, ohne Dich geküsst zu haben. Ohne Dir zu sagen: Ich liebe Dich! Ich will den Rest meines Lebens mit Dir verbringen und ich will verdammt sein, wenn ich dafür einen Freund verraten muss! Diese zufällige Berührung unserer Hände war für mich wie ein Schock. Ein solches Gefühl hatte ich seitdem niemals wieder in meinem Leben. Das kann man einfach nicht beschreiben. Wie Herzinfarkt und Hirnschlag gleichzeitig. Wenn ich nach dieser Berührung gestorben wäre: Mein Leben wäre perfekt gewesen. Denn ich durfte Dich wenigstens einmal berühren. Ist klar, die Aktion mit der Übergabe der Zigarette dauerte nur eine Sekunde, Du bist aufgestanden und hast das Zimmer in Richtung Treppe verlassen. Phillipo saß neben mir und sagte auf einmal: "Wenn sie jetzt wieder hochkommt, dann frage ich sie". Ehrlich, was ich darauf sagte, das weiß ich noch sehr genau. Wort für Wort. Ich sagte diesen Satz: "Bist du blind? Siehst du das nicht? Sie will mich!" Ich fasste einen Entschluss: Ich setze jetzt alles, aber auch alles auf eine Karte. Irre ich mich, verliere ich eine liebe und sehr nette Freundin, irre ich mich nicht, dann ist alles gut. Auf jeden Fall aber verlor ich an diesem Tag einen Freund, der neben mir saß und mich anschaute, als wolle er mir sofort an den Hals springen und mich erwürgen. Egal wie das jetzt ausgeht, die Freundschaft mit Phillipo wird dahin sein, das wird nicht anders gehen. Diese Entscheidung zu treffen, in diesen Minuten, hat mich ein Stück erwachsener gemacht. Ich war fest entschlossen diesen Weg zu gehen, komme, was wolle.

Du kamst nach einer Ewigkeit wieder aus der Küche hoch und hast Dich vor das Bett gesetzt auf dem Phillipo und ich uns minutenlang angeschwiegen hatten. Deine Hand wollte sich die Zigarette aus meiner Hand greifen, doch ich habe mich zu Dir runter gebeugt und habe Dich einfach geküsst. Jetzt oder nie, ich setzte alles auf eine Karte. Ich spürte Deine Lippen, die waren so weich, das konnte ich gar nicht fassen und ich erwartete eigentlich eine Ohrfeige oder etwas Ähnliches. Oder dass Du deinen Kopf auf die Seite drehst. Irgendeine Gegenreaktion auf meinen Kuss. Doch das geschah nicht. Im Gegenteil!

Deine Lippen öffneten sich und wir küssten uns. Es war kein langer Kuss, nur ein paar Sekunden. Aber in diesen paar Sekunden war es beschlossene Sache, da brauchte ich Dich auch nicht mehr zu fragen: Wir waren ein Paar. Jetzt und hier. Ein Kuss hat es besiegelt! Mein erster Kuss von dir! Wir waren zusammen. Du und ich, wir würden von nun an "miteinander gehen". Diese Frage wurde dann auch nicht mehr gestellt, es war alles gesagt, der Kuss hatte alles geregelt. Für Phillipo ist an diesem Tag sicher eine Welt zusammengebrochen. Wir sind nie wieder zusammen unterwegs gewesen, ich habe mehrere Male versucht, es ihm zu erklären. Er wollte nicht.

Der Himmel auf Erden dauerte etwa anderthalb Jahre. Es kommt mir heute noch wie eine Ewigkeit vor. Eine Ewigkeit, an die ich sehr gerne und auch sehr oft zurückdenke. Beim Schreiben dieser Zeilen hat stellenweise mein Herz sehr laut und sehr intensiv geklopft. Es war eine Zeit voll Liebe, echtem, reinem Sex, vielen Ängsten und Versuchen, sich zu erkennen und zu erleben.

Ich erinnere mich an brennende Kopfkissen, an deinen immer mürrischen Vater, den Wolfshund "Hans-Karl", vor dem ich immer ein wenig Angst hatte. Ich erinnere mich an den Tag, an dem Du mir auf dem "Stiftbuckel" entgegengerannt bist und laut "Ich habe meine Tage" gerufen hast, ohne auf die Schüler zu achten, die ebenfalls gerade auf dem Weg in die Stadt waren.

Oder an die Geschichte mit dem Gesundheitsamt. Da haben wir, Du weißt doch noch wen, beim Sex erwischt und aufgrund des lauten Stöhnens aus dem Zimmer den Krankenwagen gerufen. Wir dachten in dem Zimmer wäre jemand gestürzt.

Wir sind zusammen als Duo aufgetreten und ich habe heute noch die Kassette mit Deiner Stimme, welche ich aufgenommen habe, als Du mich im Krankenhaus besucht hast, weil ich mir einen Bänderriss zugezogen habe. Ja, die Kassette habe ich wirklich noch. Ich habe noch den Text von "Ebony and ivory", den Du mit der Hand abgeschrieben und eine Maus darunter gezeichnet hast.

Ich erinnere mich noch an Deinen Wutausbruch mit den Worten "Ich bin doch keine Sexmaschine", weil ich immer und immer wieder nur das eine von Dir wollte (ich entschuldige mich dafür, aber was sollte ich machen, Du warst einfach atemberaubend).

Ich habe extra mein Zimmer im Stift gewechselt und bin auf die andere Seite des Flurs gezogen, weil man von dort aus das Haus mit Deinem Zimmer sehen konnte. Wenn ich abends ins Stift zurückgegangen bin, hast Du an Deinem Fenster gewartet. In meinem Zimmer habe ich dann das Licht an und ausgemacht, damit Du es sehen konntest und Du machtest das Gleiche in Deinem Zimmer. Das war Romantik pur. So etwas gibt's heut' gar nicht mehr! Das ist tausendmal geiler, als SMS zu schicken!

Ich denke an das Konzert, ein "Friedenskonzert", auf dem die Bands "Das dritte Ohr" und "Schwoißfuas" spielten. Dort übernachteten wir in einem Zelt und die Kriegsgegner wurden von Hubschraubern überflogen. Wie ich ein paar Jahre später erfahren habe, wurde dieses Konzert auch vom Verfassungsschutz überwacht! Als ich mich nämlich beim Bund als Zeitsoldat beworben habe, wurde ich gefragt, warum ich auf diesem Konzert war. Da legte man mir ein Foto vor, auf dem ich einwandfrei zu erkennen war. Das muss man sich mal geben. Wir waren so oft es ging zusammen. Unter der Woche war das für mich sehr schwer, da wir das Stift abends nach der Arbeit eigentlich nicht mehr verlassen durften. Ich bekam eine "Sondergenehmigung" und durfte mich bis 22 Uhr in der Stadt aufhalten. Wir gingen mit dem Hund spazieren, spielten Gitarre, hörten Musik, hatten Sex und waren einfach verliebt. Es war eine tolle Zeit, die ich nie vergessen habe und für nichts in der Welt hergeben möchte.

Ich erinnere mich aber leider auch noch sehr lebhaft an die Nacht, in der ich schweißgebadet aufgewacht bin. An dem Abend davor hattest Du zum ersten Mal nicht bei mir in der Gruppe angerufen. Du warst für einige Tage auf einer Ferienfreizeit und wir hatten ausgemacht, dass wir jeden Abend um die gleiche Uhrzeit telefonieren. Da waren wir das erste Mal seit unserer Beziehung mehrere Tage getrennt. In dieser Nacht wusste ich es! Ich bin aufgewacht und habe es gespürt: In dieser Nacht habe ich Dich verloren. Es dauerte noch quälende lange Tage, bis Du zurückgekommen bist und Du hast mich in dieser Zeit nicht mehr angerufen. Ich bin immer zur verabredeten Zeit vor dem Telefon gesessen und habe mich Klaus anvertraut. Er fand aber keine Worte, die mich auch nur ansatzweise getröstet hätten. So war es dann auch, wie ich es kommen sah. Du machtest nach Deiner Rückkehr Schluss und hast unsere Liebe beendet. Einen Grund dafür nanntest Du mir erst nicht. Doch das brauchtest Du auch gar nicht, ich wusste es längst.

Trotzdem konnte ich mit diesem Schmerz nicht umgehen, ich bin stundenlang vor Deinem Elternhaus herumgelungert und habe immer und immer wieder versucht mit Dir zu reden und den Grund dafür zu erfahren. Aber ich weiß es heute: Es gab diesen Grund nicht, der Grund war das Leben selbst. Ich habe gelitten wie ein Hund, das glaubst Du gar nicht. Klaus hat sich damals große Sorgen um mich gemacht, er dachte wahrscheinlich ich tue mir etwas an. So schlimm war das. Diese Sorge war allerdings völlig unberechtigt, so was würde ich nie machen. Es hat Wochen gedauert, bis ich wieder aus meinem Zimmer raus bin. Ich wollte niemanden mehr sehen und nach einer Weile habe ich es auch aufgegeben Dich zurückzugewinnen, nachdem ich Dir wochenlang auf Schritt und Tritt gefolgt bin, nur um einen Blick auf Dich werfen zu können. Dich hat das sicher tierisch genervt, aber was sollte ich machen? Den ersten Schritt der Abkapselung habe ich vollzogen, als ich wieder in mein altes Zimmer bin, welches noch leer stand. So konnte ich nicht mehr stundenlang am Fenster sitzen und nachschauen, ob bei Dir Licht brennt.

Nach einer Weile trafen wir uns wieder, na klar, wir hatten gleiche Freunde und gleiche Interessen (z. B. das Würfel-Theater) und der Schmerz war nicht mehr so stark. Die Liebe, die ich für Dich empfunden habe, war aber nicht weg. Ist es heute immer noch nicht restlos. Sie hat sich nur gewandelt.

Ich liebe Dich für die Zeit, die Du mir geschenkt hast. Ich liebe Dich für die Stunden, die wir zusammen waren. Ich liebe Dich für die Gelassenheit, die Du in mein Leben zurückgebracht hast. Du hast dem "kleinen Jungen" gezeigt, was bedingungslose Liebe ist. Bis ich Dich kennenlernte, wurde ich von niemandem auch nur ansatzweise so geliebt, wie Du es getan hast. Dafür danke ich Dir und dafür liebe ich Dich. Auf meine Art. Ich danke Dir von ganzem Herzen für die Zeit, die ich mit Dir verbringen durfte. Es war eine wunderschöne Zeit und es wird nichts und niemanden geben auf dieser Welt, der Dich jemals aus meinen Erinnerungen und aus meinem Herz vertreiben wird. Unser kleines Ritual, uns an unseren Geburtstagen anzurufen und die leider viel zu seltenen Treffen genieße ich sehr. Du hast mir durch Deine Liebe, ohne es zu wissen, einen großen Teil meines Lebens zurückgegeben, Du hast mir Kraft eingehaucht, an der ich jetzt, nach so vielen Jahren, immer noch zehren kann. Ja, diese Liebe ist fast 30 Jahre her, das muss man sich mal vorstellen und mir klopft das Herz, während ich diese Zeilen schreibe. Das ist unfassbar! Dein Lachen, Deine Küsse, Deine Herzlichkeit, dein Geruch, Deine Musik (ich habe die Neil-Young-Schallplatte immer noch, stell' Dir das vor!) und Deine Berührungen in unserer Jugendzeit haben sich fest in meinem Gehirn eingebrannt.

Nach Dir hatte ich niemals wieder eine Beziehung, in der ich auch nur annähernd eine solche intensive Liebe verspürt habe. Jedenfalls bin ich nie mehr stundenlang im Regen vor dem Haus einer Verflossenen auf und ab gegangen in der Hoffnung, einen flüchtigen Blick auf sie werfen zu können. Ich denke mal, und ich hoffe es, das jeder, der eine "erste große Liebe" hatte, genauso denkt und fühlt wie ich. Es wäre zumindest wünschenswert.

Entwicklungsbericht vom Juli 1982 (Fortsetzung)

Er komponiert nun Lieder und spielt zum zweiten Mal auf dem Sinsheimer Stadtfest.

Die Musiker meiner Band, die im Stift einen Proberaum hatte und sich immer noch "No Name" nannte, kamen nun alle aus der Stadt. Schlagzeuger, Bassist, Gitarrist, Keyborder waren Jugendliche aus Sinsheim. Wir trafen uns zweimal die Woche zur Probe im Stift. Zum 2. Sinsheimer Stadtfest wurden wir direkt eingeladen, wir mussten uns nicht einmal bewerben. Das Kulturamt kam selbst auf die Heimleitung zu und fragte an, ob es uns noch geben würde. Das nenne ich mal Erfolg, was? Wir spielte Coverrock, klar, und versuchten aber auch schon eigene Stücke unterzubringen, die ich geschrieben hatte.

Mit einem dieser Lieder "Ich liebe" habe ich in der neuen Diskothek "Scala" in Sinsheim an einem Talentwettbewerb teilgenommen. Und gewonnen. Ausgerichtet wurde dieser Wettbewerb von der Zeitschrift „Bravo" und Hansa Records. Am Sonntag darauf war ich in einer Sendung von SWR3 "Double-Point" und habe einen solchen Unsinn verzapft, dass die Hansa mich verklagen wollte. Jedenfalls wurde ich für die Endausscheidung gesperrt und durfte nicht mitmachen. Am Abend der Veranstaltung hat mich ein schwuler Kerl angemacht, der mich "groß rausbringen" wollte. Das habe ich sofort gerochen, das der mir nur an die Wäsche wollte. Ich hab' den sofort abgewimmelt. Von Schwulen hatte ich die Schnauze gestrichen voll.

Was die Talentwettbewerbe anging, da hatte ich aber Blut geleckt. Ich kannte damals noch einen guten Musiker, der bei der Sparkasse arbeitete und mit ihm zusammen nahm ich ein Playback auf. Jetzt genau lesen: mit einem Sequenzer auf einem C64! Ohne Witz! Die Kassette habe ich noch. Alleine das Gitarrensolo hat er bestimmt zwanzigmal eingespielt, bis es "im Kasten" war. Mit diesem Playback sind wir dann eine Weile durch die Discos den Wettbewerben hinterhergetingelt und ich habe wirklich alle gewonnen an denen wir teilnahmen. Gebracht hat das nicht viel, es gab manchmal hundert Mark, manchmal weniger. Aber Spaß hat es immer gemacht.

An einem solchen Abend in einer Disco in Frankfurt war ich während der Entscheidung der Jury in der Garderobe geblieben, weil ich beobachtet hatte, wie die Abstimmzettel zugunsten eines Italieners manipuliert wurden. Er hatte, zugegeben, sehr gut gesungen und von ihm waren viele Freunde in der Disco, die das Ding halt durchgezogen haben. Mein Kumpel kam dann rein und sagte, ich hätte den zweiten Platz gemacht und solle rauskommen auf die Tanzfläche. Hey, auch ein zweiter Platz ist toll, dabei sein ist alles. Ich schlappte also raus auf die Tanzfläche, wo mich der DJ und der Italiener schon erwarteten. Auf einmal nahm der Italiener dem DJ das Mikro aus der Hand und schimpfe los wie ein Rohrspatz. Leider schimpfte er auf Italienisch und ich habe nicht ein Wort verstanden. Ich sah nur, wie seine Kumpels, die die Wahl manipuliert hatten, betroffen auf den Boden schauten. Dann wandte er sich zu mir um und entschuldigte sich für das Verhalten seiner Freunde. Er habe sowieso nur aus Spaß mitgemacht, in Italien sei er ein bekannter Sänger und würde hier und jetzt den ersten Preis an mich abgeben. Mit der Kohle natürlich. So was ist geil, oder? Einen solchen Abend vergiss man nie!

Wenn ich alle zusammenzähle, habe ich mit Sicherheit ein ganzes Dutzend solcher Wettbewerbe gewonnen. Ich habe keinen ausgelassen, diese Wettbewerbe waren damals einfach große Mode. Jede Disco fing damit an, später sogar Bars und

Kneipen. Mein Kumpel, der das Band gemacht hatte, stieg aber dann aus und er hatte das Auto. So war's dann auch für mich vorbei. Gebracht hat das eh nichts, eigentlich war es verschwendete Zeit. Aber einige der Urkunden habe ich erst letzte Woche im Keller unter meinen Sachen gefunden. Die hab ich also noch.

Er kann gut mit seinem Geld umgehen

Soso, das hat aber nicht lange angedauert. Im Gegensatz zu den anderen Jugendlichen im Stift hatte ich ja meinen Nebenverdienst. In der Zeit des Stadtfestes habe ich zum Beispiel bis drei Uhr nachts geholfen, den Auto-Scooter abzubauen. Das waren dann 100 Mark. Samstags habe ich manchmal, ich erzählte es schon, als DJ Platten aufgelegt, wieder 100 Mark. Sonntags Straßenmusik, wieder 100 Mark. Das lief nicht immer so gut, aber ich hatte immer einen 20er in der Tasche.

Durch seine Freizeitaktivitäten ist er unaufmerksam bei der Arbeit, verliert dann rasch die Lust und läuft in der Werkstatt umher.

Ich finde das witzig, wenn ich so etwas lese. Ich persönlich sehe das, wie soll es auch anders sein, von einer ganz anderen Seite. Ich bin in der Werkstatt herumgelaufen, um die Zeit totzuschlagen. Ich hatte keine Lust auf dieses Metall, auf das Schweißen (was eigentlich noch Spaß gemacht hat) und auf das Schmieden. Nach einer Weile war das immer und immer wieder das Gleiche. Mich hat das angeödet. Die Zeit in der Werkstatt habe ich nur dumpf runtergerissen. War dann abends noch eine halbe Stunde bis Arbeitsschluss, hab' ich mich wirklich sehr oft rumgedrückt. Oder ich habe mit voller

Absicht sehr langsam gearbeitet. Es gab aber auch Arbeiten, die habe ich sehr gerne gemacht. Wenn es galt 250 Schwalbenschwänze zu schmieden war ich immer der der am höchsten gestreckt und HIER gerufen hat. Solche "Fließbandarbeiten" machten mir großen Spaß. Oder wenn der Meister kam, eine große Platte auf den Tisch gelegt wurde und er sagte: "1,50 breit, 2,10 hoch, was Du innen machst, ist mir wurscht. Zeichne mal an, ich schau dann." Da konnte ich kreativ sein, ein solches Tor war meine Zwischenprüfung. Ein geschmiedeter Baum, den ich immer noch habe. So etwas machte mir wenigstens Spaß. Aber ein Zaun, 400 Meter lang, alle 12 Zentimeter ein Zwischenstab, wie öde ist das denn. Das Schneiden der Stäbe, okay, das war in Ordnung. Sie können das in einer stillen Minute ja mal ausrechnen, wie viele Stäbe ich für die 400 Meter gebraucht habe. Aber Achtung: Jeder Stab ist auch noch 0,5 cm dick! Das müssen Sie bei der Rechnung berücksichtigen. Ich hasse Mathe, ich habe keinen Matheschädel, ich bekomme diese Zahlen einfach nicht in meinen Kopf. Später habe ich Kaufmann gelernt und dort Buchhaltung gehasst. Zahlen sind widerlich! Außer auf meinem Bankkonto. Natürlich!

Kann sich gut mit sich selbst beschäftigen, ist fröhlich und selbstbewusst.

Da gibt es nichts hinzuzufügen. Ich hab' mich im Stift einfach wohlgefühlt. Am 30. 8. 1983 war es so weit. Ich durfte das Stift verlassen. Man besorgte mir ein Zimmer in einem Einfamilienhaus in Meckesheim, 20 qm, möbliert. Dort sollte ich mir Küche und Bad mit einem Mitbewohner teilen. Kein Problem dachte ich, mit denen werde ich schon klarkommen. Wie sehr ich mich irren sollte, das werden Sie gleich erfahren. Es ist eines dieser Kapitel in meinem Leben, auf welche ich gerne verzichtet hätte.

30.08.1983 - Ich ziehe nach Meckesheim

Bereits einen Tag vorher hatte ich meine Koffer gepackt. An diesem Dienstag brauchte ich nicht in die Werkstatt, denn schließlich brauchte ich für den Umzug etwas Zeit. Ich packte alles was mir gehörte in zwei Kartons, meinen Koffer mit den Klamotten dazu, meine Gitarre und wartete auf meinen Fahrer. Klaus half mir alles ins Auto zu verfrachten und er brachte mich nach Meckesheim. Etwas vom Stadtkern entfernt betraten wir ein schmuckes Haus, in dem mich der Vermieter empfing und mich in mein neues Zimmer unter das Dach führte. Er gab mir einen Schlüssel für die Haustüre und einen für die Zimmertüre, zeigte mir das Bad und die Küche. Direkt das Zimmer neben mir bewohnte ein weiterer Jugendlicher, der mich ebenfalls begrüßte. Ich verstaute meine Sachen in das Zimmer, Klaus verabschiedete sich und ich schloss die Türe. Ich setze mich auf das Bett und freute mich. Ich hatte ein eigenes Zimmer. Während ich begann meinen Koffer auszupacken betrat Jürgen vom Nebenzimmer ohne anzuklopfen das Zimmer, zusammen mit einem Kumpel. Ich müsse für einen Platz im Kühlschrank 10 Mark die Woche bezahlen, das sei so üblich. Kein Problem, dachte ich, benutze ich den Kühlschrank einfach nicht. Das gilt auch, wenn man ihn nicht benutzt. Na toll, 40 Mark im Monat für einen Kühlschrank, den ich gar nicht benutze. Ich drückte Jürgen die ersten 10 Mark in die Hand und verfrachtete die Beiden nach draußen. Dann schloss ich die Türe ab.

Nachdem ich alles eingeräumt hatte, fiel mir ein, dass ich am Wochenende ja für mich was kochen musste! Ich hatte weder Besteck noch Töpfe und so betrat ich die Küche auf der

Suche nach Kochutensilien. Das bekam wieder Jürgen mit der mir erklärte, das alles was zum Kochen in der Küche stand, ihm gehörte. Was natürlich nicht stimmte, aber sag da mal was dagegen. Der Typ hatte lange Haare und war tätowiert. Sein Kumpel, immer an seiner Seite, sah auch nicht gerade vertrauenerweckend aus. So nahm ich mir vor, am Wochenende Töpfe, Teller und Besteck für mich zu kaufen. Dass es dazu nicht mehr kommen sollte, das hatte ich zu dem Zeitpunkt nicht geahnt.

Nachmittags ging ich dann noch mal aus dem Haus und suchte die Bushaltestelle, mit der ich ja nun mit dem Bus nach Sinsheim fahren sollte. Bereits am Mittwoch bemerkte ich, als ich in mein Zimmer zurückkam, das es durchwühlt worden war. Ich ging in das Nachbarzimmer und stellte Jürgen zur Rede. Er baute sich vor mir auf und drohte mir Prügel an, wenn ich ihn deswegen anschwärze. So ging ich am Mittwoch, bevor ich nach Meckesheim fuhr, zunächst in einen Laden und kaufte mir ein Steckschloss. Dieses brachte ich an meinem Schloss an. Damit, so dachte ich, wäre diese Sache erledigt. Am Freitag wurde das Schloss von den beiden Arschlöchern aus dem Nebenzimmer bemerkt und ich wurde das erste Mal geschlagen. Ich bezog von Jürgen eine schallende Ohrfeige, dass mir fast der Kopf wegflog. Er forderte die Herausgabe des Steckschlosses und des Zimmerschlüssels. Aus Angst weitere Schläge zu bekommen, händigte ich ihm beides aus. Bevor ich mich an dem Abend ins Bett legte, klemmte ich einen Stuhl unter die Türklinke, damit mich nachts niemand heimlich besuchen konnte.

Es war Samstag, das erste Wochenende in meiner neuen Freiheit und ich hatte einfach nur Angst. Ich schlich in mein Zimmer, klemmte die Türe wieder mit dem Stuhl zu und vermied jedes Geräusch. Nachmittags schlich ich mich aus dem Haus und traf mich in Sinsheim mit Freunden. Mit dem letzten Bus bin ich dann zurück. Auch diesmal bemerkten sie mich nicht. Oder hatten kein Interesse mehr an mir. Denn wenn sie an der Türe gewesen wären, dann hätten sie ja bemerkt, dass diese, verklemmt durch den Stuhl, nicht zu öffnen war. Wäre ich nicht da gewesen, müsste die Türe ja offen sein, schließlich hatten sie mir den Schlüssel abgenommen.

Sonntagabend brach dann die Hölle über mich herein. Auf einmal klopfte es an der Türe, ich entfernte den Stuhl und man forderte mich auf, ins Zimmer nebenan zu kommen. Dort saßen mehrere Typen, ein Mädchen und die beiden Schläger und warteten auf mich. Zunächst sollte ich Alkohol trinken, was ich ablehnte. Rumms, die erste Ohrfeige. Ich lehnte aber immer noch ab. Rumms, die zweite Ohrfeige. Dann trank ich einen Schluck und spuckte es sofort wieder aus. Es schmeckte widerlich.

Dann machte man mir klar, dass ich das Mädchen nun zu ficken hatte. Ich verstand nicht richtig, was sollte ich machen? Na, sagte man mir unmissverständlich, du fickst sie oder wir schlagen dich tot. Dabei schupste Jürgen mich unsanft in Richtung Couch und ich wäre fast über den kleinen Wohnzimmertisch gefallen. Mir wurde klar, ich musste da raus, das hier läuft nicht richtig. So machte ich eine Kehrtwendung wie ein Hase und schoss aus der Türe, die Treppe herunter und raus aus dem Haus. Ich lief so schnell ich konnte die Straße herunter und hörte schnelle Schritte und Schreie direkt hinter mir. Die waren wirklich hinter mir her! Das muss man sich mal vorstellen, ich dachte, wenn die mich kriegen, die erschlagen mich und schleifen mich dann in den Wald, wo sie mich einfach vergraben. Ich rannte. Ich rannte um mein Leben. Instinktiv rannte ich dann nicht mehr die Straße entlang, so würden sie mich sicher irgendwann bekommen.

Da es bereits dunkel war, lief ich quer durch die Gärten, einfach querfeldein mittendurch. Doch ich hatte das Gefühl, das half nicht viel, denn ich hörte, wie sie sich gegenseitig meine Position zuriefen. Ich glaubte das alle Personen, die im Zimmer waren, nun eine Hetzjagd auf mich veranstalteten. Ich rannte durch einen großen Garten und versteckte mich unter einer großen Hecke. Sie rannten knapp einen Meter an mir vorbei. Ein Hund bellte laut und ich dachte noch, der kommt jetzt auch noch und beißt mich! Unter dieser Hecke blieb ich liegen und wartete. Keine Ahnung, wie lange ich da lag, denn nach all der Anstrengung der Woche schlief ich irgendwann ein. Als ich aufwachte, war es stockdunkel und ich fror. Mir war schweinekalt. Zurück konnte ich nicht, das war mir zu gefährlich. Ich könnte nach Sinsheim ins Stift laufen, dort gab's ja diese Zellen, in denen ich die Nacht verbringen konnte. So vermied ich zunächst Straßen zu benutzen, ich war zerzaust und dreckig. Ich lief am Waldrand entlang, über Felder, Wiesen, Bäche und es kam mir wie eine Ewigkeit vor, bis ich Sinsheim erreicht hatte.

Im Stift klingelte ich die Nachtwache raus und erzählte sofort, was mir passiert war. Er schaute in meiner alten Gruppe nach, ob mein Zimmer noch frei war und lies mich dort hinein. Es war ja nur eine Woche vergangen und mein Zimmer war noch an niemanden vergeben worden. Das Bett war zwar nicht bezogen und es war keine Decke drauf, aber alleine die Tatsache, dass ich die Türe hinter mir abschließen konnte, das war mir schon mehr als genug. Am nächsten Morgen stürmte Klaus herein und ich erzählte ihm von dieser Woche und das ich mit Sicherheit keinen Fuß mehr in dieses Zimmer setzen würde.

Während ich auf die Arbeit ging, wurde Jürgen befragt und er stritt natürlich alles ab. Angeblich habe ich mich nicht an den Putzplan gehalten. Kein Wort von den Schlägen, dem Durchsuchen des Zimmers und des Kühlschrankgeldes. Meinen Zimmerschlüssel müsse ich wohl verloren haben und schiebe das jetzt auf ihn. An diesem Abend fuhr Klaus mich nach Meckesheim und wir holten dort meine Sachen ab. Dabei fehlte mein Kassettenrekorder mit dem kleinen Fernseher, meine Schreibmaschine war weg und meine Gitarre. Klaus ging ins Nebenzimmer, konnte die Gegenstände dort aber nicht finden. Der Verlust meiner Gitarre und der Schreibmaschine waren für mich ein herber Schlag. Da ich noch Erspartes hatte, konnte ich die Gitarre schnell ersetzen, Klaus stellte mir eine Schreibmaschine zur Verfügung.

So ging bereits nach 5 Tagen das Abenteuer "externes Wohnen" zu Ende und ich weiß bis heute nicht, ob dieser Idiot aus dem Nebenzimmer jemals für diese Aktion bestraft worden ist. Also offiziell bestraft, denn ich selbst traf ihn Jahre später in Sinsheim an einer Ampel und habe ihn sofort erkannt. Ich fragte noch kurz, ob er denn Jürgen heiße und mal in Meckesheim gewohnt habe. Sekunden, nachdem er das bejaht hatte, habe ich ihm meine Faust voll ins Gesicht gehauen. Mit meiner ganzen Kraft und meiner ganzen Wut. Dabei habe ich mir tatsächlich den Mittelfinger der rechten Hand gebrochen, so fest habe ich zugeschlagen. Dieser "Mensch" ist sofort schreiend umgefallen, hielt sich die Hände vor sein Gesicht und sein Blut tropfte auf die Straße. Mir tat die Hand höllisch weh, ich überlegte mir noch, ihn von der Straße zu treten. Dies tat ich aber nicht sondern ging einfach weiter über die nun grüne Ampel, bestieg mein Auto und fuhr weg. Das hat mir gutgetan. Ich werde es nie wieder zulassen, das mich irgendjemand unterdrückt und mir seinen Willen aufzwingt, wenn ich das nicht möchte. Ich würde so weit gehen und mit dem Einsatz meines eigenen Lebens dagegen kämpfen. So etwas wird mir niemals wieder passieren. Ich war lange genug der Prügelknabe, das tue ich mir nicht mehr an.

Entwicklungsbericht vom 02.01.1984

Hans-Gerd ist fest in die Gruppe integriert, hat trotzdem manchmal Schwierigkeiten nicht nur mit seinen Kameraden, sondern auch mit den Erziehern.

Mich hat teilweise alles nur noch angekotzt. Die Arbeit war so öde, das war kaum auszuhalten. Es machte mir einfach keinen Spaß mehr. Meine Leistungen in der Gewerbeschule waren durchschnittlich, ich hab' mich nie sonderlich angestrengt und war immer mit einem "befriedigend" dabei. Das war kein Problem für mich. Die Kameraden in der Gruppe befanden sich alle unter meinem Niveau. Das kam mir damals jedenfalls so vor. Deren einziges Tagesziel war es die nächste Zigarette zu schnorren oder wo sie jetzt noch ein Bier herbekommen. Mich hat das nicht interessiert, es gab für Gespräche einfach keine gemeinsame Basis.

In diesem Jahr hatte ich mindestens dreißigmal "Flashdance" gesehen, die letzten zehn Male hat mich die Frau an der Kasse umsonst eingelassen. Dazu musste ich jeden Samstag nach Heidelberg trampen und wollte das nicht immer alleine machen. Von meiner Gruppe wollte aber keiner mit, also musste ich doch alleine los. Es gab da einfach niemanden, der mich in irgendeiner Form interessiert hätte.

Hans-Gerd verfügt über einen enormen Reifestand, er textet Lieder mit beachtlichem Inhalt.

Nee, diesen Satz habe ich mir nicht ausgedacht, das steht da wirklich so. Genau das meinte ich im oberen Absatz. Ich habe all' meinen Frust über diese beschissene Welt in Lieder verpackt, habe mich damit in eine Ersatzwelt geflüchtet. Nur weg von diesem Leben, raus aus diesem Trott. Da hatte ich keinen Bock mehr drauf und überlegte mir ein paar Mal die Werkstatt abzufackeln. Wenn die abbrennt, dann brauch' ich da ja nicht mehr hin. Waren aber nur Gedankenspiele, so was hätte ich im Leben nicht gemacht.

Er schreibt Kurzgeschichten, die er uns zum Lesen vorlegt

Schon wieder diese Kurzgeschichten. Hab' ich ja im Kinderheim schon gemacht. Leider sind aber auch diese Kurzgeschichten nicht mehr auffindbar. Ich muss den Klaus mal fragen, ob er vielleicht eine Ahnung hat, wo die hin sind. An was ich mich aber sehr gut erinnern kann, war die I.H.Z, die "Illegale Heimzeitung". Das war ein Spaß!

Jeden Montag habe ich auf einem DIN-A4-Blatt die letzte Woche im Stift mit kleinen Geschichten und Anekdoten aufgearbeitet. Dieses Blatt habe ich dann ein paar Mal kopiert und in der Werkstatt in die Toiletten gelegt. Bis mich eines Tages der Werkstattleiter darauf ansprach und ich dachte schon ich fliege raus. Dem war aber nicht so, er wollte nur "sein eigenes" Exemplar haben, damit er nicht immer auf der Toilette danach suchen musste. Ich saß bei ihm im Büro und er redete gar nicht erst um den heißen Brei herum. Ihm war bekannt, dass diese Geschichten von mir stammten und er hätte Interesse an einem Exemplar. Zu der Zeit gab es noch keine Kopierer und ich schrieb die Geschichten mit mehreren Durchschlägen.

Mein bester Streich war aber die "Geschichte eines jungen Mannes, der auszog, eine gute Tat zu tun". Auch diese Geschichte ging über eine Seite und ich habe in jedem einzelnen Satz mindestens einmal die beiden Wörter "gute Tat" verbraten. Das ging dann so: "An einem wunderschönen Gutetatmorgen ging der brave Gutetatjunge durch seine Gutetatstadt um sich auch heute wieder auf die Suche nach der Möglichkeit zu machen eine gute Tat zu tun". Diese Geschichte habe ich in der Werkstatt an das Schwarze Brett gehängt und sofort war das Brett von Lesern umringt. Diese Geschichte entstand, weil auf dem Wochenplan, der in jeder Gruppe aushing, ständig Ermahnungen und Regelungen standen, die einer Pfadfindergruppe echt gut gestanden hätten. Ich war fast zwanzig Jahre alt, ich wollte diesen Scheiß einfach nicht mehr lesen. Leider machte ich den Fehler, dass ich als Einziger kein Interesse an der Geschichte an dem Schwarzen Brett zeigte und mein Meister sofort wusste, wer der Schuldige war. Irgendwie gelangte das Blatt dann zum Heimleiter, der wirklich "not amused" war und mich rausschmeißen wollte. Weil ich mich dermaßen über ihn und seine Sprüche lustig gemacht hatte. Aber auch das waren wieder nur leere Drohungen und so passierte auch hier nichts.

Zieht sich häufig in sein Zimmer zurück

Ich habe wirklich sehr viel Zeit auf meinem Zimmer verbracht. Dort saß ich aber nicht einfach nur herum, sondern habe viel gelesen, Gitarre gespielt, Lieder und meine Kurzgeschichten geschrieben, viel Radio gehört und Fernsehn geschaut. Ich habe das genossen, ich hatte keine Angst davor alleine zu sein, denn ich konnte mich immer selbst beschäftigen. Ich war jahrelang von anderen Kindern umgeben und hatte ja erst in den letzten Monaten in Rickenbach ein eigenes Zimmer bekommen. Deswegen genoss ich es sehr, dass ich nun einen Bereich hatte, in den ich mich, nach Belieben, zurückziehen konnte.

Die Band hat er aufgegeben

Die Band hat sich eher selbst aufgegeben, weil keiner der Bandmitglieder meine eigenen Lieder singen wollte. Zudem waren wir dann doch schon in dem Alter, wo der Eine oder Andere eine feste Freundin hatte, einer musste zum Bund, einer zog weg. So hatte das einfach keinen Sinn und ich beschloss, erst einmal alleine weiter zu machen.

Hat nun wohl mehrere Freundinnen

Diese Aussage in einem Entwicklungsbericht finde ich witzig, denn sie stimmt nicht. Ich hatte nach Alexandra tatsächlich erst einmal gar keine Freundin, denn ich hatte daran kein Interesse. Was ich aber hatte, waren eine Menge weiblicher Bekanntschaften, die ich hin und wieder im Watussi, später in der Disco "Scala" oder in einer der Kneipen traf. Was Festes war da aber nicht dabei, bis zu dem Zeitpunkt, als das mit Carola begann. Da wohnte ich aber schon nicht mehr im Stift.

Ich ziehe in die Steinsbergstraße 22

Trotz allem Ärger in Meckesheim wollte ich wieder aus dem Stift raus. Ich fühlte mich einfach nicht mehr wohl in diesem kleinen Zimmer und bat erneut um die Erlaubnis das Heim verlassen zu dürfen und als "Externer" eingestuft zu werden. Aber alle freien Wohnungen, über die das Stift verfügen konnte, waren belegt und es würde mehr als ein Jahr dauern, bis wieder etwas frei würde. So lange wollte ich aber nun wirklich nicht warten und machte mich einfach selbst auf die Suche. Die Erzieher informierte ich darüber nicht, sondern wollte sie einfach vor vollendete Tatsachen setzen. Es war ja nicht die Frage, ob ich ausziehen dürfe, sondern wann und wohin. Es dauerte mehr als vier Wochen, bis ich endlich eine Wohnung gefunden hatte, die unter 200 DM kosten sollte. Das war nämlich die Voraussetzung dafür, dass die Kosten auch übernommen werden. Dabei handelte es sich um eine schmucke Einzimmerwohnung mit Küche und Bad direkt unterm Dach in einem Mehrfamilienhaus. Allerdings leer, also keine Möbel. War mir aber schnurz, Hauptsache raus!

Ich machte einen Besichtigungstermin aus und teilte dem Vermieter mit, dass die Miete vom Stift übernommen würde, was diesem mehr als gefiel. Eine Kaution sollte es nicht kosten und ich könne sofort einziehen. Mit diesem Wissen schlug ich bei meinen Erziehern auf und diese waren nicht schlecht erstaunt, dass ich es wirklich so ernst meinte. Es wurde nicht lange gefackelt, ich durfte raus. Ich packte zum zweiten Mal meine Sachen in das Auto von Klaus und wir fuhren in mein neues Zuhause, wo ich dann tatsächlich fast vier Jahre leben sollte. Nachdem alles oben war, begleitete ich Klaus zum Auto und sagte den Satz, zu dem ich heute noch stehe: "Klaus, wenn ich mir jemals einen Vater aussuchen dürfte, dann müsste er so sein wie du!" Ich glaube sogar eine Träne in seinen Augen gesehen zu haben, was mich sehr stolz machte.

Ich bekomme ein Tramperticket

Das war eine spezielle Fahrkarte von der Bahn, mit der man in der 2. Klasse vier Wochen lang kreuz und quer durch Deutschland fahren konnte. War nicht ganz billig, 250 DM kostete das damals und ich hatte schon Monate vorher eine Kostenübernahme beantragt. Kurz vor der Sommerpause kam dann die Genehmigung und ich konnte in den Ferien meinen Krempel packen und losfahren. Das habe ich dann auch gemacht, ohne Plan und ohne Ziel. Zunächst nach Waldshut, dort habe ich mich in einer kleinen Pension eingemietet und meine alte Lehrstelle besucht (den Gasthof, in dem ich die Kochlehre begonnen hatte). In der Altstadt machte ich Straßenmusik, da kam aber nicht viel bei rum. Nach drei Tagen brach ich die Zelte ab und trampte nach Bonndorf. Die letzte Strecke nahm mich ein Kerl in einem Renault mit, der heizte so dermaßen den Berg hoch, dass er in einer scharfen Linkskurve ins Schleudern geriet. Das müssen Sie sich vorstellen, rechts geht's gute hundert Meter nach unten und die Kiste schleudert! Der Renault machte einen Satz und landete direkt auf der Leitplanke. Dabei wurde der Boden des Fahrzeugs aufgeschnitten, nur Zentimeter von meinen Füßen entfernt! Der Fahrer kurbelte wie ein Bekloppter das Lenkrad nach links und wir drehten uns mehrere Male im Kreis. Nach endlosen Sekunden kamen wir dann mitten auf der Straße zum Stehen. Ich stieg erstmal aus und rauchte eine Zigarette. Dann schaute ich nach rechts in den Abgrund und dankte erstmal Gott, dass ich noch am Leben war. Der Renault fuhr aber noch, trotz des aufgeschnittenen Bodens und diesmal fuhr der Fahrer deutlich langsamer. Das war mein zweiter Unfall, den ich ohne einen Kratzer überlebt hatte. In Bonndorf angekommen wollte ich Mutter besuchen und dort übernachten. Diese machte mir aber klar, dass das nicht ginge, weil kein Platz da wäre. Ich mietete mich in einem Gasthof ein und besuchte meine Schwester Rosi. Aber da war alles echt trostlos und so fuhr ich bereits am nächsten Tag wieder ab in Richtung Freiburg, wo meine Schwester Eva wohnte. Bei der war ich noch nie und so wollte ich die Gelegenheit nutzen. Am Bahnhof verstaute ich meine Tasche in einem Schließfach und fuhr mit der Straba hin.

Aber auch da hielt ich es nicht lange aus, das war eine Katastrophe. Die Wohnung war ein einziges Schlachtfeld, jeder freie Platz an den Wänden und unter der Decke waren mit

Regalen verbaut, auf denen sich Tausende von Musik- und Videokassetten stapelten. So was hatte ich bis dahin noch nie gesehen! Dann ewig diese gleiche Leier, wie sie mich als Kind aufgezogen habe und was sie alles für mich aufgegeben hatte und bla-bla-bla. Immer und immer wieder die alten Kamellen, das ist eine echte Krankheit in unserer Sippe.

In Freiburg habe ich mich in den Zug gesetzt und bin nach Köln gefahren. Übernachten wollte ich bei meinem Cousin Helmut, doch der war nicht da. Ich beschloss erst einmal Musik zu machen und dann zu schauen, wo ich unterkommen konnte. Die Tasche wieder ins Schließfach und dann ab in die Fußgängerzone. Was dann abging, davon zehre ich heute noch, das war unbeschreiblich. Eigentlich wollte ich mir einen Platz suchen und kam an einem bereits spielenden Straßenmusiker vorbei. Der war echt gut und so blieb ich eine Weile stehen. Nach zwei, drei Liedern wollte dieser Pause machen und im Mc Donald etwas essen und fragte mich, ob ich ihn nicht vertreten wollte. Zu dem Zeitpunkt saßen etwa zwanzig Leute um ihn herum. Da brauchte er nicht lange zu bitten, ich packte meine Gitarre aus und legte los. Aus den zwanzig Leuten wurden dreißig, dann vierzig, dann fünfzig. Je länger ich spielte, um so mehr Leute blieben stehen, das war echt unfassbar. Da dachte ich mir, hey! Ich bin in Köln, also spiele ich BAP! Es brach die Hölle los!

Zu dem Zeitpunkt konnte ich etwa zehn Lieder von BAP, die waren damals schwer angesagt. Immer wenn ich ein Lied beendet hatte, tobte die Menge so laut, dass ich glaubte, ich sei im Himmel. So etwas hatte ich bis zu diesem Zeitpunkt noch nicht erlebt. Klar, wenn ich Straßenmusik machte, blieben immer wieder mal Grüppchen stehen, aber das war echt der Hammer. Sie riefen ständig nach Zugabe, wollten noch ein BAP und dann noch eines hören. Was mich aber irritierte: Viele der Leute lachten, während ich die Lieder spielte.

Nein, ich fühlte mich nicht ausgelacht, sondern als wären die Lieder lustig. So lustig ist "Ahn 'ner Leitplank" aber nicht und auch während dieses Liedes lachten die Leute! Das irritierte mich dann doch etwas, und ich fragte mal nach. Die Antwort kam sofort: meine "kölsche Aussprache" muss köstlich gewesen sein! Die lachten sich tatsächlich über mein Kölsch schlapp, die hatten Tränen in den Augen vor Lachen! Ich hatte die Aussprache ja nur von der Platte gelernt, also Kopfhörer auf, Liedtext auf den Schoss und dann reinhören. Bisher hatte sich keiner darüber so amüsiert, aber hier, direkt in Köln, da lachten die sich echt schlapp. Was mich nicht davon abhielt weiter BAP zu singen, denn mein Gitarrenkoffer füllte sich mit Kleingeld.

Der Musiker, von dem ich den Platz "geerbt" hatte, war nicht mehr aufgetaucht und ich spielte dort fast zwei Stunden. Dann kam eine Polizeistreife vorbei und bat mich auf die Domplatte zu gehen, weil ich mit meinem Publikum die Fußgängerzone blockierte! Inzwischen hatten sie so viele Zuschauen um mich herum gruppiert, das ich die komplette "Hohe Straße" verstopfte. So packte ich meinen Krempel ein und wollte die Gitarre in den Koffer legen. Das ging aber nicht, weil er fast halb voll mit Kleingeld war! Ich schloss einfach den Deckel und schob ihn erstmal auf die Seite.

Nachdem ich mich von den ganzen Leuten verabschiedet hatte, suchte ich eine Bank, die mir das ganze Kleingeld eintauschen konnte. Der Koffer war sauschwer und der Typ in der Bank staunte nicht schlecht. Im Koffer waren unglaublich 750 DM. Lassen Sie sich das auf der Zunge zergehen: Ich habe in zwei Stunden 750 DM eingenommen! Da musste ich mich erstmal setzen und habe die vielen Scheine in meiner Hand betrachtet. So viel Geld hatte ich selten in der Hand. Ich besorgte mir einen braunen Umschlag, steckte 500 DM rein und schickte es an mich selbst, damit ich in meinem Überschwang nicht alles ausgab. Immerhin brauchte ich eine Waschmaschine und einen Kühlschrank. Ein Bett hatte ich auch noch keines, nur eine Matratze und mein Tisch bestand aus Jaffa-Kisten, über die ich eine Decke gelegt hatte. Mit dem Rest wollte ich mal nobel essen gehen und betrat ein Restaurant in Köln, auf dessen Speisekarte, die draußen angeschlagen war, keine Preise standen. Ich kam genau bis zum Empfang, dort fragte man mich nach der Reservierung, die ich natürlich nicht hatte. Ich fragte noch, warum auf der Speisekarte keine Preise standen und der Mann am Empfang sagte folgenden Satz: "Wenn sie nach den Preisen fragen müssen, dann können sie sich unser Etablissement nicht leisten!" Was für ein geiler Satz. Ich wollte noch meine Kohle zeigen aber okay, bin ich halt zu Mc Donald. Das konnte ich mir leisten. Irgendwann gehe ich da noch mal vorbei und kaufe den ganzen Laden.

Wieder am Bahnhof wollte ich nach Sylt, der letzte Zug fuhr aber nur bis Hamburg. In diesem Zug lernte ich zwei Mädels kennen, die mich in Hamburg mitnahmen und bei sich übernachten ließen. Erst spielte ich Gitarre, dann spielten beide miteinander und anschließend wollten beide mit mir spielen. Ich wollte ja kein Spielverderber sein, also habe ich mitgespielt. Auf Sylt angekommen machte ich vor einem Café wieder Straßenmusik und zufällig saß in diesem Café Roy Black. Als ich eine Pause machte, winkte mich dieser an seinen Tisch und er forderte mich zum Sitzen auf. Nachdem er mich nach meinem Namen gefragt hatte, fing er an zu lachen und ich wollte wissen, was denn an meinem Namen, "Gerd Höller", so witzig war. Er zückte seine Geldbörse, fischte seinen Personalausweis heraus und legte diesen vor mich auf den Tisch. Ich musste auch lachen, denn sein bürgerlicher Name war "Gerd Höllerich"! Was für ein unglaublicher Zufall! Auf dem Weg zurück zum Bahnhof traf ich noch auf Udo Lindenberg, aber dessen Leibwächter wollte mir auf die Fresse schlagen und so entschied ich mich, den Versuch einer weiteren Kontaktaufnahme abzubrechen. Meine Nase gefiel mir so, wie sie war.

Den Zug nach München erwischte ich dann noch und teilte mir das Abteil wieder mit zwei Mädchen. Wir entschlossen uns die Vorhänge zuzuziehen und so zu tun als wäre das Abteil komplett besetzt. Das geht relativ einfach, denn die drei Sitze konnte man zu einer kompletten Liegefläche gestalten. Ich lag hinten am Fenster, neben mir die beiden Mädels, zugedeckt mit unseren Schlafsäcken. Mitten in der Nacht wachte ich auf, weil das Girl neben mir sehr nahe an mich heran gerutscht war und fast nichts mehr anhatte. Ich äußerte noch Bedenken, schließlich konnte jederzeit die Türe aufgehen und jemand das Licht wieder anmachen. Oder ihre Freundin konnte aufwachen. Das war ihr aber relativ schnurz und sie sagte noch das sie die Pille nehmen würde. Ja, dann, wenn das so ist.

In München angekommen ging ich sofort in die Fußgängerzone und fing an zu spielen. Nikki lief vorbei und warf fünf Mark rein. Nicole lief auch vorbei, warf aber nichts rein. Dann kamen zwei Herren von der Polizei und warfen auch was. Nämlich mich aus der Stadt. Die setzten mich tatsächlich in die nächste Straßenbahn und haben das Geld im Koffer beschlagnahmt. Das muss man sich mal geben, das waren immerhin fast 100 Mark. Eine Quittung haben sie mir dafür gegeben, dafür kann ich mir aber was kaufen! Sie rieten mir auch gleich nicht wieder zurückzufahren, ich hätte Platzverbot. Tolle Stadt. Ist immer eine Reise wert. Wenn man nicht gerade Straßenmusiker ist.

Ich war dann noch in Stuttgart, Mannheim, Nürnberg und in weiteren Städten. Am letzten Abend der Ferien bin ich mit dem Zug nach Heidelberg, wo man den ganzen Zug einfach auf ein Abstellgleis fuhr. Dort standen wir erstmal. Nach einer

Stunde stiegen die Ersten aus und gingen zu Fuß zur Haupthalle, was die Bahn veranlasste im Zug eine Durchsage zu machen "unbedingt" im Zug zu bleiben. Beim Betreten der Gleise würde man sich in allergrößte Lebensgefahr begeben. Was mir egal war, es war tierisch warm und ich wollte in diesem Zug ja nicht gegrillt werden. Durch die Verzögerung verpasste ich den letzten Zug nach Sinsheim und die Bahn stellte mir ein Taxi nach Sinsheim, welches ich mit zwei weiteren weiblichen Fahrgästen teilte. Eine davon fuhr bis zu mir mit und ging erst am Montag früh.

Die Zeit im Stift geht vorbei

Jede Lehre endet mit einer Prüfung und diese schaffte ich am 2. 11. 1984 mit einer "befriedigenden" Leistung bei der praktischen, und ebenfalls mit einer "Befriedigend" bei der schriftlichen Prüfung. Damit endete am 21. Dezember 1984 meine Zeit im Jugendstift Sinsheim. Direkt zum 1. Januar 1985 konnte ich bei der Firma "Peitz Achsen" in Sinsheim eine Arbeitsstelle als Schweißer beginnen, die ich mir selbst gesucht hatte. Die Zeit im Stift hat mich sehr geprägt, verändert und positiv beeinflusst. Die Entwicklung, die ich in dieser Zeit mitgemacht habe, die Menschen die mich gefördert oder auch nur begleitet haben, haben alle dazu beigetragen einen anderen, besseren Menschen aus mir zu machen. Es war wichtig mir einen Weg aufzuzeigen, den ich beschreiten kann, und das haben die Erzieher in meiner Gruppe erfolgreich geschafft. Gerade Klaus Steiger bin ich unendlich dankbar dafür und mich verbindet eine tiefe, echte Liebe zu ihm, die mit den Jahren immer mehr gewachsen ist. Es gibt nun noch ein paar lose Ereignisse, die in diese Zeit fallen, die ich gerne noch schildern möchte:

Ich war beim Theater

Wie ich genau dazu gekommen bin, kann ich gar nicht mehr sagen. Wenn ich mich richtig erinnere, war es die Idee von Alexandra, denn im Theater "Die Würfel" fehlte wohl ein Techniker. Sie nahm mich zu einer Probe mit und ich war sofort begeistert. Ich durfte zwar nicht mitspielen, aber die Licht- und Tontechnik war eine große Herausforderung für mich, denn beides war in einem recht desolaten Zustand. So brachte ich zunächst das Licht und den Ton in Ordnung und verschaffte mir auf diese Weise einen anständigen Anfangsrespekt bei der "spielenden Truppe".

Das Ensemble bestand aus einigen Stadtbewohnern und man probte ein neues Stück. Es ging darin um einen Städtler, der aufs Land zog und vor allem die Ernährung komplett umstellen wollte. Es sollte kein "Dosenfutter" mehr geben. Er selbst versteckte aber in einem Schrank einen Haufen Dosen und so ging auf der Bühne alles drunter und drüber. Ich machte dazu das Licht und spielte hin und wieder Geräusche oder Musiken ein. Nach der Hälfte der Probenzeit konnte ich das komplette Stück auswendig. Das waren die Sprechrollen vom Vater, der Mutter, der Tochter, dem Knecht und der Magd und einem alten General. Hab' ich jemanden vergessen? Als einmal die Souffloese ausfiel, konnte ich locker einspringen, ohne auch nur einmal in die Texte schauen zu müssen.

Diese Zeit habe ich sehr genossen, denn das ganze Ensemble verließ sich auf mich. Da ich selbst keinen Vertreter hatte, war es notwendig, dass ich bei allen Aufführungen dabei sein musste. Es entstanden zwar keine neuen Freundschaften, dafür waren die Schauspieler alle nicht in meiner Altersklasse, aber den Respekt für meine Zuverlässigkeit und die Anerkennung meiner Ideen und Vorschläge habe ich schon sehr gemocht. Dieses Stück wurde eine Saison gespielt, und als der

Abend der letzten Aufführung kam, dachte ich mir mit Alexandra mehrere Gags aus, ohne die Kollegen darüber zu unterrichten. Die Zuschauer wurden über einen kleinen Zettel auf die "Änderungen" im Ablauf des Abends aufmerksam gemacht. So spielte ich statt eines Marsches den Ententanz ein, was auf der Bühne sofort in ein heftiges Gegackere ausartete. In einer Szene holt sich der Bauer aus einem Schrank, der normalerweise vollgestopft war mit Konserven, eine Dose heraus. Am letzten Abend, es war im Dezember, stand der Weihnachtsmann hinter der Schranktüre und reichte ihm die Dose zu. Das war ein Riesengelächter, das hat Spaß gemacht! Leider blieb es bei dieser einen Saison. Warum ich nach der Winterpause nicht mehr mitgemacht habe, kann ich nicht mehr sagen. Vermutlich hatte ich andere Interessen.

Verhaftet wegen Mordverdacht

Nachdem ich mit dem Hund von Alexandra Gassi gegangen war, bemerkte ich in einer Seitenstraße einen Menschenauflauf. Dort standen, vor dem Haus einer alten Dame, die ich flüchtig kannte, mehrere Polizeiautos. Ich gab den Hund ab und ging zurück, um nachzuschauen, was sich denn da ereignet hatte. Nachdem ich mich unter die Menschenmenge gemischt hatte, stellte ich dem Mann neben mir ein paar Fragen. So erfuhr ich dann, dass die alte Dame, die dort in dem Haus alleine wohnte, am Vormittag umgebracht wurde. Sie wurde mit dem Kabel ihres Telefons erdrosselt, weil sie wahrscheinlich den Einbrecher überrascht hatte. Was mir nicht gleich auffiel: Der Mann, mit dem ich sprach, hatte nicht nur einen schnicken Anzug an, sondern auch noch Plastiktüten an den Schuhen. Heute weiß ich, dass Tatortermittler das so machen, damals hatte ich keine Ahnung davon.

Von dem Umstand ausgehend, dass viele Mörder an den Tatort zurückkehren, um doofe Fragen zu stellen, wurde ich von diesem Mann nun höflich, aber bestimmt, dazu aufgefordert, mich in eines der Polizeiautos zu setzen. Was ich bereitwillig tat, ich hatte ja nichts zu verbergen. Ich saß fast 10 Minuten alleine in diesem Streifenwagen, bis endlich jemand einstieg. In dieser Zeit wollte man einfach testen, ob ich vielleicht das Weite suche. Was ich aber nicht tat. Zwei Polizeibeamte in Zivil begleiteten mich auf das Polizeirevier, wo ich zunächst fotografiert wurde. Dann nahm man meine Fingerabdrücke und setzte mich anschließend in einen Verhörraum. Auch dort lies man mich wieder, mit offener Türe, mehrere Minuten alleine sitzen. Ich hatte aber keinen Grund stiften zu gehen, warum auch? Ein Kripobeamter setzte sich zu mir und fragte mich, was ich in der Straße gemacht habe und ob ich die Dame kennen würde. Ich sagte ihm, dass ich einfach neugierig war und die Dame flüchtig kennen würde. Sie hatte uns immer zugewinkt, wenn wir mit dem Hund vorbeiliefen.

So nach und nach dämmerte es mir aber, was der nette Herr in Zivil von mir wollte und ich fragte ihn, ob er mich nicht erst fragen müsse, wo ich zur Tatzeit war, bevor er mir Fingerabdrücke abnimmt? Woher ich denn dies hätte? Ich lese viel Jerry Cotton. Ein Lächeln flog über sein Gesicht. Er fragte mich den alles entscheidenden Satz: "Wo warst du denn zwischen 10:00 Uhr und 12:30 Uhr heute Vormittag?" Ich schaute ihn genau an, denn ich wollte seine Reaktion nicht verpassen, als ich sagte: "Da habe ich gearbeitet und das können mehr als 20 Leute bestätigen!" Ihm fiel die Kinnlade runter, das hatte er sich so schön ausgemalt. Die Polizei noch am Tatort und er verhaftet den trotteligen Mörder, der sich zwischen die Zuschauer stellt. Daraus wurde aber nichts, und er musste mich wieder laufen lassen. Dafür war ich dann Tagesgespräch im

Stift, die wollten alle wissen, warum ich wegen Mordverdacht festgenommen wurde.

Den Täter haben sie dann aber trotzdem geschnappt. Er war mit seinem eigenen Auto zu diesem Einbruch gefahren (am helllichten Tag!) und einer der Nachbarn hatte ihn wegfahren sehen. Da es ein auffälliger VW-Käfer war, den der Täter ein paar Tage später auf einen Schrottplatz brachte, um ihn in Kastenform pressen zu lassen, erinnerte sich der Besitzer des Schrottplatzes an das Auto. Die Kripo faltete das Auto wieder auseinander und fanden Münzen aus dem Raub, die der Täter im Kofferraum vergessen hatte.

Ina macht mich zum richtigen Mann

Es war brüllend warm und mir rann der Schweiß runter. Ich hatte einfach keine Lust mehr im Klassenzimmer der Gewerbeschule zu versauern und spielte krank. Der Lehrer schickte mich nach Hause aber ich zog es vor meine Schwimmsachen, sowie meine Gitarre zu packen und mich ins Freibad zu legen. Ein Stück neben mir lag Ina auf der Wiese, deutlich älter als ich und nach einer Weile an meiner Singerei interessiert. Um die Mittagszeit wollte ich nach Hause etwas essen und sie ging mit. Zum Essen bin ich an diesem Nachmittag nicht mehr gekommen. Sie fiel über mich her wie ein ausgehungertes Tier und zeigte mir Dinge, die ich bis dahin noch nicht kannte. Sie war deutlich der aktivere Teil und ging erst am späten Abend. Wir trafen uns dann etwa zwei Wochen lang, jeden Dienstag und Donnerstag. Da wurde auch nicht viel geredet, sie kam rein, hopp ins Bett, aufs Sofa, unter der Dusche, in der Badewanne, auf der Waschmaschine, auf dem Teppich. Letzteres war dann aber ein großer Fehler und das Ende, denn sie bekam ziemlich große Brandflecken auf dem Rücken und samstags in der Kneipe steckte sie mir einen Zettel zu. Ihr Mann hatte diese Flecken entdeckt und sich seinen eigenen Reim daraus gemacht. Deswegen könnten wir uns nun nicht mehr treffen. Was dann auch nie wieder passiert ist. Mit ihr war ich das erste Mal sexuell richtig gefordert. Vier, fünfmal hintereinander war keine Seltenheit. Erst viele Jahre später hatte ich wieder so eine Frau, die man allgemein als Nymphomanin bezeichnet.

Das Ferienlager des Grauens

Da hatte ich richtig für gekämpft, denn das wollte ich unbedingt machen: als "Erzieher" mit ins Ferienlager der KJG (Katholische Junge Gemeinde)! Ich hielt mich sehr oft in Räumen der KJG auf und einer der Helfer fürs Ferienlager war abgesprungen. So beantragte ich drei Tage Sonderurlaub und bekam diesen auch genehmigt. Donnerstag ging es dann los, bei dem Dörfchen Mauer schlugen wir bei einem Grillplatz mit Hütte die Zelte auf. Dieser Platz befand sich am Waldrand und war bei den Kindern sehr beliebt. Bis Freitag ging auch alles gut, die Kinder waren kooperativ. Eines der Mädchen, 13 Jahre alt, verliebte sich in mich und ich hatte Mühe sie abzuwehren. Dann kam Freitagnacht zunächst eine Rockergruppe mit ihren Motorrädern (die aber sehr nett waren und wieder abzogen) und Samstagnacht brach dann die Hölle los.

Es begann schon am Nachmittag als wirklich dunkle Wolken aufzogen. Besorgt hörten wir die Wetternachrichten, es gab aber keine Unwetterwarnung. So legten sich dann alle Kinder in die Zelte und die Nacht brach an. Mit einem Wimpernzucken ging es dann los, so was habe ich seitdem auch nie wieder erlebt: Der Himmel brach über uns zusammen! Ein Orkan fegte durch den Wald, das kann man gar nicht beschreiben. Es war kaum möglich sich auf den Beinen zu halten und wir versuchten im Dunkeln alle Zelte zu finden, um die

Kinder in die Hütte zu verfrachten. Dabei schützten wir die Kinder mit unseren eigenen Körpern, denn es flog alles durch die Luft, was nicht niet- und nagelfest war. Als alle in der Hütte waren, flogen ein Teil der Zelte bereits durch die Luft und mehrere Bäume waren entwurzelt und umgeknickt. Einer hatte die Hütte nur um Zentimeter verfehlt und nicht nur die Kinder hatten richtig Angst.

Dann der Schock beim Durchzählen: Einer der Buben fehlte! Ich wusste, wo sein Zelt stand und war schneller aus der Hütte als man das Wort "gefährlich" sagen kann. Draußen bekam ich sofort einen Ast an den Kopf, der mich fast k. o. schlug (die Narbe an der linken Augenbraue habe ich heute noch) und ich spürte, wie mir das Blut über das Gesicht lief. Ich fand das Zelt des Buben und mir blieb das Herz fast stehen: Ein ausgerissener Baum war quer über das Zelt gefallen! Nein, das durfte einfach nicht wahr sein! Ich suchte im vorderen Teil des Zeltes, welches schon fast unter Wasser stand, doch da fand ich den Buben nicht. Das gab mir Hoffnung und ich suchte im hinteren Teil. Das war wie ein Wunder! Der Junge hatte sich aus Angst wie ein Igel in den hinteren Teil des Zeltes verkrochen und lag dort, halb im Wasser liegend, frierend, weinend und als ich endlich den hinteren Reißverschluss auf hatte, reckte er mir schon seine Arme entgegen. Ich hatte die ganze Zeit seinen Namen gerufen und er umklammerte mich so stark, sodass ich Mühe hatte, ihn in die Hütte zu tragen. Dort angekommen empfing mich ein tosender Applaus und ich wickelte den Jungen in eine Decke ein. Er war zwar nass aber nicht verletzt. Einer der Erzieher versorgte dann meine Kopfwunde denn ich war völlig am Ende und hab' wohl noch einen Jugendlichen angeschrien' weil der irgendeinen Witz über mich gemacht hatte.

Am nächsten Morgen war klar: Die Freizeit ist beendet! Es fanden sich nur noch die Hälfte der Zelte, alles war verwüstet und kaputt. Bis zum Nachmittag wurden alle Kinder von den Eltern abgeholt und die Mutter des Buben, den ich aus dem Zelt geholt hatte, hielt mich minutenlang fest. Einer der Erzieher hatte ihr von meiner "Heldentat" erzählt.

Verführung Minderjähriger

Ich hab' das nicht gewusst. Das müssen Sie mir schon glauben. Die sah aber auch nicht aus wie 14! Bis ich ihrem Vater einmal meine Wohnungstüre geöffnet habe und er fast auf mich losgegangen wäre. Ich hatte sie auf einer Party ihres Freundes kennengelernt, wo wir es bereits im Badezimmer getrieben haben. Sie folgte mir einfach, als ich auf die Toilette musste, und fiel dann dort über mich her. War auch nicht so schwer, denn sie hatte nur ein Top und einen winzigen Minirock an. Mit nichts drunter. Stört ja auch nur, wenn man es eilig hat. Danach trafen wir uns noch mehrere Tage lang, bis ihr Vater dahinter kam und die Beziehung mit der Androhung einer Strafanzeige beendete. Wobei er dann auch zugeben musste, dass sie wirklich wesentlich älter aussah und es ihm richtig zu schaffen machte ständig auf der Hut zu sein das sie nicht an "den Falschen" gerät. Ich versprach ihm mich nicht mehr mit ihr zu treffen, was ich auch durchgehalten habe. Auch wenn's schwerfiel, denn die Kleine war echt der Hammer, Hammer, Hammer.

Mein Freund Bernd

Das ist auch so eine Geschichte. Ich habe Bernd in Sinsheim kennengelernt, die genauen Umstände kann ich nicht mehr nachvollziehen. Bernd sang ganz passabel und spielte auch Gitarre. Seinen Hang zu wesentlich älteren Frauen fiel mir zwar auf, war mir aber auch schnurz. Solange er damit glücklich war. Er wohnte mit seiner Mutter in einer kleinen Wohnung, wo ich ein gern gesehener Gast war und bald ein und aus ging. Irgendwann kamen wir dann auf den Gedanken, zusammen aufzutreten. Mir gefiel die Idee sehr gut, denn er war eine hervorragende "zweite Stimme" und wir harmonierten nicht nur beim Gesang, sondern auch als Freunde. Dachte ich jedenfalls. Nach drei oder vier Auftritten bemerkte ich jedoch eine Veränderung in seinem Verhalten. Man muss dazu anmerken, das diese Auftritte, wie auch meine Soloauftritte, immer sehr gut besucht waren. Ich hatte mir in Sinsheim unter meinem Künstlernamen "Hadley" einen Namen gemacht und so kamen dann auch entsprechend viele Besucher. Eines Tages meinte Bernd so beiläufig, die seien ja auch zum Teil wegen ihm da. Klar, das konnte schon sein und das belastete mich auch nicht weiter. Dann bekam ich aber mit, dass er ziemlich mit unserem Duo prahlte. Das wollte ich nicht auf mir sitzen lassen, denn einen Ruf zu verlieren stand auf dem Spiel. Ich bot ihm an, die nächsten beiden Konzerte wieder solo zu spielen. Ich würde beginnen und zwei Wochen danach sollte er dann in der gleichen Kneipe spielen. Was soll ich sagen, als ich an meinem Abend in die Kneipe kam, musste ich mir einen Weg durch die Zuschauer bahnen und mir einen Platz erkämpfen. Eine halbe Stunde vor Beginn des Konzertes machte der Wirt die Bude dicht. Zwei Wochen später war Bernd dran, doch es ist weder ein Zuschauer erschienen, noch Bernd selber. Er kam nicht mal zu seinem eigenen Konzert. Da trennten sich dann unsere Wege für ein paar Jahre. Später traf ich ihn dann, was für ein Zufall, bei der Bundeswehr wieder. Ich lieh ihm eine meiner Gitarren, die er einfach verkaufte, weil er kein Geld mehr hatte. Das fand ich natürlich auch nicht so toll, das können Sie sich sicher denken.

Die Mädchen-WG unterm Dach

Von meinem Zimmer in der Steinsbergstrasse aus konnte man auf das Dach steigen. Dies war verhältnismäßig flach und so lag ich dort auch schon mal im Sommer um mich zu sonnen. Eines Nachmittags klopfte es auf einmal an genau dieses Dachfenster und ich lies ein Mädel ein, welches sich als Bewohnerin der Nachbar-WG vorstellte. Sie wollte etwas Zucker von mir haben und dachte sich auf diese Art könne man sich mal kennenlernen. Dazu muss man wissen, dass die Wohnung der Mädels eigentlich das Nachbarhaus war und nur über einen eigenen Treppenaufgang zu erreichen. Sie hätte also erst runter laufen müssen, dann aus der unteren Haustüre raus, rüber zu mir, klingeln und dann bei mir wieder die Treppe hoch. Da war der Weg über das Dach doch wesentlich kürzer. Von da an ließen wir die Dachfenster immer ein Spalt offen, so konnte ich in die WG und die Mädels konnten zu mir. Dabei ereignete sich einmal Folgendes:

Als ich ein paar Eier brauchte, bin ich übers Dach und öffnete das Fenster. Direkt unter dem Fenster befand sich ein Bett und darin lag ein Kerl. Nackt. Auf ihm drauf saß eine meiner Nachbarinnen. Auch nackt. Ich sagte "Sorry!" doch sie meinte nur ich solle mir holen, was ich brauche, das gehe schon in Ordnung. Sie hätten den Gesichtsausdruck von diesem Typen sehen sollen, das war der Hammer. Der war so perplex, dass er nicht mehr weitermachen konnte, der wurde vor Schreck impotent.

Hey! Ich wohne hier!

An einem anderen Tag muss mich jemand von der Straße gesehen haben, wie ich wieder mal über das Dach, zurück in meine Wohnung bin. Etwa zehn Minuten, nachdem ich vom

Dach runter war, klingelte es direkt an meiner Haustüre und ich dachte das müssen die Nachbarn sein, denn sonst kommt ja keiner ins Haus. Gerade, als ich die Türklinke nach unten drückte, um die Türe zu öffnen, kam mir zuerst die Tür und dann mehrere Beamte mit gezogenen Waffen entgegen. Die brüllten rum wie die Bekloppten. "Hinlegen, die Hände nach oben, hinlegen" und warfen mich dabei auf den Boden. Einer kniete auf meinem Rücken und hielt mir seine Pistole an den Hinterkopf, während ein anderer meine Hände nach hinten fesselte. Ich brüllte die ganze Zeit "ICH WOHNE HIER!", doch das hat die gar nicht interessiert. Ich tobte, ich heulte, ich fluchte: "ICH WOHNE HIER! VERDAMMT NOCH MAL! DAS IST MEINE WOHNUNG! ICH WOHNE HIER!" Ich durfte mich aufsetzen und einer der Beamten fragte nach meinem Namen. Ich war noch völlig durcheinander von dem Gebrülle und dem Rumgeschupse und sagte frech: "Der steht auf der Klingel!" Nachdem einer der Beamten meinen Ausweis rausfischte und mich wieder losmachte, sollte ich erklären, warum ich durch das Fenster in meine eigene Wohnung einsteige.

Ich zeigte dem Beamten, was ich auf dem Dach gemacht hatte und er schmunzelte. Mir war überhaupt nicht zum Lachen zumute, denn ich hatte eine Heidenangst, dass die mich erschießen, wenn ich eine falsche Bewegung mache. Mir haben noch tagelang die Knochen wehgetan nach dieser Aktion, ich hatte ein blaues Auge, blaue Flecken am Rücken und auf den Oberschenkeln. Die haben keine halben Sachen gemacht, sondern richtig hingelangt.

Ich mache Kampfsport (Karate Kid, 1983)

Dann kam der Tag, der ein Stück weit mein Leben verändert hat. Im Kino lief "Karate-Kid" und ich war hin und weg. Das wollte ich auch können, das war so geil! Zunächst begann ich mit Judo, doch da verletzte ich mich bereits in der dritten Trainingsstunde am Knie. Das war nix, das war doof. Ich ging ins Karate (Shodokan) und trainierte dies bis zu meiner Bundeswehrzeit. Dort lernte ich jemanden aus Külsheim kennen, der dort "KenJuKate" trainierte, und blieb dort fast vier Jahre. Den Verein verlies ich dann mit dem "Gelben Gürtel", den ich mit einer unglaublichen Wertung von 5.0 gemacht hatte! Das hatte vor mir noch keiner geschafft. War allerdings auch ein hartes Stück Arbeit und ich verweigerte daraufhin jede weitere Gürtelprüfung.

Nach der Bundeswehr trainierte ich noch einige Zeit zum Spaß und als Hobby beim "Fighter 2000" in Bad Mergentheim. Allerdings hatte ich schon eine Verletzung am rechten Knie, die dann so arg schmerzte, dass ich in den 90ern operiert werden musste. Es wurde ein schwerer Knorpelschaden und das Aus meiner Kampfsportkarriere festgestellt. Dass ich nicht mehr trainieren konnte, das hat mich schwer getroffen. Das wöchentliche, zweimalige Training war zu einem festen Bestandteil meines Lebens geworden und die Kameradschaft, die Kampftechniken und der in Strömen fließende Schweiß hat mir lange Zeit sehr gefehlt. Ich war dabei nie der Vollkontaktkämpfer, sondern immer der Techniker gewesen. Die einzelnen Schritte und Techniken sauber auszuführen, war mir wichtiger als das gegenseitige Verklopfen im Ring. Noch heute bin ich absoluter Kampfsportfan. Ich verfolge große Boxkämpfe, schaue mir gerne K1 an und ich habe auch nichts gegen Freefights. Das ist hart und äußerst brutal und sicher für manche abschreckend. Es steckt aber auch etwas Animalisches in mir und auf diese Art und Weise kann man das abreagieren.

Ich werde Schweißer bei PEITZ-Achsen

Das ging sehr schnell, denn bereits eine Woche, nachdem ich die Lehre beendet und das Stift verlassen hatte, begann ich eine Arbeitsstelle in einer Fabrik in Sinsheim, die allerlei Gerätschaften für Wohnwagen herstellte. Dabei kam mir mein Schweißerpass zugute, den ich während meiner Lehre gemacht hatte. Aber auch hier war es mal wieder so, dass ich mich nur schwer anpassen konnte. Die Arbeit am Band ging mir viel zu langsam und so habe ich vormittags geschweißt wie ein Bekloppter und am Nachmittag die fertigen Teile nur noch aufs Band gelegt. Nebenbei habe ich Jerry-Cotton Romane gelesen. Das dies nicht lange ohne Folgen blieb war klar, der Akkord-Takt des Bandes wurde wegen mir erhöht. Da an diesem Band natürlich auch andere Leute arbeiteten und die darüber absolut nicht erfreut waren, wurde ich bereits nach zwei Wochen zum ersten Mal in der Umkleidekabine massiv bedroht. Ich meldete dies natürlich meinem Abteilungsleiter und dieser lies die Jungs zu sich kommen. Das wiederum hatte zur Folge, dass keiner der Arbeiter in dieser Abteilung etwas mit mir zu tun haben wollte.

Während einer anderen Tätigkeit habe ich die Abläufe optimiert und eine passende Vorrichtung geschweißt. Dadurch wurde die Effektivität an diesem Arbeitsplatz um mehr als 100 % erhöht. Musste man bisher einen Teil der Werkstücke von Hand festhalten, konnte man nun alles in die Vorrichtung spannen und brauchte nur noch einen Bruchteil der bisherigen Zeit. Dies brachte mir das Lob der Chefin und einen Scheck über fünfhundert Mark ein. In dieser Firma bekam ich es auch das erste Mal mit der Gewerkschaft zu tun, denn ich sollte an einer der Sitzungen teilnehmen. Zuerst sprach die Juniorchefin, ein echt heißer Feger und wir haben alleine schon deswegen kräftig applaudiert, weil jeder gerne mit ihr in die

Besenkammer verschwunden wäre. Dann kam der Vertreter der Gewerkschaft und die Hälfte der Zuhörer ist eingepennt. Was uns einen Tadel des Abteilungsleiters einbrachte. Aber mal ehrlich, hätten die mal besser eine Frau geschickt. Aber gegen die Chefin wäre die sowieso nicht angekommen. Mein erster Lohnzettel kam pünktlich. Ehrlich, da musste ich mich erstmal setzen. Es flossen fast 1.600 DM auf mein Konto. Das war unglaublich für mich, so viel Geld hatte ich mein Lebtag noch nicht mit offizieller Arbeit verdient. Damit begann aber auch etwas, was mir noch sehr lange zu schaffen machen sollte.

Ich kann nicht mit Geld umgehen

Nachdem ich nun so viel Geld auf dem Konto hatte, fing ich an meine Wohnung auszustatten. Mein kleines Reich war immer noch relativ leer und das sollte sich nun ändern. Ich bemerkte, dass meine Bedürfnisse mehr Geld kosteten, als ich aufbringen konnte. Auf der Suche nach einer Lösung wurde ich schnell fündig: Ich hatte den Ratenkredit für mich entdeckt. Das war nun wirklich eine tolle Sache. Man konnte etwas bestellen und musste nur einen Bruchteil davon jeden Monat bezahlen. So bestellte ich fleißig: einen Fernseher, einen Kühlschrank, eine Waschmaschine, einen Videorekorder, eine elektrische Schreibmaschine, ein japanisches Futonbett, einen Wohnzimmertisch, eine Stereoanlage mit sauteuren Boxen. Ich machte den Führerschein, der mich allerdings nicht so viel kostete, weil ich mit der Tochter des Fahrlehrers zusammen war. Bald kamen die monatlichen Ratenzahlungen an meinen Verdienst ran und ich konnte mir nichts mehr zu essen kaufen, geschweige denn meine Miete bezahlen. Da hatte dann die Bank eine Lösung parat: Ich hatte den Dispokredit für mich entdeckt! Das ist auch eine tolle Sache, denn man bekommt von der Bank Geld, obwohl man keines hat. Zu allem Übel und Geldmangel machte ich dann auch mit etwas Bekanntschaft, was mich heute sehr ärgert, weil es mein Leben entscheidend negativ beeinflusst hat: den Spielautomaten. Da konnte man sein sauer verdientes Geld reinstecken. Wenn man Glück hatte, am Anfang hatte ich sehr oft Glück, kam mehr Geld wieder heraus, als man hineintat. Das hat mir gefallen!

Ich muss zum Bund

Mitte des Jahres 1984 bekam ich einen Brief, mit dem ich nicht wirklich etwas anfangen konnte. Eine Bundeswehrstelle aus München teilte mir mit, ich hätte mich an dem und dem Tag, um die und die Uhrzeit in der Kaserne in München zur Musterung einzufinden. Ich hielt dies zunächst für einen Scherz und rief in dieser Kaserne an. Bezug nehmend auf das Schreiben, welches ich in der Hand hielt, entwickelte sich, im ungefähren Wortlaut, folgendes Gespräch:

„Guten Tag, mein Name ist Höller. Ich habe hier einen Brief von ihnen bekommen, den ich nicht verstehe. Ich soll mich zu einer Musterung einfinden, von der ich gar nichts weiß. Ich habe mich nicht bei ihnen beworben!?"

Am Ende der Leitung war Schweigen. Ich kann mir heute gut vorstellen, dass der Soldat in München sich völlig verarscht vorgekommen sein muss.

„Hallo? Sind sie noch dran?"

„Ja, ich bin schon noch dran. Ich habe aber nicht so ganz verstanden, was sie meinen?"

Ich wiederholte mein Anliegen noch einmal. Ich erklärte ihm, dass ich mich nicht als Soldat beworben hatte, auch gar kein Soldat werden wollte (schließlich kann man da auch getötet werden) und ich nicht verstehe, wie man in München überhaupt auf meinen Namen kommt. Es könne sich da nur um eine Verwechslung handeln.

Wieder schweigen am Ende. Er hatte meine Worte nun schon das zweite Mal gehört und muss wirklich fassungslos gewesen sein.

„Ich glaube", begann er zu sprechen, *„dass sie da etwas falsch verstehen. Sie haben eine Musterung aufgrund des Wehrpflichtgeset-*

zes der Bundesrepublik Deutschland erhalten, der sie zwingend Folgeleisten müssen."

„Bitte, welches Gesetz? Zwingend? Ja, und wie lange denn?"

„Der Grundwehrdienst", bekomme ich erklärt, „dauert 15 Monate und sie haben gar keine Wahl als zur Musterung zu kommen. Sie sind gesetzlich dazu verpflichtet".

„Ja, okay", antwortete ich, „und was wird da gemacht? Ist das so eine Art Prüfung?"

Abermals schweigen am Ende der Leitung. Nach einem Moment sagte der arme Mann: „Bei der Musterung wird ihre Wehrtauglichkeit überprüft. Es wird entschieden, für welche Waffengattung sie infrage kommen. Dabei gibt es einen praktischen Test, eine Art Hindernisbahn, und einen theoretischen Test, wie eine Arbeit in der Schule."

„Und wenn ich durchfalle?"

„Wenn sie nicht körperlich oder geistig behindert sind, dann können sie nicht durchfallen."

„Okay, was also, wenn ich den Test bestehe?"

„Sie können die Musterung auch nicht im herkömmlichen Sinne bestehen, wir überprüfen nur, wo wir sie als Soldat einsetzen können."

„Ja, gut, ich kann ja mal zur Musterung kommen, das mit dem Soldatwerden kann ich doch dann noch einmal überlegen?"

Ich bemerkte richtig, wie der Mann am anderen Ende der Leitung, so langsam aber sicher, die Fassung verlor.

„Nein, sie können sich das nicht überlegen. Hören sie zu, sie erscheinen zur Musterung, oder sie werden abgeholt und der Musterung zugeführt. Sie kommen da nicht dran vorbei, außer sie sind krank. Dann wird die Musterung verschoben. Nach der Musterung entscheidet die Bundeswehr über ihren Dienstantritt, dem sie Folgeleisten müssen. Ansonsten werden sie wiederum abgeholt und *können sogar mit einer Gefängnisstrafe belegt werden. Und jetzt, bitte, ich habe auch noch andere Anrufe anzunehmen, wenn sie noch Fragen haben, dann reichen sie diese schriftlich ein oder rufen sie zu einem anderen Zeitpunkt nochmals an!"*

Dann legte er einfach auf. Ich bin mir sicher, der dachte bis zum Schluss, ich wollte ihn auf den Arm nehmen. Wollte ich aber nicht. Ich wusste das mit der Musterung einfach nicht, ich hatte keine Ahnung, dass es ein solches Gesetz gab. Mir hat das niemand erzählt! Ich schnappte also diesen Musterungsbescheid und legte ihn Klaus Steiger vom Stift vor. Er erklärte mir dann, dass ich tatsächlich verpflichtet war, an dieser Musterung teilzunehmen. Da meine Lehre, und meine Zeit im Stift, sich dem Ende neigte, war es klar, dass diese nun damit ankamen. Jeder männliche Bundesbürger ab 18 Jahre war wohl verpflichtet, an der fünfzehn Monate dauernden Grundausbildung der Bundeswehr teilzunehmen. Da blieb mir auch nichts anderes übrig, als zu dieser Musterung in München zu fahren.

In München eingetroffen saß im Eingangsbereich ein Soldat, den ich zunächst einmal mit „Herr Severin" ansprach, bis er mich darauf aufmerksam machte, dass er mit „Herr Feldwebel" oder „Herr Feldwebel Severin" abgesprochen werden wolle. Ich erinnere mich daran, dass ich in ein Zimmer geführt wurde, in der ein Herr in Zivil neben einem weiteren Herrn in Uniform saß, und mich über dieses und jenes ausfragte. Der praktische Test, also der Hindernislauf, so eröffnete man mir, wäre durchschnittlich verlaufen (ich hatte es nie besonders mit Sport), während ich beim theoretischen Test einer der Herren mit dem besten Ergebnis wäre. Ich fragte den Soldaten, warum mir der Arzt an den Hoden gefasst hatte und bekam die Erklärung, dies sei wegen einer Volkskrankheit unter jungen Männern, die man Varikozele nennt, und dies bei mir tatsächlich, im Anfangsstadium, entdeckt wurde. Dies sei für die weitere Verwendung als Soldat aber unrelevant. Aber man hätte mir auch noch eine andere Möglichkeit anzubieten, nämlich eine Stelle bei der Bundeswehr als Soldat auf Zeit. Dies hätte mehrere Vorteile, ich würde bereits als Obergefreiter eingestellt werden und ich würde höhere Bezüge bekommen.

Da wurde ich dann hellhörig. Höhere Bezüge waren genau dass, was ich gebrauchen konnte. Doch so einfach, wie ich mir das vorstellte, war das nicht. Nach einer weiteren Beratung wurde ich, mit entsprechenden Papieren ausgestattet, wieder nach Hause geschickt und bewarb mich schriftlich bei der „Freiwilligenannahmestelle München" als Soldat auf Zeit. Doch die Mühlen eines Amtes mahlen langsam, da macht auch die Bundeswehr keine Ausnahme und so hörte ich, bis auf ein Bestätigungsschreiben, viele Wochen nichts mehr von der Bundeswehr. Auch nach ein, zwei Schreiben, zwecks Nachfrage, kamen nur Bestätigungen, dass mein Antrag geprüft wurde.

Meine Grundausbildung

Im März 1985 war es dann so weit, ich wurde zu einem dreitägigen Einstellungstest einberufen, wieder nach München. Da war dann auch Schluss mit lustig, denn die fackeln da nicht lange rum. Diese drei Tage spielten sich so ab, als wäre man bereits Soldat und ich weiß heute noch, dass mich das unheimlich beeindruckt hat. Meine Gruppe wurde einem Unteroffizier unterstellt, den ich sofort als „Befehlsgeber" akzeptiert hatte. Ich fühlte mich so geborgen, das kann sich niemand vorstellen, der nicht 20 Jahre in Kinder- und Lehrlingsheimen verbracht hat. Wir schliefen in einem Raum zu sechst, alles war auf die Minute geregelt, Widersprüche, oder irgendwelche Diskussionen (die vor allem die Abiturienten gerne anfingen), wurde bereits im Keim erstickt mit dem Satz „bei uns wird nicht diskutiert, bei uns zählt nur Befehl und Gehorsam. Sie haben im Rahmen der deutschen Gesetze und der Vorschriften der Bundeswehr jeden Befehl auszuführen, den ich ihnen auftrage!" Oder so ähnlich, das ist alles schon so lange her. Aber dass war genau das, was ich gewohnt war! Ich bekam ein Bett, jeden Tag etwas zu essen, und fremde Leute sagten mir, was ich zu tun und zu lassen hatte. Zu dem Zeitpunkt war ich bereits fast ein halbes Jahr aus dem Lehrlingsheim entlassen und zum ersten Mal in meinem Leben völlig auf mich alleine gestellt. Ich sollte selbst über mein Leben entscheiden, ich hatte absolut niemanden mehr, mit dem ich drüber reden konnte, was ich tun, oder eben lassen sollte. Ich war damit allerdings völlig überfordert und bereits in dem halben Jahr hatte ich Schulden von fast 5.000 Mark angehäuft. Während dieser drei Tage merkte ich, von Stunde zu Stunde, das war genau das, was ich die nächste Zeit machen wollte. Ich wollte auf jeden Fall Zeitsoldat werden!

So strengte ich mich richtig an und gab alles, was in mir steckte. Mit einem überdurchschnittlichen Ergebnis in der theoretischen, und einem weniger guten Abschneiden in der sportlichen Abteilung, wurde ich schließlich voll zum Dienst zugelassen. Nur Fliegen durfte ich nicht und auch der Dienst eines Feldjägers kam für mich nicht infrage. Man stellte mir in Aussicht, nach der sechsmonatigen Grundausbildung dürfe ich mir, aus einer Vielzahl von Beschäftigungen bei der Bundeswehr, das Gebiet selbst heraussuchen, in der ich dann für die Zeit bei der Bundeswehr beschäftigt werde. Ausschlaggebend dafür sei ein guter Abschluss der Grundausbildung. Außerdem werde ich als Obergefreiter eingestellt und könne damit bereits zwei Beförderungen überspringen. Meine Bezüge, vom ersten Monat an, würden sich auf bereits auf 1.400 DM belaufen. Diese würden sich dann, vorausgesetzt man würde es bis zum Stabsunteroffizier schaffen, bis auf 1.700 DM hochschrauben. Mehr brauchte ich auch gar nicht zu wissen, das war für mich längst klar. Ich wollte auf jeden Fall Soldat werden und unterschrieb für vier Jahre.

Was dann aber vor allem in den Jahren, bis ich Unteroffizier wurde, auf mich zukam, hatte ich mir so nicht ausgerechnet. Das konnte ich aber auch nicht wissen. Der Dienst in der Bundeswehr, der machte mir keinerlei Probleme, das war alles, bis auf den Sport, perfekt und wie für mich gemacht. Ich liebte es Soldat zu sein, ich wollte auch nie wieder etwas anderes machen. Meine Fähigkeiten reichten für viele Dinge nicht aus, und ich wurde des Öfteren mal abrupt in meiner Euphorie gebremst, aber das machte mir nichts aus. Ich war genau da, wo ich hin wollte, wenn es nach mir gegangen wäre, bis an mein Lebensende. Probleme bekam ich von einer Seite, mit der ich niemals gerechnet hätte. Dies war mir während meiner Zeit als Soldat auch niemals bewusst gewesen. Erst heute, zwanzig Jahre später, wenn ich über mein Leben nachdenke und es niederschreibe, erst dann wird mir klar, warum ich damals so viele Probleme hatte. Wie bereits gesagt, der Dienst selbst machte mir keinerlei Sorgen. Ich stand jeden Morgen freudig auf, in Erwartung der Dinge, die an diesem Tag kommen sollten und ich konnte es gar nicht erwarten, bis der Unterricht endlich begann. Ich war nicht der beste Sportler und alles Körperliche fiel mir unheimlich schwer. Das ewige Marschieren, Exerzieren, Aufstellen, links und rechts und links und rechts, das war schon sehr öde und sehr anstrengend. Meinen Ausgleich bekam ich durch den theoretischen Unterricht, der mir überhaupt keinerlei Probleme bereitete. Ich konnte alle Fragen beantworten, war in allen Arbeiten der Beste, wurde von da und von dort gelobt und während des Antretens am Morgen, vor allen anderen Soldaten belobigt. Mich machte dies unheimlich stolz, ich war der Beste! Von allen! Der beste von 35 Soldaten aus meiner Einheit! Wie immer und schon wieder.

Am 1. 10. 1985 trat ich meinen Dienst in einer Kaserne in Nürnberg an. Bereits am ersten Tag, bei der Ausgabe der Dienstausrüstung, fragte ich mehrfach nach den Schulterklappen, da ich ja bereits Obergefreiter war, und ständig als Rekrut Höller angesprochen wurde. So fiel ich bereits am ersten Tag genau den Leuten auf, die erstens dann in meiner Abteilung waren, bzw. mit mir in einer Stube schliefen, und die zweitens für die nächsten sechs Monate meine Vorgesetzten waren. Die Schulterklappen kamen erst nach vierzehn Tagen und bis dahin hielt mich meine ganze Stube, einige meine Vorgesetzten und sicher der ganze Zug, für das arroganteste Arschloch des Jahrhunderts. Beim Essen wollte niemand neben mir sitzen und die recht langweiligen Abende wollte niemand mit mir verbringen. Wurden während des Unterrichts Gruppen gebildet, wollte mich niemand bei sich in der Gruppe haben, in Märschen würde jeden Kameraden geholfen, nur mir nicht. Da half es auch nichts, dass ich in allen Fächern der Beste war, im Gegenteil, das machte das Dilemma nur noch schlimmer.

Während dieser Zeit fand ich mich einfach damit ab, dass keiner etwas mit mir zu tun haben wollte. Ich sagte mir immer, hey, das sind nur sechs Monate, dann kommst du in deine eigene Kaserne, die Leute hier siehst du dann nie wieder. Erst jetzt, viele Jahre später, weiß ich, was damals passiert ist. Der Tatsache bewusst, dass diese gleiche Situation Jahre später, während meiner Umschulung zum Bürokaufmann, nochmals aufgetreten ist, kann ich es entschlüsseln: Ich bin, zum ersten Mal in meinem Leben, auf Menschen „von draußen" getroffen und musste mit diesen leben!

Menschen von draußen

Wie soll ich das nur erklären, das ist nicht so einfach. Von meiner Geburt an, bis zu meiner Zeit in der Bundeswehr, war ich sechzehn Jahre in verschiedenen Heimen. Ich war sechs Jahre im „Elisabeth-Breuer-Stift", fünf Jahre im Kinderheim Rickenbach und fünf Jahre im Lehrlingsheim Sinsheim. Die restlichen vier Jahre teilen sich auf in 3,5 Jahre „zu Hause" und sechs Monate alleine in Sinsheim. Die vier Jahre Bundeswehr zähle ich übrigens dazu! Denn das Leben in der Bundeswehr unterscheidet sich in keinster Weise von einem Leben im Kinderheim. Es ist alles gleich. Du hast ein Dach über dem Kopf, bekommst Frühstück, Mittag- und Abendessen, jemand sagt, wann du aufstehen und ins Bett gehen sollst. Der gesamte Tagesablauf ist fest geregelt. Wie ich Heim.

Ich war also, bis zu meinem Eintritt in die Bundeswehr, sechzehn Jahre lang von Heimkindern umgeben. Sechzehn lange Jahre, die einen Menschen prägen. Das Leben in Heimen unterscheidet sich grundsätzlich von einem Leben im Elternhaus. Alles ist anders. Man muss z. B. nicht lange suchen, bis man einen Freund gefunden hat. Im Heim fand man jeden Tag einen neuen Freund, denn es blieb einem ja nichts anderes übrig, als sich anzupassen. Die nächste Zeit kam man hier ja nicht weg. Man arrangierte sich, ging Zweckfreundschaften ein, die meistens nicht lange hielten, im Heim aber notwendiges Übel waren. Hattest du niemanden, warst also alleine, war es auch sehr schwierig Streitereien aus dem Weg zu gehen. Meistens suchte man sich eine Clique, in der auch Größere waren, damit man von anderen Größeren in Ruhe gelassen wurde. Mein ganzes Wesen, mein komplettes Verhalten, war an dieses Heimleben angepasst. Jede Faser meines Körpers, jede Gehirnzelle war darauf ausgerichtet, das Verhalten, welches ich an den Tag legte, alles war auf dieses Leben aufgebaut. Jetzt war ich also bei der Bundeswehr und wirklich alles fühlte sich nach Kinderheim an. Das kann niemand nachvollziehen, der das nicht Selbst erlebt hat. Es roch sogar nach Kinderheim, es war einfach alles gleich. Die Zimmer, die Duschen, die Toiletten, die langen Flure und das Trampeln darauf, der Speisesaal, der aufgeräumte Spind (mit dem ich niemals Probleme hatte), die Putzdienste: alles war wie im Kinderheim. Ich fühlte mich pudelwohl, denn das war genau das, was ich kannte.

Mit einem, leider wirklich gravierenden Unterschied, den ich nicht bemerkte: Hier gab es keine Heimkinder! Die Menschen, die mich bei der Bundeswehr umgaben, waren alle in „normalen" Familien aufgewachsen, waren ebene Leute „von draußen". Die verhalten sich ganz anderes als wir, die riechen anders, die denken anders, die reagieren anders, die ticken komplett anders. Die sind nicht wie wir, die sind eben „von draußen"! Dies bemerkte ich aber nicht, ich verstand nicht, warum keiner etwas mit mir zu tun haben wollte. Ich muss denen wie ein Mensch von einem anderen Stern vorgekommen sein und mehrfach hörte ich den Satz „so einer wie sie ist mir noch nie untergekommen" von meinen Vorgesetzten. Die waren ja keine Psychologen und so konnten sie mein Verhalten in keinster Weise einordnen. Die Ausbilder waren alle, während meiner ganzen Bundeswehrzeit, hoffnungslos mit mir überfordert! Je mehr ich die Ablehnung spürte, desto mehr verfiel ich in mein Heimverhalten, ich holte alles raus, was ich in den letzten zwanzig Jahren gelernt hatte. Ich war perfekt darin, zumindest im Heim, immer auf der Welle mitzuschwimmen, ich war immer anerkannt und wusste mich, auf dem schmalen Grad zwischen Anerkennung der Erzieher und Anerkennung der Heimkinder zu bewegen. Ich hatte das gelernt, verfügte über eine perfekte Ausbildung im Überlebenskampf eines Heimkindes. Aber je mehr ich mich draußen um Anerkennung bemühte, umso schlimmer wurde es.

Kameradenbestrafung

So kam, was kommen musste, ich wurde mehrfach von meinen Kameraden bestraft. In der Grundausbildung wurde mir, als ich auf dem Weg in die Dusche war, ein Leinensack über den Kopf gezogen und festgebunden. Ich wurde auf den Boden geworfen und meine Beine und Arme mit Gürteln zusammengebunden. Trotz heftigster Gegenwehr schleppten mich mehrere „Kameraden" in den Duschraum, wo ich mehrere Minuten lang mit nassen Handtüchern auf den Oberkörper und die Beine geschlagen wurde. Nachdem ich bemerkte, dass sich zu wehren keinen Sinn hatte, rollte ich mich zusammen und lies es einfach geschehen. Nach Minuten, die mir wie eine Ewigkeit vorkamen, wurde das Licht gelöscht, im Dunkeln die Fesseln und der Leinensack entfernt und ich wurde wie ein Stück Scheiße einfach liegen gelassen. Ich hatte fürchterliche Schmerzen und schrie meinen Schmerz heraus, sodass der Unteroffizier vom Nachtdienst auf mich aufmerksam wurde. Ich war nicht fähig selbst aufzustehen, konnte mich vor Schmerzen kaum rühren. Mit einer Trage wurde ich auf die Krankenstation gebracht, wo ich fast eine Woche verbleiben musste. Ich hatte eine Rippenprellung, mehrere Schürfwunden, massive Hämatome an Oberkörpern und Beinen und eine angebrochene Nase. Der gesamte Zug wurde bestraft mit einem kompletten Wochenenddienst, weil sich niemand zu dieser Tat bekannt hatte. Ich selbst habe niemanden erkannt, während der Aktion sprach auch niemand. Nach der Woche auf der Krankenstation wurde ich noch eine Woche nach Hause geschickt. In dieser Woche war ich wirklich am überlegen, ob ich nicht um eine Versetzung in eine andere Kaserne ersuchen sollte. Dies wurde mir zwar angeboten, ich hatte das aber abgelehnt. Mit dem festen Willen, mich nicht unterkriegen zu lassen, bin ich dann in die Kaserne zurückgekehrt.

Niemand aus meiner Stube traute sich tagelang mir in die Augen zu sehen und mir war dann schnell klar, dass genau die Kameraden, mit denen ich die Stube teilte, mir die Bestrafung verpasst hatten. So tat ich das, was ich gelernt hatte, ich habe einfach alle ignoriert. Ich habe nur gesprochen, wenn ich gefragt wurde und habe, von mir aus, niemanden mehr angesprochen. Meinen Dienst tat ich nun mit noch mehr Eifer, denn ich wollte jedem zeigen, dass man einen Höller nicht klein bekommt. Ich war ja damals der Meinung, dass genau dies, nämlich mein Dienst, den ich mit großer Beflissenheit ausführte, der Auslöser für diese Strafe war. Das da noch viel mehr dranhing, das war mir nicht bewusst. So dauerte es nur ein paar Wochen, bis die nächste Bestrafung folgte. Diesmal aber so, dass nur ich es als Bestrafung bemerkte.

Ein Soldat aus meinem Zug „erschlich" sich mein Vertrauen, was in Anbetracht der Situation nicht schwer war, und lockte mich in eine Falle. Ich solle an der Mauer der Kaserne warten, er werde mir etwas über die Mauer geben. Er traue sich nicht, mit dem Paket durch das Tor zu gehen, weil die Wachsoldaten manchmal Taschenkontrollen machen würden. Auf meine Frage, was sich in dem Paket befinden würde, antwortete er, je weniger ich wisse, desto weniger könne ich erzählen. Was ich einleuchtend fand. Ich solle das Paket bei ihm abgeben, ich würde auch etwas davon abbekommen. Zu der angegebenen Zeit war ich an der Stelle, die er beschrieb und wartete. Tatsächlich ertönte, zum verabredeten Zeitpunkt, ein kurzer Pfiff und ein kleines Päckchen, in der Größe DINA5, flog über die Mauer. Was ich nicht wusste: Zur gleichen Zeit befand sich eine Patrouille des Wachdienstes genau am gleichen Ort, ich hatte diese wohl gesehen, mir aber nichts dabei gedacht. Es war ja nicht verboten Dinge über die Mauer zu schmeißen. Das dachte ich wenigstens. Leider sahen die beiden Wachsoldaten das komplett anders und mir wurde das Päckchen abgenommen. Ich musste die Beiden auf die Wache begleiten, wo ich vom diensthabenden Offizier (S2-Offizier, militärische Sicherheit), zu der Sache befragt wurde. Ich wusste, mit der Wahrheit kommt man weiter und habe es genauso geschildert, wie es vorgefallen war. Der angeschuldigte Kamerad war da aber anderer Meinung und er leugnete es rundweg. Er habe sich, zur angegebenen Zeit, in seiner Stube aufgehalten, und könne also gar nicht außerhalb der Kaserne an der Mauer gestanden haben. Wobei er nicht mal log, denn im Nachhinein habe ich erfahren, dass dieser Soldat direkt aus Nürnberg war, und einen Freund mit der Aktion betraute. Was in dem Paket war? Schwulenpornos! Ich wurde also dabei erwischt, wie ich ein Päckchen fing, welches über die Mauer geworfen wurde, in dem sich Schwulenpornos befanden. Wie doof muss man denn da sein? Ich wollte einfach nur dazugehören und habe nicht darüber nachgedacht, was diese ganze Aktion sollte. Pornos muss man nun wirklich nicht über die Mauer schmeißen, man kann damit ganz locker durch das Tor laufen. Da wird man nicht durchsucht, wie mir erzählt wurde, da hätten die ja viel zu tun. Aber der S2-Offizier roch den Braten und sagte mir rundheraus, was er darüber dachte: „Obergefreiter Höller, da hat sie jemand reingelegt!" Da nur er wusste, was sich in dem Paket befand und ich ihm glaubhaft machen konnte, dass ich nicht schwul war (er könnte ja meine Freundin anrufen), lies er die Hefte verschwinden und schickte mich in meine Einheit zurück. Der tolle „Kamerad" konnte dann die Geschichte auch nicht erzählen, denn dann hätte er sich ja verraten, und da die Wachsoldaten nicht wussten, was sich in dem Päckchen befand, war die ganze Aktion schlicht umsonst gewesen.

Eine weitere Bestrafung gab es in der Grundausbildung nicht, ich machte mich einfach unsichtbar und versuchte, so gut ich es konnte, im Strom mitzuschwimmen. Die nächste Bestrafung erfolgte erst in der Kaserne in Hardheim. Dort musste ich mehrere Monate auf meinen Lehrgang Teil 1 zum Unteroffizier warten und wurde bereits in der Verwendung eingesetzt, die ich mir ausgesucht hatte. Ich wurde darauf vorbereitet, die Waffenwerkstatt zu übernehmen. Dort tat ich auch meinen Dienst.

Ich fühlte mich aber nicht wie ein Mitglied der Mannschaft, sondern eben wie ein Unteroffiziersanwärter. Dies war auch durch eine farbige Schnur gekennzeichnet, die ich unter dem Schulterabzeichen trug. Jeder der Mannschaftsdienstgrade wusste also, ich war nicht mehr lange einer von ihnen, denn ich war ein UFFZ-Anwärter. So gehörte ich weder zu den Mannschaften, noch zu den Unteroffizieren, ich stand, zusammen mit einigen wenigen anderen Kameraden, zwischen den Stühlen. Während es den anderen Anwärtern gut gelang, sich bei den Mannschaften einzuführen und mitzuschwimmen, gelang mir dies nicht oder nur unzureichend. Da wir keine eigenen Zimmer bekamen, sondern in einem Zimmer mit Mannschaftsdienstgraden untergebracht wurden, waren meine Probleme bereits wieder vorprogrammiert. Es waren die gleichen Probleme, die ich in der Grundausbildung hatte.

Neben meinem Dienst in der Waffenwerkstatt, der mir, aufgrund eines dort befindlichen, sehr netten Stabsunteroffiziers sehr viel Spaß machte, musste ich an der „normalen" Ausbildung der Soldaten teilnehmen. Dieser bestand u.a. aus der Waffenausbildung, (aus der ich mich schnell hervorhob aufgrund meines Wissens aus der Waffenwerkstatt), aus theoretischem Unterricht (aus dem ich mich sehr schnell hervorhob aufgrund meiner Fähigkeit sehr schnell zu lernen, und vor allem das Gelernte auch zu behalten und wiedergeben zu können), aus der Schießausbildung (aus der ich mich sehr schnell hervorhob aufgrund ausgezeichneter Schießergebnisse), aus der Feldausbildung (aus der ich mich schnell hervorhob, weil ich die zum Kotzen fand und immer einer der Letzten war, die dann von den anderen Gruppenmitgliedern mitgeschleift werden mussten), aus der Sportausbildung (aus der ich mich schnell hervorhob, weil ich dort völlig versagt habe und meine Gruppe mehrfach Zusatzdienst schieben musste) und der Formaldienstausbildung, die ich, immer noch als Obergefreiter, öfters selbst ausführen musste/durfte, da ich ja ein Unteroffiziersanwärter war.

Eines Nachts wachte ich dann auf, weil sich mehrere „Kameraden" einen Spaß daraus machten, mich mit mehreren Eimern Wasser für mein eifriges Wesen zu belohnen, bzw. für mein Versagen auf den anderen Gebieten zu betrafen. Zuvor war mehrfach mein Spind aufgemacht und in Unordnung versetzt worden, meist direkt vor einem Stubenappell. Ich besorgte mir dann ein besseres Schloss, dann hörte dies zumindest auf. Den Wasserüberfall habe ich, natürlich, dem UvD (Unteroffizier vom Dienst) gemeldet, dieser wies mir dann ein trockenes Bett in einer anderen Stube zu. Am nächsten Tag wurde ich in ein anderes Zimmer verlegt, in der sich bereits ein übelriechender, schnarchender, immer mürrischer Hauptgefreiter befand, den es noch wesentlich schlimmer getroffen hatte als mich, denn den konnte überhaupt keiner leiden. Der stank wie ein Schwein, hatte unglaublich schlechte Zähne, schnarchte wie ein Holzfäller, und wenn er redete, verstand man nicht ein einziges Wort. Nach anfänglichen Reibereien lies er mich aber in Ruhe und bereits nach meinem UFFZ-Lehrgang Teil 1 bekam ich ein Zimmer zugewiesen, in dem sich nur noch ein weiterer Anwärter befand, mich dem ich mich wirklich super verstanden habe und mit dem ich den Rest meiner Dienstzeit das Zimmer teilte. Sein Name war, wenn ich mich richtig erinnere, Andreas Stark und ich habe mich wunderbar mir ihm verstanden. Wir haben stundenlang auf dem C64 gezockt, auf meinem Fernseher, mit einem ausgeliehenen Videogerät, Filme geschaut oder uns einfach super unterhalten. Dies lag vielleicht auch daran, dass sich unser Dienst in der Einheit nicht überschnitt, wir hatten dienstlich niemals miteinander zu tun, obwohl wir in der gleichen Einheit gedient haben. Er war bei den Gepardpanzern und ich bei den Handwaffen. Auch während der Übungen sind wir uns nie begegnet, sein Dienstfeld tangierte meines einfach nicht. Wenn man so will, hatten wir also nur privat miteinander zu tun. Das war wohl mein Glück, denn privat verstanden wir uns wirklich ausgezeichnet.

Meine Beurteilung nach der Grundausbildung

Ehe ich es vergesse, möchte ich hier noch, zum Abschluss meiner Grundausbildung, die Beurteilung einfügen, die ich bekommen habe. Leider war diese dann in den beiden Unteroffizierslehrgängen bei Weitem nicht mehr so gut wie diese hier:

Der OGUE Höller ist leidenschaftlich gerne Soldat. Er ist stets willig und möchte immer gute Leistungen erbringen. Man sollte ihm immer schwierige Aufgaben geben. Sein leicht vorlautes und spontanes Temperament entspricht seinem Wesen. Er erkennt seine Schwächen und erzieht sich selbst um diese abzustellen. Im mündlichen Ausdruck muss er sicherer werden. Er ist auf jeden Fall zu fördern.

Unteroffizierslehrgänge

Aus heutiger Sicht sind diese Lehrgänge, vor allem Teil 1, ein Witz. Dort sollen junge Leute, gerade mal neunzehn oder zwanzig Jahre alt, zu Unteroffizieren ausbildet werden, die dann anschließend in ihrer Kaserne, die Befehlsgewalt und damit natürlich auch die Verantwortung, über eine Gruppe Mannschaftsdienstgrade übernehmen. Das kann nicht gut gehen. Die Ausbildung dauerte gerade einmal drei Monate, davon waren nur wenige Stunden im ersten Teil, die das Ausbildungsthema „Menschenführung" beinhalteten. Der Rest bestand u. a. aus Gefechtsdienst, oberflächlicher Waffenkunde, wieder marschieren und exerzieren, Fernmeldeausbildung mit uraltem Gerät (da war die CB-Funkausrüstung in meinem Auto moderner). Außerdem ABC-Abwehr mit z. T. lächerlichen, weil im Ernstfall völlig unnützen Übungen wie das schnelle Anlegen der ABC-Schutzausrüstung im Falle eines Atomschlages (bei einem Atomschlag wird man sicher nicht durch eine Schutzmaske und einem Poncho gerettet) und s.g. „Lehrproben", in denen man einen Unterricht vorzubereiten und dann durchzuführen hatte. Dieser musste so vorbereitet werden, dass mit dem Material jederzeit ein anderer Kamerad den Unterricht durchführen konnte. Was ich in meiner Zeit als Unteroffizier in Hardheim nicht ein einziges Mal erlebt habe. War ein Ausbilder krank, dann fiel die Ausbildung einfach aus und wurde auf einen anderen Zeitpunkt verschoben.

Zudem war ich körperlich in keinster Weise belastbar, was aber einen triftigen Grund hatte: Ich wurde, am Bundeswehrkrankenhaus in Ulm, an der Varikozele operiert und diese Operation macht mir, bis zum heutigen Tage, Probleme. Sie wurde, wie ich später erfahren habe, äußerst schlampig von einem Assistenzarzt durchgeführt und es gab heftige Komplikationen. Anstatt drei Tage musste ich fast fünf

Wochen im Krankenhaus bleiben und der operierte Hoden machte mir schwerste Probleme bei Sport oder körperlichen Belastungen. Er tat nach einer Belastung so weh, als ob mir jemand hingetreten hätte. Da ich nicht jedem Vorgesetzten erzählt habe, das ich frisch am Hoden operiert bin, wurde mein Versagen bei diesen Tätigkeiten, z. B. langes Marschieren mit Gepäck oder schlicht dem obligatorischen Sport am Morgen, der meistens aus Jogging bestand, als Unlust und Faulheit interpretiert. Lediglich dem Standortarzt habe ich davon erzählt, der mich dann des Öfteren von Märschen und fast über die ganze Dauer der Lehrgänge, auch vom Sport befreite. So nahm ich auch während der Lehrgänge nach der OP nicht an Fußballspielen oder diversen Kampfübungen teil, weil ich das einfach nicht geschafft hätte. Dies machte mir meine Kameraden nicht gerade zum Freund und auch den UFFZ-Lehrgang Teil 1, der gerade mal vier Monate dauerte, schloss ich zwar ab, bestand ihn aber aus dem Grund nicht, weil „eine körperliche Belastung nicht überprüft werden konnte". Ich bestand die abschließende Sportprüfung nicht, weil ich gar nicht erst daran teilgenommen hatte.

So ging ich mit einem nicht bestandenen Lehrgang in meine Kaserne zurück, was meinen Hauptmann nicht gerade erfreute. Während ich auf den Termin wartete, um den Lehrgang zu wiederholen, wurde ich wieder in der Waffenwerkstatt eingesetzt, was mir einen großen Spaß machte. Gleichzeitig durfte ich an Waffenausbildungen als Helfer teilnehmen, was ebenfalls dazu beitrug, dass die Kameraden mit Mannschaftsdienstgrad mich nicht als einen der Ihren ansah. Doch mein Hauptmann brauchte einen Unteroffizier als Nachfolger in der Waffenwerkstatt und so wurde ich zu einem Gespräch einberufen. In diesem Gespräch erzählte ich ihm zum ersten Mal von den Problemen, die ich mit dem Hoden hatte und warum ich deswegen an der Gefechtsausbildung und dem Sport nicht teilnehmen konnte. Dazu muss man wissen, dass man bei der Bundeswehr nur dann eine Sporteinheit leiten darf, wenn man die Ausbildung zum „Riegenführer" bestanden hat. Ob das heute noch so ist, das weiß ich nicht, damals war es jedenfalls so. Es war aber nicht ausschlaggebend, zumindest damals nicht, ob ich den Riegenführer nun habe oder nicht, um den Teil 2 der UFFZ-Ausbildung zu bestehen. Da der Sport auch der Grund war, warum ich den Teil 1 nicht bestanden hatte, setzte sich der Hauptmann (nehme ich mal an) über Vorschriften hinweg (vielleicht mit Rücksprache des Kasernenkommandanten) und schickte mich, ohne bestandenen Teil 1, in die weitere Ausbildung. Dabei musste ich ihm versprechen, alles mir Erdenkliche zu unternehmen, diese Ausbildung, ausgenommen vom Sport, zu bestehen. Als ich ihn fragte, ob er mir dies denn zutraue, antwortete er, er habe meinen Ausbilder in der Waffenwerkstatt gefragt, und dieser traue es mir zu. Das reichte ihm. Ich solle meinen Arsch zusammenkneifen und ihn nicht enttäuschen.

Das versuchte ich dann auch und außer in Sport, wo ich keine Note erhielt, versagte ich nur in dem Fach „Betriebsführung und Organisation der technischen Truppe", wo ich eine „mangelhaft" erntete. Das war aber auch ein Scheißthema, ich habe später einmal, vom Arbeitsamt gezwungen, einen REFA-Lehrgang absolviert, das war genau so ein Scheiß. Das kann sich niemand vorstellen, wie abstrakt ein Thema sein kann, wenn man sich nicht die Bohne dafür interessiert. Durch meine Zeit in der Waffenwerkstatt in meiner Kaserne hatte ich aber in der Waffenausbildung einen klaren Vorteil und schloss dieses Thema mit einer glatten „sehr gut" ab. In den anderen Fächern hatte ich vorwiegend „gut" und „befriedigend" vorzuweisen. Auch hatte ich, im Teil 2, einen inzwischen besseren „Umgang" mit den Kameraden, da ich dazugelernt und mich ein wenig angepasst hatte. Allerdings konnte ich nicht aus meiner Haut raus und so steht auch hier in der Beurteilung: „Der Soldat Höller stört den Unterricht oft durch vorwitzige und undurchdachte Äußerungen". Ich hielt dort auch nicht mit meiner Verletzung hinterm Berg, sondern erklärte meinen Leuten in der Gruppe, warum ich körperlich nicht belastbar war. Was beim Teil 2 auch keine große Rolle spielte, die Ausbildung zum Riegenführer bestand ich natürlich nicht. Auch am 4.000 Meter-Lauf nahm ich nicht teil, das hätte ich niemals geschafft. Das ist ja zehnmal um den Platz rum, ihr seid wohl bescheuert.

Vom Lehrgang zurück in Hardheim wurde ich dann auch sofort zum Unteroffizier befördert und saß damit nicht mehr zwischen den Stühlen. Was nicht bedeutete, dass ich nun besser gestellt war, denn auch von den übrigen Unteroffizieren, bis hoch zum Hauptfeldwebel, wollte nicht wirklich jemand etwas mit mir zu tun haben. Was mir aber nichts ausmachte, denn als UFFZ durfte man abends die Kaserne verlassen und nach Hause fahren, was ich dann auch sehr oft tat, wenn der Dienstplan es erlaubte.

Schikane während der Ausbildung zum Unteroffizier

Die Schikane, der man in diesen ersten vier Wochen ausgesetzt war, können Sie sich gar nicht vorstellen. Alleine der Unteroffizier, der jeder Stube vorstand, nutzte seine Macht manchmal derart aus, dass man wirklich meinte, man befände sich in einem Strafgefangenenlager. Der Zugführer, ein Feldwebel, war ein solches Riesenarschloch, sodass wir ihm draußen auf dem Weihnachtsmarkt einmal eine Tracht Prügel androhten, wenn er mit diesem Scheiß nicht aufhört. Was nichts nutzte, im Gegenteil, jetzt drehte er erst zur Hochform auf. Dieser abgebrochene Sonderschüler ließ sich die übelsten

Gemeinheiten einfallen, um uns bis aufs Äußerste zu schikanieren.

Er rollte gekochte, geschälte Eier unter das Bett und wehe, da war auch nur ein Staubkorn dran. Er lies uns die Falze und Ritzen der Fenster ausputzen, weil sich dort eine tote Fliege befand. Er steckte ein, mit Speichel befeuchtetes Wattestäbchen in das Schlüsselloch der Stubentüre und lies uns daraufhin, weil dies natürlich schwarz vor Dreck war, eine Stunde nachputzen. Er entfernte das Abflussgitter in der Gemeinschaftdusche und steckte dort ebenfalls ein Wattestäbchen hinein. Er lies sich, wenn er nichts fand, aber mit dem entsprechenden Soldaten noch nicht fertig war, den schwarzen Gürtel der Ausgehhose zeigen, und monierte dann, dass man diesen mit Schuhcreme einschmieren müsse. Was natürlich völliger Blödsinn war, denn wenn man das macht, darf man das schwarze Zeugs gleich wieder herunterkratzen, weil sonst das blaue Hemd, welches zum Ausgehanzug gehört, völlig verdreckt wird. Fand er immer noch nichts, lies er den Soldaten die kleine Tasche des Schuhputzzeugs umdrehen. Um nachzuschauen, ob sie innen schwarz war. Was sie selbstverständlich immer war. Was er nicht durfte, und das wussten wir natürlich, war den aufgeräumten Spind zu verwüsten. Er durfte aber, zumindest am Anfang, sich den Inhalt des kleinen Schließfaches zeigen lassen, welches sich in jedem Spind befand. War dort Unordnung, war wieder Strafe angesagt.

Nachdem wir mit Androhung von Prügel nicht weitergekommen sind, hat der ganze Zug (auf meinen Vorschlag hin), diese Schikanen gesammelt und aufgeschrieben. Als die Liste fertig war, haben wir eine Beschwerde daraus formuliert, sie mehrfach kopiert und zunächst den Stubenunteroffizieren vorgelegt, dann dem entsprechenden Feldwebel selbst, dem Ausbildungsleiter und dem Kommandanten der Kaserne. Die Beschwerde war mit dem Hinweis versehen, dass wir, wenn dies nicht aufhören sollte, die Beschwerde ebenfalls dem Wehrdienstbeauftragten der Bundesrepublik Deutschland vorlegen würden. Bereits einen Tag später wurde der komplette Zug zu einer Versammlung gerufen und der Feldwebel auf das Schärfste verwarnt. Wir haben ihn dann so gut wie nie mehr auf einer der Stuben gesehen, er hat sich von unserem Lehrgang fast vollständig zurückgezogen und die ganze Arbeit seinen Unteroffizieren überlassen.

Erlebnisse rund um meine Dienstzeit

Alles, was danach kam, also auch im Teil 2 des Lehrganges, war wirklich harmlos und nicht der Rede wert. Es handelte sich dabei um die üblichen, kleinlichen, fast pubertären Machtspielchen von Leuten, die vermutlich zu Hause nichts zu sagen hatten. Ich selbst habe solche Methoden während meiner ganzen Bundeswehrzeit niemals angewendet, was soll das auch bringen. Das macht dir den Soldaten nur zum Feind, und wenn du Hilfe brauchst, dann springt keiner auf und steht dir bei.

Als Unteroffizier übernahm ich dann die Waffenwerkstatt und hatte ein relativ lockeres Leben in Hardheim. In meiner Funktion war ich nur dem Zugführer, und natürlich der Batterieführung direkt unterstellt, hatte also keinen direkten Vorgesetzten, dem ich jeden Tag irgendetwas beweisen musste. Zusammen mit zwei Mannschaftsdienstgraden kümmerten wir uns um die Handwaffen des Regiments und um die ABC-Schutzausrüstung. Das war durchaus genug Arbeit, die aber locker von der Hand ging, da meine Mannschaft, allen voran Andreas Bödi, sich zu einem richtigen Freund entwickelt hat, der mir das Leben in dieser Funktion mehr als angenehm gemacht hat. Es gab Tage, da hatten wir wirklich einen Höllenspaß in dieser Werkstatt. Ich kann mich an Dutzende von

Anekdoten erinnern, die mir während meiner Dienstzeit passiert sind. Alles, was jetzt kommt, habe ich nicht erfunden, sondern in meiner Dienstzeit wirklich so erlebt. Auch meinen Nachfolger, UFFZ Wölfl, den ich eingearbeitet habe, habe ich in sehr guter Erinnerung. Er war ein feiner Kerl, sprach nicht viel, machte wie ich Kampfsport (er machte Aikido) und ich war mehrfach zu Besuch bei ihm zu Hause.

Meine Schuhe

Als ich bereits Stabsunteroffizier war, hatte sich ein Hauptfeldwebel meiner Einheit auf mich eingeschossen und befahl mir einmal, weil einer der Hacken meiner Stiefel ein wenig dreckig war, mich eine Woche lang jeden Morgen mit sauber geputzten Schuhen ihm zu melden. Der Mann wurde dann aber krank und tauchte am nächsten Morgen nicht auf! Da er eine Wohnung in Hardheim hatte, verließ ich verbotenerweise in einer Pause die Kaserne, klingelte bei ihm zu Hause und meldete die sauberen Schuhe. Das Gesicht werde ich niemals vergessen, das war einmalig! Nach seiner Genesung wollte er noch einen draufsetzen und befahl mir in der StoV (so etwas wie eine Materialkammer) meine Stiefel zu tauschen, da diese beim Laufen auf dem Flur quietschten. Ich war mit dem Unteroffizier in der StoV befreundet und so behielt ich meine Schuhe, lies mir aber einen Tausch der Schuhe bestätigen. Als ich den Umtausch meldete und den Raum wieder verließ, quietschen meine Schuhe weiterhin und leider habe ich sein Gesicht diesmal nicht gesehen, das hätte ich mir gerne angeschaut. Jedenfalls lies er mich daraufhin in Ruhe.

Ich bekomme meine Waffe

An diesen Tag erinnere ich mich, als wäre er gestern gewesen. Während der Grundausbildung kam der Tag, an dem wir unser G3, damals das Standardgewehr des Heeres, bekamen. Das war an einem Montag. Gleichzeitig bekamen wir den Auftrag, dieses Gewehr bis zum Freitag nicht mehr aus der Hand zu legen, es immer „am Mann" zu führen, es nicht zu verlieren und vor allem es sich nicht klauen zu lassen. Die Ausbildung in dieser Woche bestand dann auch fast ausschließlich aus „Ausbildung an der Waffe". Ich habe das Gewehr mit in die Stube genommen und sofort zerlegt. Zumindest so weit, wie ich es konnte. Ich hätte das Ding auch während meiner ganzen Grundausbildung nicht mehr aus der Hand gelegt, ich bin von Waffen einfach fasziniert. Es hätte mir auch nichts ausgemacht die Knarre abends mit in Bett zu nehmen, wir mussten sie aber im Spind einsperren. Von diesem Tag an wusste ich, dass ich irgendwas mit Waffen machen wollte. Ich fragte den Ausbilder, wer denn diese Waffen repariert und bekam eben zur Antwort, dass dies der Waffenmechaniker macht. Auf diese Verwendung wollte ich, das war genau das, was mir sicher Spaß machen würde. Da in Hardheim eine solche Stelle frei wurde, wurde ich nach der Grundausbildung dorthin versetzt. Das passte mir auch dahin gehend sehr gut, weil Hardheim nicht so weit von Sinsheim entfernt war, wo ich ja meine kleine Wohnung hatte. So war es mir als UFFZ möglich, immer wenn es der Dienstplan erlaubte, nach Hause zu fahren.

Leutnant Fell

Etwa in meinem dritten Jahr, ich war bereits Leiter der Waffenwerkstatt, bekamen wir einen neuen Zugführer. Dieser

Zugführer, ein junger Leutnant, der direkt von irgendeiner Offiziersschule kam, wollte alles besser machen. Leutnant Fell war das, was man eine Nervensäge nennt, einer, der seine Dienstautorität, aufgrund seines wesentlich höheren Dienstgrades, über das Zwischenmenschliche stellt. Er hatte noch keinen einzigen Tag bei der Truppe verbracht, konnte als nicht mal geradeaus pissen, wusste aber alles besser und klebte dermaßen an den Buchstaben der Vorschriften, dass man nicht mehr zum Arbeiten kam. Er hatte mich, von Anfang an, auf dem Kieker und ließ nichts aus, um mich zu drangsalieren, schikanieren und auflaufen zu lassen. Ich wurde, innerhalb weniger Wochen, sein erklärtes Lieblingsopfer. Er lies mich, wegen absoluter Kleinigkeiten, zu sich rufen (das Büro des Zugführers war in einer anderen Halle), rügte und tadelte bei jedem noch so kleinen „Verstoß", lies mich Dutzende von Strafdiensten erledigen (weil ich wieder einmal etwas nicht richtig gemacht hatte) und lies nichts aus mich zu ärgern.

Nachdem ich mich zuerst beim Spieß, dann beim Hauptmann beschwert hatte, hielt er bei seinen Angriffen strikt den Dienstweg ein und fand immer irgendwas, um mich in Misskredit zu bringen. Nur auf Manövern oder Übungen hatte ich meine Ruhe vor diesem Kerl, denn er war sich zu fein dafür im Dreck zu wühlen und, wenn ich mich nicht irre (das ist ja schon zwanzig Jahre her), hat er immer einen Grund gefunden, nicht an Übungen teilnehmen zu müssen.

Ein Beispiel: In jeder Werkstatt in der Bundeswehr gab es Vorratslisten. In diesen Listen standen die Ersatzteile, mit der die Werkstatt ausgerüstet sein musste. Dazu zählten aber nicht nur Ersatzteile, sondern auch Werkzeuge, Öle, Papier, Lumpen, usw. Hatte die Werkstatt mehr Material, als in den Listen stand, redet man in der Bundeswehr von einem „Schwarzbestand". Durfte man also 50 Schlagbolzen für die P1 in der Schublade haben, man hatte aber 71 Stück, hatte man

Schwarzbestand. Viele dieser Ersatzteile gab es aber nur in bestimmten Packungsgrößen. Es war also nicht möglich, nur einen Schlagbolzen zu bestellen. So war es auch nicht möglich, sich aus den Ersatzteilen eine neue Waffe zusammenzubauen, denn wichtige Teile, wie den Lauf, den Schlitten oder den Verschluss, bekam man nur im Tausch „alt gegen neu". Ausgemusterte Rohre waren zu zersägen und in einem speziell gesicherten Bereich der Kaserne zu entsorgen. Dafür haftete ich mit meiner Unterschrift, was ja verständlich ist, denn wenn dies möglich gewesen wäre, dann hätten die Waffenwerkstätten einen regen Handel mit zusammengestellten Waffen treiben können und keiner von den Vorgesetzten hätte das je mitbekommen. Möglich war es aber trotzdem, denn Läufe von P1-Pistolen bekam man sicher auch auf dem Schwarzmarkt.

Eines Tages stand der Leutnant in meiner Werkstatt und befahl mir eine komplette, vollständige Inventur. Mein Schwarzbestand war der Zugführung bekannt, denn gerade in der „Prüfstufe C", in der eine Überprüfung des technischen Materials innerhalb der Bundeswehr stattfand, musste ich Hunderte von Gewehren, Pistolen, Panzerfäusten, Signalpistolen und Uzis überprüfen und notfalls reparieren. Übrigens, mal so zwischendurch, ich habe zwei solcher Prüfungen mitgemacht und wurde jedes Mal danach, vor der versammelten Mannschaft, belobigt. Die Prüfer hatten keinerlei Beanstandungen an denen von mir vorher überprüften Waffen. Die nahmen wirklich, in jeder Waffenkammer, jeden Schießprügel in die Hand. Diese Prüfstufe dauerte immer eine Woche oder länger. Ich machte den Leutnant darauf aufmerksam, dass ich mich in der Vorstufe zur Prüfstufe C befände und für eine Inventur überhaupt keine Zeit hätte. Dies wüsste er, ich würde noch genug Zeit erhalten, das wäre kein Problem. Innerhalb der nächsten zwei Tage erwarte er meine Inventur auf seinem Schreibtisch. Dann lies er uns stehen. Na gut, dachte ich, wenn du die Konsequenz aus diesem Befehl verträgst, die mit Sicherheit über ihn kommen wird, dann wollen wir mal loslegen.

Zuerst sagte ich nun alle Termine ab, die ich innerhalb der nächsten zwei, drei Tage auszuführen gedacht hatte. Dabei war ich darauf bedacht, der entsprechenden Einheit immer den Grund dieser Verzögerung zu melden. Schließlich würde der Befehl meines Zugführers vorgehen. Nachdem ich die Anrufe tätigte, das waren nur vier oder fünf Termine, begannen wir die Inventur, bestens gelaunt und in freudiger Erwartung der Lawine, die ich mit meinen Absagen losgetreten hatte. Die Angerufenen waren nämlich nicht sehr erfreut über die Absagen, da vor der Prüfstufe C immer alles in heller Aufruhr und Termine sowieso schon knapp waren. Da hatte einfach keiner Interesse daran, bis nächste Woche zu warten, weil ich nicht konnte. Ersatzleute hatte ich keine, einer meiner Männer war krank, und den Gefreiten Bödi kann ich nicht alleine losschicken. Ich alleine kann auch die Waffen der Einheiten nicht überprüfen, das würde ja ewig dauern!

Nach dem Mittagessen standen wir wieder in der Werkstatt, vor einem Tisch an der hinteren Wand, der Türe hatten wir den Rücken zugekehrt. Wir zählten Schrauben, das Radio lief auf vollen Touren und wir rockten gerade zu Status Quo „Rockin all over the world", als sich hinter uns jemand räusperte. Ich hatte niemanden hereinkommen gehört, was bei dem Lärm aus dem Radio auch gar nicht möglich gewesen wäre und drehte mich um. Ich wäre fast zu einer Salzsäule erstarrt, denn in meiner Werkstatt stand der Kommandeur des Regiments. Oberstleutnant Schmidt, der Chef, vor dem wir uns alle insgeheim fürchteten, obwohl keiner so genau wusste, warum.

Ich stieß sofort Andreas an und brüllte „Radio aus", knallte meine Hacken zusammen und machte meine Meldung. Ich dachte wirklich, jetzt ist alles aus, man nimmt mir die Werkstatt weg, ich werde strafversetzt oder muss sogar ins Gefängnis. Doch der Oberstleutnant lächelte, befahl „Rühren" und sagte: „Na, Soldat, sie haben aber eine Menge Spaß hier!" Ich muss erleichtert gewesen sein, dass mir der Mann nicht gleich den Kopf abgerissen hat. Er wollte nun wissen, warum ich meine Termine verschoben hatte. Das muss man sich mal vorstelle: Der oberste Vorgesetzte in dieser Kaserne, der Chef aller Soldaten und Waffen, seines Zeichens Oberstleutnant auf dem Weg zum Oberst, wurde darüber benachrichtigt, dass ich meine Termine verschoben hatte. Keine Ahnung, mit was ich gerechnet hatte, aber dass es so weit nach oben gehen würde, damit sicher nicht. Das ist aber bezeichnend dafür, wie wichtig diese Prüfstufe C ist.

Ich meldete ihm, dass ich von meinem Zugführer den Befehl bekommen habe eine Inventur durchzuführen, und gefundenen Schwarzbestand an die StoV zurückzuführen. Was einen immensen Schreibaufwand darstellt, denn jedes Teil, und wir hatten Hunderte verschiedener Teile, mussten auf einem separaten Vordruck eingetragen und in fünffacher Ausfertigung ausgestellt werden. Dann natürlich einpacken, den Vordruck dazu und ab in die StoV damit (die das sicher auch nicht gut gefunden hätten). Er fragte mich, ob ich denn über einen Schwarzbestand verfügte und warum. Ich erklärte ihm wahrheitsgemäß, dass ich die letzten Wochen immer wieder Material bestellt hätte, weil ich sonst, in der Vorbereitung zur Prüfstufe, in ärgste Not wegen der Materialbeschaffung gekommen wäre. Übrig gebliebene Teile hätte ich selbstständig nach der Prüfstufe wieder zurückgeschickt. Diese Praxis hätte ich von meinem Vorgänger übernommen, der damit ebenfalls schon gute Ergebnisse erzielt habe. Während der Prüfstufe sei es einfach unmöglich, so viel Material zu bekommen. Was ihm einleuchtete. Er befahl „Weitermachen" und ging hinaus.

Nicht einmal eine halbe Stunde später klingelte das Telefon und Leutnant Fell befahl den Abbruch der Aktion. Ich solle mich wieder an die Prüfstufe hängen. Er werde schon herausbekommen, wie ich es geschafft hatte, den Kommandeur auf diese Sache anzusetzen. Das letzte Wörtchen sei noch nicht gesprochen und wenn ich mich über ihn beschwert haben sollte, ohne den Dienstweg einzuhalten, dann wisse er entsprechend darauf zu antworten. Doch diese Drohung prallte an mir ab. Einen Anschiss vom Kommandanten zu kassieren, sogar direkt und persönlich, das muss man sich mal auf der Zunge zergehen lassen. Jetzt konnte nichts mehr passieren, was mich noch beeindruckt hätte.

Ich hatte eine gute Weile Ruhe vor ihm, doch das erste Mal, als er in Todendorf (beim Flagschießen) dabei war, ging der ganze Mist wieder von vorne los. Da oben, in einer fremden Kaserne, weit weg von der Heimat, hatte er wieder alles unter Kontrolle. So hab' ich mich, so oft es ging, einfach krankgemeldet und auf der Stube aufgehalten. Da ich sowieso keine richtige Aufgabe hatte, sondern mich freiwillig für den Einsatz gemeldet hatte, wurde das auch nicht sonderlich bemerkt.

Er lies er seinen Machthunger und seine Pedanterie allerdings nicht nur an mir aus, sondern hatte inzwischen auch genügend andere Leute geärgert, sodass sich eine Koalition gegen ihn gebildet hatte. Allen voran STUFFZ Wegener (dem ich gleich noch ein eigenes Kapitel widme) fingen wir an, den Spieß einfach umzudrehen. Als wir von Todendorf zurückkamen, lies Wegener seine Freundin beim Leutnant (privat) anrufen, der zusammen mit seiner Freundin lebte, und gab sich dort als Freundin aus Todendorf aus, und sie habe vor, ihn dieses Wochenende zu besuchen. Den Streit, den er zu Hause bekam, trug er erbarmungslos in die Kaserne und bezichtigte natürlich mich, diesen Anruf veranlasst zu haben. Was uns nur noch mehr anspornte. Wir schickten ihm einen faulenden

Fisch mit der Post, ließen ihn mehrfach dienstlich ins Leere laufen, überhäuften den Hauptmann mit Beschwerden gegen ihn, verlegten Material, so dass Termine nicht eingehalten werden konnten, und machten einfach, wenn er da war, „Dienst nach Vorschrift". Nach etwa einem halben Jahr reichte er dann seine Versetzung ein und war dann auch innerhalb von weiteren vier Wochen verschwunden. Ich bin ihm nie wieder begegnet, er hat auch keine Abschiedsparty bekommen und hat niemandem „auf Wiedersehen" gesagt. Ich glaube, der ganze Zug legte auch keinen Wert darauf. Der neue Zugführer, der an seine Stelle trat, machte von Anfang an alles richtig und hat sich mit Charme, Witz und Freundschaft innerhalb weniger Wochen meine Loyalität gesichert. Das ging so weit, dass er mich sogar mehrfach privat zum Fliegen mitnahm. Dafür habe ich dann immer "Jawoll, Herr Oberleutnant" gesagt, wenn er etwas wollte. So macht man das bei der Bundeswehr.

Stabsunteroffizier Wegener

Stabsunteroffizier Wegener war der erste Mensch, der mich wirklich nachhaltig beeindruckt hat. Ich war von diesem Kerl total fasziniert, und wenn nur die Hälfte von dem stimmte, was er mir über sich erzählt hat, dann konnte man nur noch staunen. Er war mit Leib und Seele Soldat, durch und durch. Jedenfalls habe ich ihn selbst so erlebt. Er ist Sommer und Winter mit hochgekrempelten Ärmeln durch die Kaserne gelaufen, war bei Märschen immer als Erstes wieder in der Kaserne, beim Sport ein Ass, beim Schießen ein Ass und als Kamerad ein Ass. Er war einer der wenigen Kollegen, die mich so akzeptiert haben, wie ich nun einmal bin. Er hat sich nie gegen mich gestellt, lieh mir Geld, wenn ich mal wieder keines hatte, und erzählte mir die schauerlichsten Geschichten, die er selbst erlebt hatte.

Jeden Urlaub benutzte er, um als Söldner nach Afghanistan „einzusickern", zusammen mit ehemaligen Kameraden aus der Fremdenlegion, um dort, an der Seite der Mudschaheddin gegen die Russen zu kämpfen. Ihm war klar, dass ich kein Wort davon geglaubt habe, deswegen zeigte er mir Bilder, auf denen er zu sehen war. Auf einem Bild hielt er den abgeschlagenen Kopf eines getöteten Soldaten in der Hand, während er auf einem Berg von Leichen stand. Seiner Aussage nach, stand er, mit seinem Söldnernamen (den er mir nicht nannte) auf einer Todesliste der Russen. Dieses Bild war sicher nicht gefälscht, eine solche Technik stand „normalen" Menschen damals noch nicht zur Verfügung. Auch die übrigen Fotos ließen an Deutlichkeit nichts zu wünschen übrig. Er war ein Killer. Ein echter Killer.

Während einer ABC-Übung hatte ich den Bunker schön dick mit CS-Gas (Tränengas) eingenebelt. An der Übung nahm auch Leutnant Fell teil und wir standen mit mehreren Rekruten im Raum, die ABC-Schutzmaske im Gesicht und machten diverse Übungen. Auf einmal ging die Türe auf und Wegener kam rein, machte dem Leutnant Meldung und bat ihn heraus. Den Rekruten fielen fast die Augen raus, denn Wegener kam natürlich ohne Schutzmaske herein! Draußen wusch er sich erstmal die Augen aus und sagte mir später, er habe mehrere Senfgasangriffe der Russen überlebt, da sei dies heute der reinste Kindergeburtstag gewesen. Den heftigen Anschiss des Leutnants, er würde die Übung ins Lächerliche ziehen, lies er über sich ergehen. In seinen Augen war der Leutnant ein Pisser und er hat ihn dies auch mit deutlicher Ablehnung täglich spüren lassen. Er hat diesen Mann nie, nicht einmal, militärisch gegrüßt und hat sich damit mehrere „disziplinarische Maßnahmen" eingehandelt, die er immer locker absaß. Er hatte sowieso nichts Besseres vor und er grüße nur Soldaten, die diesen Gruß auch verdient hätten.

Während einer Übung wettete er mit mir, dass er in der Nacht, ohne bemerkt zu werden, die Wachposten ausschalten und Leutnant Fell unschädlich machen könne. Ich müsste aber „die Fresse halten", denn dann würde die Aktion „dem Feind" in die Schuhe geschoben. Wann uns dieser angreifen würde, war ja völlig ungewiss. Das wollte ich mir nicht entgehen lassen und übernahm selbst einen der Wachposten. Von einem Scheunendach aus, von dem ich den kompletten Bauernhof, in den wir uns eingenistet hatten, übersehen konnte, erwartete ich die Nacht und seinen Angriff. Gegen vier Uhr bemerkte ich hinter mir Geräusche. Zu dieser Zeit war die Ablösung vereinbart, denn irgendwann musste ich ja auch mal schlafen. Doch anstatt der Ablösung kroch Wegener, in voller Kampfmontur, mit geschwärztem Gesicht und Tarnanzug, an den er Teile eines Tarnnetzes gesteckt hatte, in meine Stellung. Ich fragte nach den Wachposten und er bestätigte, dass alle Wachposten „ausgeschaltet" wären. Die Frage nach Leutnant Fell lies er unbeantwortet, ich solle mich überraschen lassen. Ich hätte ihn sowieso nur bemerkt, weil er dies wollte. Er kroch zurück und vielleicht zehn Minuten später ging eine Leuchtrakete in den Himmel. Das war das Zeichen für mich, den Alarm auszulösen. Diesen hätte ich auch auslösen müssen, wenn ich ihn während seiner Aktion bemerkt hätte, was ja nicht der Fall war. Er ist, zwar im Dunkeln, aber direkt vor meiner Nase durch das Lager geschlichen und hat alle Wachposten besucht, um ihnen mitzuteilen, dass sie im Ernstfall gerade getötet worden wären. Wir fanden Leutnant Fell zusammengeschnürt in der Scheune und er hat getobt. Er fand das gar nicht witzig, traute dies aber keinem von uns zu. Wegener war inzwischen abgeschminkt und in „normaler" Uniform wieder unter uns und ich habe mich innerlich vor Lachen fast weggeworfen.

Dann kam der Tag, an dem uns morgens beim Antreten verkündet wurde, dass Stabsunteroffizier Wegener am Wochenende verstorben sei. Er würde aus seinem Urlaub nicht mehr zurückkommen und es gab eine Gedenkminute. Angeblich war er, auf einer deutschen Autobahn, bei einem Verkehrsunfall ums Leben gekommen. Ich stand da und dachte, die können mir viel erzählen. Wahrscheinlich hat ihn in Afghanistan oder in irgendeinem anderen der zahllosen Kriege auf der Welt, eine Kugel getroffen. Das war genau der Tod, den er sich selbst gewünscht hatte. Schnell und schmerzlos. Wegener, ich denke an dich und wünsche dir, dass es wirklich so war. Du warst ein feiner Kerl und kamst meiner Vorstellung von Freundschaft schon sehr nahe. Okay, du warst ein Killer, aber deinen Freunden gegenüber warst du immer ein Vorbild an Freundschaft und Loyalität. Was du in deiner Freizeit machst, das geht ja keinen was an.

Freiwillig beim Wachdienst

Eine Kaserne muss bewacht werden. Dazu ist der Wachdienst da. Das ist nicht unbedingt einer der Dienste, um die man sich streitet, gerade am Wochenende nicht. Aber im Turnus war jede Einheit innerhalb der Kaserne verpflichtet, eine Woche lang die Wachmannschaft zu stellen. Ich bemerkte irgendwann, dass der Dienst an einem Wochenende der einfachste Dienst war, denn dann war so gut wie niemand da. Bei meinem Spieß (scherzhaft „die Mutter der Kompanie" genannt, weil er sich um alle Belange der Soldaten kümmerte und im Vorzimmer des Hauptmanns saß) vermerkte ich, dass ich vorzugsweise am Wochenende Dienst tun würde, wenn er mich unter der Woche damit verschont. So war ich immer, wenn unsere Einheit dran war, freiwillig wachhabender Unteroffizier am Tor. Zusammen mit dem ebenfalls anwesenden

Sicherheitsoffizier (den ich so gut wie nie gesehen habe) und einer Mannschaft von acht bis zehn Soldaten war ich dann für die Sicherheit der Kaserne verantwortlich.

Der Wachdienst begann nachmittags dauerte 24 Stunden. Für den wachhabenden Unteroffizier war schlafen nur nachts erlaubt, abwechselnd jeweils zwei Stunden mit seinem Stellvertreter. Alle zwei Stunden wurde auch die Streife durchgewechselt, ebenso die Wache am Tor. Während die Streife aus zwei Soldaten bestand, war die Wache am Tor alleine. Zur Not konnten wir ja die Wachstube verlassen, und dem Mann am Tor zu Hilfe eilen. Die Streife besaß ein Funkgerät und hatte sich alle 30 Minuten über Funk zu melden. Diese Meldung wurde in das Wachbuch eingetragen. Am Anfang war es sogar noch verboten, zu lesen! Das muss man sich mal vorstellen! In die Glotze schauen war nicht möglich, es gab gar kein Gerät und auch das Mitbringen von Radios war unter Strafe verboten. Das Leseverbot wurde allerdings sehr, sehr lasch gehandhabt (nämlich gar nicht) und so flogen jede Menge Zeitschriften in der Wachstube herum, alle mit dem gleichen Thema: Weiber! Happy Weekend (ein Pornomagazin), Schlüsselloch, Coupe und jede Menge Schmuddelkram lagen in den Schubladen herum und die Weisung galt: Wenn kein Vorgesetzter das Zeugs sieht, dann ist es egal.

Apropos Vorgesetzter: Als wachhabender Unteroffizier hat man keinen Vorgesetzten außer den Sicherheitsoffizier vom Dienst! Alle anderen Dienstgrade, selbst der Kommandeur, haben sich an die Anweisungen des Wachpersonals zu halten, sonst wird von der Waffe Gebrauch gemacht. Das ist kein Witz, das war damals so. Ein paar Beispiele aus meinen Erlebnissen:

Die Torwache rief mich heran, weil sich ein Motorradfahrer, der sich nicht ausweisen konnte, darüber aufregte, dass die Wache den Schlagbaum nicht hob, um ihn durchzulassen. Ich ging also hinaus und fragte nach seinem Namen. Er sagte mir diesen nicht, sondern riet mir, lieber in der und der Einheit anzurufen, dort würde man bereits auf ihn warten. Das war ja kein Problem. Ich war gerade auf dem Weg zurück in die Wachstube, als der Mann Gas gab, den Schlagbaum umkurvte und in die Kaserne einfahren wollte. Ich zog sofort meine Pistole, lud sie durch, entsicherte sie und rief ein lautes „SOFORT ANHALTEN" in seine Richtung, während ich mit der Pistole auf sein Hinterrad zielte. Gleichzeitig zog die Torwache seine Pistole und mein Stellvertreter, ein Hauptgefreiter, stürzte aus der Wachstube, ebenfalls mit gezogener Waffe. Da der Mann uns im Rückspiegel sah, hielt er sofort an und hob die Hände. Wir ließen ihn absteigen und nahmen ihn vorläufig fest. Er durfte dann, auf Weisung des Sicherheitsoffiziers, bis zum Montag in einer Zelle verbleiben.

Bei einem anderen Wachdienst, früh am Morgen, winkte mich die Torwache heran. Vor dem Tor stand ein Militärfahrzeug, darin ein Fahrer, auf der Rückbank ein General (beeindruckende gelbe Schulterklappen, so etwas sah man nicht so oft), der mir nicht angekündigt war. Normalerweise bekommt die Wache eine Meldung, wenn ein General erwartet wurde. Dies war hier aber nicht der Fall. Der Fahrer konnte sich zwar ausweisen, der General aber nicht. Er hatte weder seinen Dienstausweis noch einen Personalausweis dabei. Ich konnte also nicht überprüfen, ob er wirklich der General war, für den er sich ausgab. So bat ich den Mann einen Moment um Geduld, um bei meinem S2-Offizier, der ja mein Vorgesetzter war, das weitere Vorgehen zu erfragen. Mein Stellvertreter war total aus dem Häuschen, der zitterte richtig vor Angst was passieren würde, wenn wir den General nicht reinlassen würden. Ich beruhigte ihn mit den Worten, dass man Uniform und Schulterklappen in jedem Militärladen kaufen könne und dass ich nicht einfach, aufgrund eines hohen Dienstgrades, die Vorschriften einfach über Bord schmeißen könne. Der Sicherheitsoffizier befand sich ja nur zwei Häuser weiter und brauchte nur zwei Minuten, um zum Tor zu kommen. Was dann auch geschah. Der S2-Offizier kannte den General und wir öffneten das Tor, um ihn hereinzulassen. Ich hatte weder Angst vor ihm, noch vor irgendwelchen Konsequenzen weil ich einen General warten lies, sondern war mir der Richtigkeit meines Handelns voll bewusst. Noch am gleichen Tag bekam ich zwei Tage Sonderurlaub, denn den Mann hatte es beeindruckt, dass ich keinen Millimeter von meinen Vorschriften abgerückt war, nur weil er ein General war.

An einem Samstag, während ich Wachdienst hatte, war in der Offiziersmesse, die direkt gegenüber der Wachstube lag, eine Geburtstagsfeier. Wir hatten eine Liste mit Zivilpersonen, die dazu eingeladen wurden, und machten unsere Arbeit. Spät in der Nacht machte mich mein Stellvertreter auf eine Person aufmerksam, die sturzbetrunken zu einem Auto torkelte. Offensichtlich war der Mann drauf und dran, das Auto zu bewegen, um damit die Kaserne zu verlassen. Wir schnappten uns unsere Kopfbedeckungen und gingen ihm entgegen. Ich postierte den Obergefreiten direkt vor dem Auto und verstellte dem Mann, einem Oberstleutnant, der auf der Gästeliste stand, den Weg. Der Unterschied zwischen einem Unteroffizier und einem Oberstleutnant beträgt sieben Dienstgrade. Aber nur dann, wenn man sich als Unteroffizier in einer Offizierslaufbahn befindet. Trotzdem habe ich diesen Mann daran gehindert in sein Auto zu steigen, ihm den Schlüssel abgenommen und bin seiner Bitte nachgekommen, „sofort und augenblicklich" mit dem S2-Offizier sprechen zu wollen. Er werde mich degradieren! In Zukunft werde ich nur noch Panzer schrubben und das nächste halbe Jahr mein Zuhause nicht mehr sehen! Ich sei ein verfluchtes, verficktes und verpisstes Arschloch, dass es nicht verdienen würde, diese Uniform zu tragen! Er werde mich eigenhändig in den Boden schlagen, wenn ich nicht sofort aus dem Weg gehen würde. Zur Sicherheit und Selbstverteidigung zog ich meine Waffe, was den Mann zumindest davon abhielt, auf mich loszugehen. Inzwischen war der Obergefreite mit dem S2-Offizier eingetroffen und dieser führte den Oberstleutnant zurück in die Offiziersmesse, wo mehrere Zimmer für Übernachtungen zur Verfügung standen. Am nächsten Tag bat uns der inzwischen ausgenüchterte Offizier vor die Türe und hat sich, in aller Form und sehr höflich und militärisch korrekt, bei uns beiden entschuldigt. Auch hier gab es dann wieder zwei Tage Sonderurlaub für das vorbildliche Verhalten im Dienst.

Angstzustände im Munitionsdepot

Während eines Wachdienstes im Munitionsdepot kam es auch des Öfteren zu Vorfällen, die aber den besonderen Verhältnissen in diesem Depot geschuldet sind. Der dortige Wachdienst galt schlicht als gefährlich, nachdem vor Jahren ein Munitionsdepot der Bundeswehr in Lebach (1969) überfallen, und alle Wachsoldaten in ihren Schlafsäcken erschossen wurden. Dabei starben vier Soldaten. Seitdem war das Schlafen in Schlafsäcken im Munitionsdepot verboten und die Soldaten mussten ihre geladenen Gewehre mit in den Schlafraum nehmen.

Die Wache dort war auch für mich etwas Besonderes, das war wie der Ernstfall. Vor allem nachts erschrak man wirklich bei jedem Geräusch, und wenn eine vorbeiwandernde Igelfamilie auf dem Waldboden das Geräusch von mehreren laufenden Personen erzeugte, dann war mal schon mehr als einmal versucht, jetzt einfach mal ein paar Schüsse in diese Richtung abzugeben. Viermal die Nacht musste der komplette Zaun abgelaufen werden, der von starken Lampen ausgeleuchtet wurde. Auf einem Trampelpfad, der sich rings um das Lager direkt am Zaun befand, lief man da wie auf einem Präsentierteller herum. Man konnte ja nicht durch die Dunkelheit in den Wald schauen, stand aber selber mitten im Flutlicht. An jede Ecke des Depots befand sich ein Wachturm, und wenn man die Zaunstreife ging, war es zwingend vorgeschrieben, die Turmwache, die alleine auf dem Turm stand, davon zu unterrichten. Wenn der Soldat einen nervösen Zeigefinger hatte, lief man sonst Gefahr sich eine oder gleich mehrere Kugeln einzufangen.

Lief ich im Dunkeln diese Zaunstreife, nahm ich immer die durchgeladene und entsicherte Pistole in die Hand. Den Hahn der Waffe lies ich aber nicht gespannt, das war zu gefährlich, denn wenn ich hinfiel, hätte sich ein Schuss lösen können. Mit dieser schussbereiten Waffe in der Hand lief ich dann den Zaun ab. Dies wurde mir von einem Vorgänger geraten damit ich, wenn ich beschossen werde, erstens sofort zurückschießen konnte und zweitens versuchen konnte das Flutlicht auszuballern. Was natürlich hirnrissiger Blödsinn war, denn wenn im Wald einer auf dich schießt, dann schießt der ja nicht nur einmal. Der hätte dich überhaupt nicht verfehlen können, denn du standest da im Licht wie der Weihnachtsbaum auf dem Rockefellercenter in New York. Neben der Zaunstreife, für die sich so gut wie niemand freiwillig meldete und die ich deswegen meistens selbst lief, gab es noch eine Zweimannstreife auf den Wegen des Depots und vier Turmwachen. In der Wachstube befanden sich dann nochmals sechs Mann zur Ablösung. Ich hätte durchaus einen Soldaten zur Zaunstreife befehlen können, aber in diesem Wald galten andere Gesetze. Es war besser, mit den untergebenen Soldaten gut auszukommen und sich deren „Freundschaft" zu sichern. So war es dann auch oft im Gespräch herauszuhören, oder es wurde mir offen gesagt, man wäre froh darüber, dass ich der Wachhabende im

Munitionsdepot sei, wenn man schon zu diesem Scheißdienst müsse.

Ich musste mehrmals Soldaten vom Dienst ablösen, weil sie wirkliche Angstzustände hatten, die ich einfach nicht ignorieren konnte. Gerade die Turmwache war wirklich nichts für schwache Nerven. Man stand dort völlig alleine in stockdunkler Nacht, nur das Zaunlicht erhellte etwas die Umgebung. Man konnte wirklich keinen Meter in den Wald hineinschauen, das war einfach nur eine schwarze Wand, aus der die seltsamsten Geräusche kamen. Es gab zwar eine sehr starke Lampe auf jedem Turm, die man bei Bedarf anschalten konnte, aber eine persönliche Sicherheit gab einem das nicht wirklich. Ich habe ängstlichen Soldaten geraten sich eine Ecke des Turmes zu suchen, sich dort hinzusetzen und die eine Stunde bis zur Ablösung einfach abzusitzen. Mir war durchaus bewusst, dass ich Soldaten zugeteilt bekam, die sich noch niemals nachts in einem Wald aufgehalten hatten und mit den Geräuschen, die so ein Wald macht, einfach nichts anfangen konnten. Auf den Turm selbst konnte niemand gelangen, der war mit einer Falltüre gesichert, die der Soldat fest mit einem Riegel verschließen konnte. Außerdem befand sich auf jedem Turm ein Feldtelefon, mit dem er die Wachstube erreichen konnte. Dieses Telefon wurde verdammt oft benutzt.

Einmal verschoss einer der Turmwachen das komplette Magazin seines G3s in den Wald und tötete dabei drei ausgebüchste Kühe, die die Bundeswehr dem Bauern ersetzen musste. Als ich am Turm ankam, war der Soldat völlig verängstigt, er zitterte am ganzen Leib, hatte sich eingenässt und es war fast unmöglich ihn vom Turm zu holen. Erst als ein Notarzt ihm eine Spritze gab, beruhigte er sich wieder. Während der Schüsse lagen wir alle mit dem Gesicht auf dem Boden, obwohl man schon hörte, dass weiter weg geschossen wurde. Dieses Gefühl, das kann sich keiner vorstellen. Es ist mitten in der Nacht, du bewachst ein Munitionsdepot und dann wird geschossen. Unbeschreiblich. Das Adrenalin, welches da ausgeschüttet wird, macht dich mit einem Schlag hellwach. Ich habe noch im Fallen meine Waffe gezogen und am Boden liegend Anweisungen gegeben. Das lief alles wie im Film ab, unfassbar. Wir wussten ja auch nicht, wer geschossen hatte, wo und warum. Die Turmwachen hatten Anweisung, sich bei Schüssen sofort telefonisch in der Wache zu melden, was drei der Türme dann auch taten. Gleichzeitig ging über Funk die Meldung der Streife ein, von wo die Schüsse kamen. Ich sagte der Streife, sie solle auf uns warten und sich unter keinen Umständen selbstständig zum Turm begeben. Der Mann auf dem Turm hatte vier Ersatzmagazine dabei, das würde ein Blutbad geben. Da alle unverletzt waren, löste ich Alarm aus, der auch an die Kaserne gemeldet wurde. So wusste ich, dass sich innerhalb weniger Minuten die gesamte Wachmannschaft von zwei Kasernen, die sich in der Nähe befanden, auf den Weg machen würden. Verstärkung war also im Anmarsch und so ging ich langsam und laut den Namen des Soldaten rufend, auf den Wachturm zu. Vorher hatte ich die komplette Zaunbeleuchtung ausgeschaltet, denn wenn dies wirklich ein Überfall war, wollte ich mich und die anderen Kameraden nicht weiter in Gefahr begeben. Später erfuhr ich, dass die Torwache in meiner Kaserne die Schüsse ebenfalls gehört hatte und schon von sich aus Alarm gab.

Untersuchung einer Waffe

An einem Montag bekam ich ein G3 in die Werkstatt und eine Meldung dazu. Diese Waffe war einem der Wachsoldaten aus der Hand gerutscht und dabei einen Abhang heruntergefallen. Dabei habe sich die Waffe selbst entsichert und der Abzug muss an einem Ast hängen geblieben sein. Jedenfalls hatte sich ein Schuss gelöst und ich solle die Version des Soldaten überprüfen. Auf der einen Seite der Waffe, auf der sie angeblich den Abhang heruntergerutscht war, befanden sich tatsächlich deutliche Kratzspuren. Es war die Seite, auf der sich auch die Sicherung der Waffe befand. Ich lies den Soldaten zu mir kommen, er sollte mich an die Stelle begleiten, an der der Vorfall geschehen war. Dort forderte ich ihn auf, den Vorgang zu wiederholen. Dazu gab ich ihm ein anderes G3-Gewehr, welches ich mit Übungsmunition ausstattete. Er zog sich die Waffe über die Schulter, lief die Stelle entlang und lies die Waffe dann von der Schulter gleiten. Dabei schlug diese mit der Schulterstütze auf den harten Straßenbelag auf, was deutliche Spuren an der Schulterstütze hinterließ, fiel dann um und blieb auf der Straße liegen. Ich sagte dazu nichts, sondern bemerkte, er könne ja auch im Gras neben der Straße gelaufen sein und er solle es noch mal wiederholen. Diesmal fiel die Waffe ins nasse Gras, fiel wieder um und blieb ebenfalls liegen. Auch als ich es mehrfach versuchte, an dieser Stelle fiel die Waffe einfach nicht die kleine Böschung herunter, an der sich tatsächlich mehrere Sträucher befanden. Ich schickte den Soldaten in seine Einheit zurück und zusammen mit meinem Obergefreiten untersuchte ich die Waffe nun genauer. An der Waffe des Soldaten, die den Schuss auslöste, befanden sich keinerlei Spuren auf der Schulterstütze. Diese konnte also auf keinen Fall von der Schulter gerutscht und auf der Straße gelandet sein, wie der Soldat in seiner schriftlichen Meldung behauptet hatte.

Dem Obergefreiten Bödi fielen dann die Kratzer wieder ein, die sich auf der Seite mit der Sicherung befanden und er bemerkte, dass diese Kratzer ein Zickzack-Muster hatten. Wenn die Waffe eine Böschung herunterfällt, dürften sich gar keine, oder nur sehr wenige, Kratzer auf dem Metall befinden. Diese müssten dann aber alle in die gleiche Richtung zeigen. Dies war hier aber nicht der Fall und wir kamen zu dem Schluss, dass der Soldat, nachdem er einen Schuss angefeuert hatte, die Waffe auf der Straße hin- und hergerieben hatte, um die entsprechenden Kratzer aufzubringen. Genauso vermerkten wir dies dann auch im Bericht, unterließen aber jegliche Anspielung auf den Soldaten selbst, denn ich war der Meinung, dass ich keine Vorverurteilung aussprechen durfte. Mein Bericht wurde vom Spieß in einem Gespräch gelobt und er meinte, ich wäre nach meiner Dienstzeit bei der Kripo sicher auch ganz gut aufgehoben gewesen. Wollte ich ja auch, aber meine Bewerbung wurde abgelehnt. Warum auch immer, keine Ahnung. Ich wäre sicher ein sehr guter Ermittler geworden.

Vorbildliches Verhalten

Eines Nachts funkte uns eine Streife durch, sie haben zwei verdächtige Personen, in Höhe der Mannschaftsmesse, versteckt in einem Gebüsch gefunden und festgenommen. Beide wären unbewaffnet und hätten zu ihrer Identität keine Angaben gemacht. Was nun zu geschehen habe. Ich sagte, sie sollen die Beiden zu uns bringen, wir würden Ihnen entgegenkommen. Auf halben Weg sah ich dann schon zwei ältere Herren, die Hände hinter dem Kopf verschränkt, die auf uns zu liefen. Die Beiden wurden völlig vorbildlich von der Streife mit vorgehaltener Waffe gesichert, keiner lief durch den Schussweg des anderen. Ich sagte den beiden Herren, sie könnten gerne die Hände herunternehmen und mir erklären, warum sie sich im Gebüsch dort oben versteckt hatten. Einer davon bat darum in seine Tasche greifen zu dürfen, was ich genehmigte. Er holte einen Dienstausweis der Kriminalpolizei hervor. Wie sich herausstellte, gab es in der Mannschaftsmesse mehrere Einbrüche und die beiden Beamten lagen dort einfach nur auf der Lauer, um den Dieb bei frischer Tat zu ertappen.

Beide Polizisten lobten die Streife in höchstem Maße, sie habe sich äußerst professionell und vorbildlich verhalten, es wäre keine Nervosität zu spüren gewesen. Selbst als die Soldaten die Polizisten nach Waffen durchsuchten, wäre auch die Sicherung des Soldaten, der die Durchsuchung durchführte, äußerst vorbildlich vonstattengegangen. Meine beiden Männer von der Streife bekamen beide einen roten Kopf, so viel Lob hatten die sicher schon lange nicht mehr gehört.

Überwachung der Waffenausbildung

Da ich, das muss ich leider sagen, in meiner Einheit unter den Mannschaften, die mich noch als Obergefreiten kannten, über sehr wenig Autorität verfügte, hatte ich es mit diesen Burschen nicht immer leicht. Ich bin ihnen, so weit dies möglich war, immer aus dem Weg gegangen. Auch bei den anderen Unteroffizieren, bis rauf zum Hauptfeldwebel, hatte ich nicht gerade Freunde. Eigentlich wollte von denen keiner etwas mit mir zu tun haben. Die Gründe dafür waren mir egal, da ich ja, ich erwähnte es schon, abends fast immer nach Hause fuhr und mich so nicht in der Kaserne aufhalten musste. Im „normalen" Dienst war es leicht möglich Reibereien aus dem Weg zu gehen, denn da war ich ja in der Waffenwerkstatt. Ich habe auch so gut wie keine Waffenausbildungen durchgeführt und wurde erst im letzten Jahr zusätzlich dazu eingesetzt, die Waffenausbildung zu „überwachen", und des Öfteren sogar den Ausbilder zu beurteilen.

Als ich diesen Befehl bekam, dachte ich das erste Mal daran einen Befehl zu verweigern. Ich schilderte dem Zugführer meine Bedenken und lies auch nicht aus, dass ich nicht nur unter den Mannschaften, sondern gerade auch unter den Unteroffizieren keinen guten Stand hatte. Ich fühlte mich natürlich geehrt und geschmeichelt, dass mir diese Aufgabe zugetraut wurde, aber ich wollte das nicht machen. Ich wollte niemanden verpfeifen, der seinen Unterricht nicht richtig durchführte, oder schlicht Blödsinn über eine Waffe erzählt. Obwohl eine solche Tätigkeit notwendig war und sinnvoll ist, wollte ich mich einfach nicht noch mehr unbeliebt machen, wie ich es teilweise sowieso schon war.

Ich hatte es einmal erlebt, dass ich einen Feldwebel darauf aufmerksam machte, natürlich in einer Pause und nicht vor der Mannschaft, dass er beim Aufzählen der Sicherungen an der Uzi die Deckelsicherung vergessen hatte. Ich bekam zur Antwort, ich solle doch gefälligst meine blöde Fresse halten, sonst würde er mir die Zähne einzeln ausschlagen. Auch dies erwähnte ich nun beim Zugführer, ohne den Namen des Feldwebels zu nennen, und er versprach, noch einmal mit dem Hauptmann darüber zu reden.

Nach ein paar Tagen bekam ich dann den Befehl, als Beobachter an einer Waffenausbildung teilzunehmen, die nicht innerhalb meiner Einheit stattfand. Dort kannte ich absolut niemanden, obwohl der Block wirklich nur einen Steinwurf entfernt war, in dem diese Einheit untergebracht war. Mit diesen Leuten trafen wir aber nur im Speisesaal zusammen, im Dienst niemals. Erst nach ein paar Monaten wurde ich dann auch als Beobachter in der eigenen Einheit eingesetzt, was den durchführenden Unteroffizieren in keinster Weise gepasst hat. Der Hauptmann hatte aber dafür gesorgt, dass sich die Ausbilder ohne Murren fügten, in dem er den Befehl einfach morgens beim Antreten vorlas und darauf aufmerksam machte, dass ich eingesetzt wurde, den Wissensstand und die Richtigkeit der Ausbildung zu überprüfen. Dies sei ein Befehl. Basta.

Zur Ehrenrettung einiger Kameraden muss ich sagen, dass mir nicht alle die Zähne ausschlagen wollten und froh über meine Hilfe waren. Gerade die jungen Unteroffiziere, die frisch zu uns versetzt, oder gerade erst Unteroffizier wurden, zeigten mir dies auch deutlich, indem sie mich sogar ihre Ausbildungsvorbereitung kontrollieren ließen. Zum Glück wurde ich nicht sehr oft eingesetzt und ich habe auch niemanden in die Pfanne gehauen, selbst wenn ich gravierende Fehler, z. B. bei der Beschreibung einer Waffe, gehört habe. Ich habe dann einfach den entsprechenden Ausbilder auf den Fehler aufmerksam gemacht und „keine Beanstandungen" in meinen Bericht geschrieben.

Wer kann das am Schnellsten

Leider gipfelte meine Verwendungstätigkeit in einer Aktion, auf die ich liebend gerne verzichtet hätte. Eines Morgens beim Appell wurde ich vom Spieß in die hinterste Reihe geschickt mit den Worten: „Höller, verzieh' dich in die hinterste Reihe und mach' dich unsichtbar!" Ich wusste zwar nicht warum, tat aber wie mir geheißen. Vorne, an einer freien Stelle auf der Straße wurden nun Matten ausgelegt, auf jede der Matten die beiden Standardwaffen, das G3-Gewehr und die Pistole P1 gelegt, sowie jeweils eine ABC-Schutzausrüstung. Da ahnte ich dann, was geschehen würde, nur unsichtbar machen, das konnte ich mich halt nicht. Es erschien dann der Herr Oberstleutnant Schmidt auf dem Hof, seines Zeichens Kommandant der Kaserne.

Er suchte sich zunächst vier Leute aus: Einen älteren Hauptfeldwebel aus der INST, einen Feldwebel, einen Stabsunteroffizier, einen Obergefreiten, ausgerechnet Leutnant Fell(!) und dann fragte er nach mir. Ich dachte, mich trifft der Schlag, er fragte tatsächlich direkt nach mir! Innerhalb von Sekunden dachte ich, was für ein Riesenscheiß! Soll ich jetzt wirklich gegen meine eigenen Leute antreten? Ich war seit mehr als zwei Jahren Waffenmechaniker, ich zerlegte diese Waffen im Schlaf, mit verbundenen Augen und einer Hand auf den

Rücken gefesselt. Ebenso war ich inzwischen ausgebildeter ABC-SE-Geräteunteroffizier und mein persönlicher Rekord beim Aufsetzen der ABC-Schutzausrüstung (volkstümlich Gasmaske genannt) lag bei unter 10 Sekunden. Während ich mich auf den Weg nach vorne machte, um mich neben die bereits Auserwählten zu stellen, ging mir so einiges durch den Kopf.

Es kam dann, was kommen musste. Ich fragte mich, wer auf diese bescheuerte Idee gekommen sein muss, den Waffenmechaniker des Regiments, der den ganzen Tag nichts anderes macht als Waffen zu zerlegen, gegen Kameraden aus seiner eigenen Einheit antreten zu lassen. Es galt tatsächlich: Wer zerlegt seine Waffe am Schnellsten. Das durfte einfach nicht wahr sein! Niemand kann sich meine beschissene Lage vorstellen, in der ich mich da befand. Was sollte ich nun tun? Ich konnte doch nicht, mit voller Absicht, langsam machen! Das kam für mich nicht infrage. Zu allem Übel stand ich auch noch neben Leutnant Fell, dessen Augen mich anstarrten und sagten: „Höller, wenn du das versaust, dann mache ich dich fertig!"

Da ging ein Ruck durch mich hindurch. In dieser blöden Einheit konnte mich niemand leiden, keiner sprach auch nur ein privates Wort mit mir. Man ging mir aus dem Weg, wo man nur konnte und sah mich am liebsten von hinten oder wenn ich die Türe wieder zu mache. In meiner ersten Beurteilung, die noch gar nicht so lange zurücklag, wurde mir bescheinigt, dass ich meine Werkstatt gut führe und von meinem Fachgebiet viel Ahnung habe. Sollte ich mir das jetzt kaputt machen lassen, nur weil ein eingebildeter Leutnant mich bedrohte? Sicher nicht.

Die P1 war zuerst dran und nach 6 Sekunden hatte ich sie zerlegt, incl. Sicherheitsüberprüfung, die der Leutnant sogar vergaß. Er hatte gerade einmal das Magazin entfernt, da brüllte ich bereits „Fertig!" Durch die Mannschaften, die ja da noch standen, ging ein Raunen und der Leutnant, der ja die komplette P1 noch in der Hand hielt, hat mich mit seinen Blicken getötet! Was die anderen vier Kameraden gemacht haben, das war mir egal. Ich habe mich voll und ganz darauf konzentriert, den Leutnant fertigzumachen. So konnte ich ihm einmal heimzahlen, was er mir in den letzten Wochen angetan hatte. An die Konsequenzen dachte ich dabei nicht.

Doch dann wurde es völlig irrwitzig, denn nun musste wohl auch der Oberstleutnant entdeckt haben, dass dieses Duell äußerst unfair war und er fragte mich, ob ich bereit wäre, das G3 auch mit geschlossenen Augen zu zerlegen. Mir war inzwischen alles egal, jetzt ging es nur noch um meine Ehre. Der Spieß ließ einen Turnbeutel holen und wir legten uns auf die Matten. Ich zog mir den Turnbeutel über den Kopf, der absolut blickdicht war, und wartete auf das Zeichen. Das G3 zerlegte ich dann in wenigen Sekunden und zog danach sofort den Beutel vom Kopf. Der Leutnant hatte gerade mal die Schulterstütze entfernt und war dabei, den Verschluss aus der Waffe zu fummeln. Ohne Witz, die Mannschaften haben applaudiert, die fanden das großartig, dass der Leutnant so vorgeführt wurde. Leider waren aber die anderen Vier auch nicht die Schnellsten, was mir nicht gerade Sympathien einbrachte. Dachte ich zumindest.

Die letzte Übung bestand aus dem Anlagen der ABC-Schutzmaske, was bei mir auch nur wenige Sekunden dauerte. Ich hatte Maske und Poncho bereits übergezogen, während der Leutnant erst dabei war die Gummibänder zu sortieren.

Dachte ich anfangs, diese Aktion würde mir innerhalb der Einheit das Genick brechen, trat aber das Gegenteil ein. Ich wurde zwar dazu „verdonnert", mit den an der Übung teilnehmenden Soldaten eine Unterrichtseinheit durchzuführen (die wir im Gemeinschaftssaal einfach abgesessen haben), aber das machte mir nichts aus. Gerade unter den Mannschaften war meine Achtung gestiegen, was ich noch tagelang bemerkte, denn das Duell war natürlich die Geschichte auf dem Kasernenhof. Der ältere Hauptfeldwebel klopfte mir auf die Schulter und meinte nur „Gute Arbeit" und das Leben ging weiter wie vorher. Nur Leutnant Fell drehte auf, aber darüber habe ich ja schon berichtet.

Der verlorene Schuss (Patrone fehlte nach Schießübung)

Wenn die Bundeswehr zum Schießen geht, dann muss alles 100 % korrekt ablaufen. Jeder einzelne Schuss, der an die Soldaten ausgegeben wird, muss gezählt werden. Der Soldat geht also zur Munitionsausgabe, nimmt sich ein Magazin, sein Name, und die Anzahl der Patronen, wird in der Schießliste vermerkt. Auf der Bahn wird dann das Magazin leergeschossen. Der Unteroffizier, der die Bahn innehat und das Schießen auf dieser Bahn überwacht, haftet mit seinem Arsch dafür, dass (1) alle Patronen verschossen werden, (2) die Hülsen wieder aufgesammelt werden und (3) der Soldat keine Möglichkeit bekommt einzelne Patronen aus dem Magazin zu entfernen. Was aber trotzdem möglich war, ich selbst habe dies mehrfach ausgeführt, in dem ich, auf dem Weg zur Schießbahn, jeweils eine Patrone aus dem Magazin entfernt habe. Fiel das dem Uffz. auf der Bahn nicht auf, habe ich ihm, nach der Schussabgabe, die Patrone unter die Nase gehalten.

Fehlte ein Schuss, durfte niemand die Bahn verlassen, bis dieser eine Schuss gefunden war. Da man immer mit vielen Soldaten zum Schießen fuhr, die Schießbahn lag außerhalb der Kaserne, konnte man mit so einer Suchaktion ganze Einheiten zur Weißglut bringen.

Ich wurde mehrfach zum Schießen beordert, um nicht nur „den Wissensstand" zu überprüfen, sondern natürlich auch als Waffenmechaniker, falls eine der Waffe auf der Bahn versagte

(Ladehemmung) oder eine Waffe schlecht schoss. Gleichzeitig benutzte ich die Zeit, um auf einer mir zugewiesenen Bahn, zusammen mit meiner Mannschaft, G3-Gewehre und Pistolen einzuschießen und zu justieren.

Nach einer dieser Übungen fehlte tatsächlich eine P1-Patrone. Es waren 30 Mannschaften anwesend, 10 Unteroffiziere und ein junger Leutnant, der die Verantwortung trug und den ich noch nie zuvor gesehen hatte. Nach fast einer Stunde des vergebenen Suchens war die Patrone immer noch nicht aufzufinden. Es war brütend heiß und es lag an mir, Vorschläge zu machen, diese Patrone zu finden. Wo konnte sie sein? Nach über einer Stunde fragte ich den Leutnant, dem ich zur Sicherung der ganzen Waffen eine durchgeladene P1 gegeben hatte, ob er denn, bevor er das Magazin zurückgab, eine Sicherheitsüberprüfung gemacht habe.

Ich tat dies absichtlich abseits der Anderen, um ihn nicht zu blamieren. Er wollte mich zunächst noch zurechtweisen, doch ich sagte ihm, dass wir alle nach Hause wollten und ich es als die letzte Möglichkeit ansah, wo die Patrone noch sein könnte. Ich bat ihn also, mir seine P1 zu geben. Nachdem ich mich vergewissert hatte, dass uns niemand beobachtete, zog ich tatsächlich die fehlende Patrone aus dem Lauf der P1. Dem Mann war das furchtbar peinlich und er wurde aschfahl. Dem wich alles Blut aus dem Gesicht und ich dachte, der fällt mir jetzt gleich in Ohnmacht! Nachdem ich ihn beruhigt hatte, steckte ich mir die Patrone in die Tasche und wir befahlen ein letztes Suchen. Die Patrone lies ich absichtlich an einer Stelle fallen, wo sie dann auch tatsächlich von einem Soldaten gefunden wurde.

Wie es das Leben so will: Genau dieser Leutnant wurde später S2-Offizier der Kaserne und ich habe ihn des Öfteren als befehlshabenden Wachoffizier gehabt. Außerdem erlebte ich einmal, dass ich in sein Büro ging (da war er schon Oberleutnant) und Leutnant Fell stramm vor seinem Schreibtisch stand, während er mich mit den Worten „Gerd, ich habe gleich Zeit für Dich" bat, noch etwas draußen zu warten. Das Gesicht von Leutnant Fell werde ich echt nicht mehr vergessen, das war so geil!

Schießen mit den Amis

Wenn man mehrfach beim Schießen mit deutschen Soldaten war, dann kann man sich beim Schießen mit den Amerikanern nur verwundert die Augen reiben. Wir hatten, auf unserem Schießplatz, eine Gemeinschaftsübung mit einer amerikanischen Kaserne aus Würzburg. Dabei belegten die Amis drei der Bahnen und wir auch. Auf der einen Bahn gab es die Pistole P1, auf der nächsten Bahn das Gewehr G3 und auf der dritten Bahn das MG3. Darum haben sich die Amis fast geprügelt, die liebten diese Waffe. Die P1 empfanden sie als Spielzeug, richtig damit getroffen haben die nicht. Das G3 war bei den Amerikanern durchaus bekannt, wurde aber als viel zu schwer empfunden.

Bei den Amerikanern auf der Bahn lag der Colt M1911, der bis heute zu meinen Lieblingspistolen zählt. Sie ist leicht, hat nur einen gemäßigten Rückschlag. Das Magazin ist zwar relativ klein, es passen 7 Kugeln (und eine im Lauf) hinein, das macht die Waffe dafür aber auch nicht so schwer. Auf der anderen Bahn lag das M16-Gewehr und ich wunderte mich, wie man mit so einem Spielzeug einen Krieg gewinnen kann. Ich hatte das Gefühl, diese Waffe wog keine 3 Kilo (das G3 wiegt fast 5 Kilo), sie war fast 30 Zentimeter kleiner als das G3 und verschoss „nur" 5,5 mm Patronen. Zudem war sie überwiegend aus Plastik gefertigt.

Was mich aber am meisten beeindruckt hat: der Umgang mit der Munition. Die Amis waren völlig von den Socken, dass sie bei uns nur abgezählte Munition bekamen und eine bestimmte Anzahl Patronen auf jeden Soldaten begrenzt. Ich wurde mehrfach gefragt, warum das so sei und ich antwortete immer, dass wir damit verhindern würden, dass sich Soldaten Munition für sich abzweigen konnten. Oftmals wurden Übungen mit Platzpatronen durchgeführt (Übungsmunition genannt) und dann wäre es ja, zumindest theoretisch möglich gewesen, dass einer der Soldaten, anstatt der Übungsmunition seine Waffe mit der, auf der Schießbahn entwendeten, echten Munition lädt. Oder sich selbst erschießt. Noch schlimmer: einen Kameraden abknallt! Wenn die Amis mit ihren Waffen schossen, gingen sie zur Munition und stopften sich in die Taschen, soviel sie tragen konnten. Dann liefen sie zur Bahn, luden die Waffen und schossen einfach drauflos. Da hat niemand irgendeinen Schuss gezählt, geschweige denn aufgeschrieben, welcher Soldat wie viel Schuss bekommen hatte. Für mich war das echt unglaublich.

Und? Kleine Anekdote am Rand? Dann raten sie mal, was es an dem Tag zu essen gab. Richtig, Sauerkraut, Kassler und Kartoffelbrei. Da wundern wir uns, dass die Amis uns „Krauts" nennen!

Der Stabsfeldwebel ohne Aufgabenbereich

Manch älterer Soldat muss vorzeitig seinen Platz (also seine Dienststelle) räumen, weil sich sein Nachfolger bereits vor Ort befindet. Ist dieser Nachfolger in die Stelle eingearbeitet, und könnte damit voll übernehmen, besteht das Problem darin, was man mit dem Vorgänger macht, der ja manchmal noch ein paar Monate Dienst zu machen hat. Bei uns in der Kaserne gab es so einen Menschen. Einen Stabsfeldwebel o. a. (ohne Aufgabenbereich), der 40 Jahre Dienst hinter sich hatte und bereits im 2. Weltkrieg Unteroffizier in Russland war. Ein „alter

Hase", militärisch korrekt, schneidig, an den Vorschriften klebend und ein Ekel vor Gottes Gnaden. Man wies ihm ein eigenes Büro zu, das so leer war wie sein Kopf, und er saß einfach seine Zeit ab. Warum man diesen Menschen nicht einfach nach Hause geschickt hat, entzieht sich meiner Kenntnis. Dieser Mann war einfach unausstehlich. Marschierte man, mit einer Gruppe Soldaten, an ihm vorbei und vergaß die Gruppe grüßen zu lassen, dann lies er sofort strammstehen und wies den entsprechenden Gruppenführer zurecht. Er spazierte den ganzen Tag, wenn das Wetter es zuließ, durch die Kaserne und monierte alles, was er als Fehler ansah. Am liebsten natürlich fehlende Kopfbedeckung, dreckige, oder unzureichende Kleidung (Soldaten in Turnschuhen waren sein Lieblingsopfer), Marschieren auf der falschen Seite der Straße, Verlassen der Kaserne während der Dienstzeit (dann stand er draußen vor dem Tor und fragte jeden nach dem Marschbefehl), usw.

Mit mir legte er sich mehrfach an, natürlich auch wegen des Grüßens, denn ich machte mir einen Spaß daraus ihn jedes Mal, mit voller Absicht, nicht zu grüßen. Einmal meldete er mich beim Hauptmann, weil er sah, dass ich während der Dienstzeit Wasser in mein Auto goss. Ich würde „destilliertes Wasser aus militärischen Beständen in den Kühler meines Privatautos verbringen". Das hatte er sogar schriftlich eingereicht. So musste ich beim Hauptmann antanzen und mich erklären. Ich hatte meine Pause später gemacht, das Wasser war reines Leitungswasser und das Behältnis eine Colaflasche. Ich schüttete das Wasser auch nicht in den Kühler, sondern in die Scheibenwaschanlage. Nachdem er mir mehrfach wegen absoluter Kleinigkeiten auf den Sack ging, habe ich ihn, alleine, in seinem Büro besucht und die entsprechenden Takte geflüstert. Wenn er wolle, dass die letzten drei Wochen ruhiger für ihn verlaufen sollten, dann solle er sich für seine Machtspielchen einen anderen Kameraden aussuchen, ich werde nun auf jeden Fall entsprechend reagieren. Die Antwort folgte auf dem Fuße und ich musste wieder beim Hauptmann antanzen, wo sich auch der Stabsfeldwebel befand, der veranlasst hatte, mich wegen versuchter Körperverletzung und Bedrohung eines höheren Dienstgrades in Arrest nehmen zu lassen. Ich hörte mir alles an und fragte frech, wann ich denn diesen „Überfall", wie er es nannte, ausgeführt haben soll. Er nannte die korrekte Uhrzeit, und ich log ihm frech ins Gesicht, dass ich mich zu dieser Zeit in meiner Werkstatt aufgehalten und diese bis gerade eben nicht verlassen hatte. Meine beiden Obergefreiten könnten dies bezeugen, der Hauptmann müsse nur anrufen. Was er auch tat und die entsprechende Bestätigung bekam. Der Stabsfeldwebel ist fast geplatzt, hielt sich aber zurück. Von diesem Tag an lies er mich in Ruhe und ich habe ihn auch nie wieder gesehen. Sicher wusste der Hauptmann, dass ich gelogen und meine Leute zu mir gehalten hatten. Aber bei ihm stapelten sich sowieso die Beschwerden dieses alten Mannes und vielleicht war er ja auch froh, dass endlich mal jemand dem Spuk ein Ende bereitet hat. Ein paar Tage später erfuhr ich dann, dass sich der Stabsfeld krankgemeldet hatte. Es sollte eine Abschiedsfeier geben, zu der er dann noch erschienen ist, ich war aber nicht eingeladen. Wunderte mich aber auch nicht wirklich, wenn ich ehrlich sein soll.

Dabei fiel nur ein Schuss (Todendorf)

Das ist nur eine kleine, kurze Geschichte. Aber trotzdem erzählenswert: Unsere Einheit in Hardheim verfügte über Gepard-Panzer. Das ist Flugabwehrpanzer mit einer Zwillingskanone. Mit diesen Geräten kann man ja nicht überall schießen, deswegen fährt man damit nach Todendorf an die Nordsee. Dort gibt es einen Spezialschießplatz für Flugabwehrgeräte. Geschossen wird über die Hohwachter Bucht damit die Geschosse ins Meer fallen und niemandem auf den Kopf.

Doch wie wird das nun geübt? Man kann ja schlecht echte Flugzeuge vom Himmel holen. Wie es heute gemacht wird, kann ich nicht sagen, in den 80er jeden Fall wurde auf s.g. Schleppsäcke geschossen, die an einem bis zu sechs Kilometer langen Seil hingen. Dieser Schleppkörper war mit irgendwelcher Elektronik ausgestattet, die die Einschläge der Kugeln registrieren konnte. Es stieg also ein echtes Flugzeug auf, an dem das Seil befestigt war. Zuerst kam das Schleppflugzeug, dann lange nix und dann der Schleppsack. Auf diesen Schleppsack musste die Panzerbesatzung schießen. Ich hatte zwar eine Ausbildung an einer Zwillingskanone, mit dem Gepard selber hatte ich aber nichts zu tun. Das hielt uns trotzdem nicht davon ab, diesen Übungen beizuwohnen, denn wann sieht man schon einmal einen Panzer in voller Aktion? Wir stehen also da und suchen mit unseren Ferngläsern den Himmel ab. Nachdem das Schleppflugzeug vorbei war, dauerte es ein paar Minuten, bis man den Schleppsack sehen konnte. Die Panzerbesatzung bekam den Schießbefehl und alles wartete auf das Rattattattatta der Zwillingskanonen. Es macht aber nur Ratt und dann war Ruhe. Der Gepard hatte einen einzigen Schuss abgegeben und gleich danach eine Ladehemmung.

Am Himmel aber geschah das schier Unglaubliche! Dieser eine Schuss, diese lausige Kugel, hatte, auf eine Entfernung von fast fünf Kilometern, tatsächlich die Halterung getroffen, an der das Seil den Schleppsack festhielt. Das Resultat? Der Schleppsack fiel ins Meer! Der Pilot hat diesen „Abschuss" bestätigt, er hatte den Sack jedenfalls nichts ausgeklinkt. Die Besatzung des Panzers wurde anschließend auf den Schultern der Kameraden zurück in die Kaserne getragen.

Wo ist der Rekrut denn hin?

Ich wurde mehrfach abkommandiert, um bei der Abschlussprüfung der neuen Rekruten eine der Stationen zu übernehmen, die diese Rekruten passieren, und dabei irgendwelche Aufgaben bewältigen mussten. An einem dieser Tage hatte ich eine Station, an der sich der Soldat vorbeischleichen sollte. Immer, wenn ich ihn bemerkte, sollte ich mit Übungsmuniton auf ihn schießen, diese Station galt dann als „nicht bestanden". In unserer Kaserne gab es einen Major, der wirklich in Ordnung war. Er brachte mir mehrfach seine privaten Waffen zur Reparatur und nach einer Weile waren wir, außer wenn andere Soldaten dabei waren, sogar „per du" miteinander. Er war zwar wesentlich älter wie ich, wir funkten aber auf einer Wellenlänge. An dieser Abschlussprüfung war er zwar nicht beteiligt, aber anwesend, um sich den „Ausbildungsstand der neuen Soldaten" anzuschauen. Ich wusste zwar, dass er in der Gegend war, als er sich aber in meine kleine Stellung schlich, da war ich schon erstaunt.

„Na, Hadley, läuft alles?"
Obwohl seine Adjutanten dabei waren (ich nannte die Dienstgrade immer so, die um ihn herum schlichen), duzte er mich.
„Jawoll, Herr Major, an mir kommt keiner vorbei!"
Er schlug mir den Ellenbogen in die Seite und sagte:
„Dann wollen wir mal sehen!"
Das muss man sich vorstellen: Hinter uns knieten mehrere Offiziere und Unteroffiziere und ich, ein kleiner Stabsunteroffizier, lag mit einem Major (der mich duzte) im Dreck und wir machten Witze. Der nächste Rekrut war dann so laut, dass wir ihn beide gleichzeitig sahen. Ich traute meinen Ohren nicht, als der Major neben mir raunte:

„Hadley, da isser. Knall ihn ab!"
Ich feuerte mehrere Schüsse in die Richtung des Rekruten, der vor Schreck zusammenzuckte, sich dann aufrichtete und „normal" weiterging.
„Du hast ihn erwischt!"
So „erwischten" wir einen nach dem anderen in der nächsten Stunde. Jeder Soldat hatte eine Nummer und es wurde mir per Funk durchgegeben, wann der Nächste loslief. Doch so sehr wir uns anstrengten, wir sahen den nächsten Rekruten nicht. Als dann per Funk wieder ein Soldat angekündigt wurde, fragte ich, wo denn der vorherige geblieben war, wir hätten niemanden gesehen. Die Antwort kam schnell: „Der ist durch, längst bei Euch vorbei!"
Der Major klopfte mir auf den Rücken, stand auf und sagte: *„Hadley, den schaue ich mir an!"*

Nervenkrieg auf dem Schlachtfeld

Einmal wurde ich gebeten, während eines Nachtbiwaks der Grundausbildung, die frischen Soldaten nachts bei Laune, soll heißen, wach zu halten. Zusammen mit Stuffz Wegener und zwei weiteren Unteroffizieren forderten wir mehrere Übungsgranaten an, Leuchtpistolen, vier Uzis und jede Menge Übungsmunition. Wegener hatte einen Plan: Als es dunkel wurde, spähten wir zunächst die Stellung der Soldaten aus. Wir fanden um das Lager verteilt vier Wachposten sowie an die 30 Zelte der Soldaten. Ein großes Mannschaftszelt stand am Waldrand, ebenso die Zelte der Ausbilder. Wichtig war nun, sich bei Dunkelheit diesen Wachposten zu nähern, um das „Ablösegespräch" zu belauschen. Dieses Ablösegespräch dient erstens zur Identifizierung der nächsten Wache (sonst könnte ja jeder kommen), denn es wir auch ein Losungswort vereinbar. Quasi ein Passwort. Zweitens dient es dazu, dem

Soldaten, der die Wache übernimmt, seinen zu überwachenden Bereich zu erklären. Ja, schon klar, ich finde das Ablösegespräch auch blöde, denn das kann man mit jedem Richtmikrofon belauschen oder eben, wenn sich ein Feind anschleicht und sich das Gespräch einfach anhört. Was wir dann auch gemacht haben. Jeder schlich sich in der Dämmerung zu „seinem" Wachposten und wartete solange, bis dieser Wachposten abgelöst wurde. Ich lag rechts neben dem Posten in einer Senke und konnte den Wachposten sogar atmen hören! Nachdem ich zwei Wachwechsel abgewartet habe, was immerhin knapp drei Stunden gedauert hatte, schlicht ich mich zurück. Wir wussten nun, wann die Ablösung stattfand, die Losung und das Ablösegespräch jedes Wachpostens.

Mit diesen Informationen arbeitete Wegener den Schlachtplan aus. Er hatte eine Stelle im Wald entdeckt, in die keiner der Wachposten einsehen konnte. Sozusagen ein toter Winkel. Dorthin begaben wir uns und warteten den nächsten Wachwechsel ab. Das muss dann so um ein oder zwei Uhr in der Nacht gewesen sein. Alle Soldaten schliefen, bis auf die Wachposten und deren Ablösung.

Wir schossen, kurz vor der Wachablösung, mehrere Leuchtraketen in den Himmel und warfen ein paar Übungsgranaten in den Wald. Innerhalb Minuten war das ganze Lager auf den Beinen. Die Rekruten rannten, aufgeregt wie ein Schwarm Bienen, im Lager hin und her um die vorher ausgemachten Stellen zu erreichen, die sie gezeigt bekamen, um im Falle eines Angriffes das Lager zu verteidigen. Wegener sah sich das an und meinte, wenn er jetzt drei, vier echte Granaten hätte, wären von den 30 Soldaten schon 20 tot.

Wir warteten in sicherer Entfernung ab, während die Rekruten wild mit ihrer Übungsmunition in den dunklen Wald ballerten. Nach etwa 15 Minuten befahl einer der Ausbilder das Feuer einzustellen und es wurde wieder etwas stiller. Nach weiteren 30 Minuten wurde Nachtruhe befohlen und die Soldaten wollten sich wieder in die Zelte zurückziehen. Keiner ist auf die Idee gekommen eine Patrouille in den Wald zu schicken, um nach Feinden zu suchen. War vermutlich viel zu gefährlich. Außerdem war der Wald dunkel. Da bleibt man lieber am Lagerfeuer, welches in der Mitte der Zelte munter vor sich hin brannte.

Das war das Zeichen nochmals loszulegen und weitere Leuchtraketen stiegen in den Himmel. Zudem ballerten wir durch den Wald was die Waffen hergaben, hatten aber, um uns nicht zu verraten, die Mündung der Uzis mit Stoff fest verschlossen. Das Mündungsfeuer hätte uns ja sonst verraten.

Das Schauspiel begann von Neuem, denn völlig sinn- und ziellos wurde nun vom Lager in den Wald geballert, nur nicht in unsere Richtung. Wegener hatte recht behalten, die Stelle, an der wir im Wald standen, wurde von den Soldaten gar nicht beachtet. Ich dachte noch, das kann ja nicht wahr sein und Wegener schüttelte ständig den Kopf bei so viel Unfähigkeit der Ausbilder. In Afghanistan, meinte er geringschätzend, wären die alle schon am ersten Tag tot.

Jetzt warteten wir wirklich ab, bis alles wieder ruhig war. Dann, nach über einer Stunde, begann das Ende des Spiels: Wir stürmten das Lager. Zunächst machten wir eine Zeit aus, das war, wenn ich mich richtig erinnere, halb sechs. Jeder sollte sich zu seinem Wachposten schleichen, ihn „killen" und dann, um halb sechs, einfach von diesem Wachposten aus zum Lagerfeuer marschieren. Außer den Wachposten gab es keine Streife im Lager, keine Patrouille, die irgendwie aufpasste, nichts. Die Ausbilder wussten ja Bescheid, dass wir da waren, taten aber nichts, was die Rekruten irgendwie gerettet hätte. Hinterher habe ich erfahren, dass in der Gruppe zwei Unteroffiziersanwärter und ein Offiziersanwärter waren, die mit der Sicherung des Lagers beauftragt wurden. Die Ausbilder hielten sich raus und wollten die Lage hinterher, zusammen mit den Anwärtern, analysieren. Was Stuffz Wegener wieder etwas wohlgesonnener stimmte, als er das hörte.

Ich hätte meinen Wachposten beinahe nicht bekommen, denn ich wollte mich neben ihn schleichen, die Losung sagen, und dann, sozusagen als Krönung, das Ablösegespräch mit ihm führen. Ich Idiot hatte aber die Losung vergessen und konnte demnach nicht offen auf den Posten zugehen. Ich musste mich ranschleichen, was im Wald nicht so einfach war. Nachdem der Wachposten, nach den zwei Angriffen vorgewarnt, mich dann doch bemerkte, fing ich einfach leise zu fluchen und zu jammern an. Ich könne mir dieses blöde Scheißwort nicht merken und der Uffz würde mir nun sicher den Kopf anreißen und er solle mich bitte nicht verraten. Nun, man ist ja kein Kameradenschwein, der Wachposten lies mich tatsächlich in die Stellung, wo ich ihm sofort eröffnete, dass er nun tot sei und ich der Feind. Mann, der war fertig! Ehrlich, der hat sich in Grund und Boden geschämt und mir erzählt, sein Vater sei irgendein Hauptmann, und wenn der das erführe, der würde ihn auslachen. Ich beruhigte ihn und sagte, den anderen drei Wachposten würde es nicht viel besser gehen und er solle bitte mitspielen und sich ruhig verhalten, während wir das Lager betreten. Das wäre sonst ziemlich unfair, denn im Ernstfall wäre er jetzt tot und tote Soldaten können ihre Kameraden nicht warnen.

Genau um halb sechs stand ich dann auf, um in die Mitte des Lagers zu gehen, wo die Feuerstelle längst heruntergebrannt war. Ich traf gleichzeitig mit Wegener und den anderen Dreien am Lagerfeuer ein und da standen wir dann nun. Wegener schüttelte ständig den Kopf, er konnte das nicht fassen. Wir standen in einer „feindlichen" Stellung, bis unter die Zähne bewaffnet, und niemand sagte „Guten Morgen, was macht ihr denn hier!" Alles schlief tief und fest. Rekruten und

Ausbilder, niemand hatte etwas bemerkt. Wegener nickte und wir verschossen unsere Magazine mit Übungsmunition, die Mündungen hielten wir natürlich in die Luft. Ich habe drei Magazine verschossen, bis der erste Schuss eines der Soldaten gefallen war. Drei Magazine mit jeweils 30 Schuss, das muss man sich mal geben. Wobei anzumerken ist, dass es keine zwei Minuten dauert, um drei Magazine zu verschießen. Einer der Ausbilder, ein Hauptfeldwebel, fand die Aktion so gelungen, dass er uns zu einer Belobigung meldete. Er meinte, das wäre der kreativste Nachtangriff gewesen, dem er in den letzten 10 Jahren beigewohnt hatte. Das ist doch schon mal was und so was vergisst man dann auch nicht mehr.

Wo ist meine Streife

Während des Wachdienstes hatte die Streife Anweisung, sich in einem bestimmten Intervall zu melden. Entweder per Funk oder wenn dies nicht möglich war, per Telefon. Telefonieren konnte man in jeder Einheit, denn in jedem Gebäude gab es einen UvD, der die ganze Nacht wach war. Während einer meiner Wachdienste regnete es Nachts in Strömen und es wurde richtig kalt und ungemütlich. Ich schickte die Streifen mit voller Regenausrüstung los, aber Spaß machte das sicher keinen. Es regnete wirklich unaufhörlich. Dann meldete sich die erste Streife, die Meldung der zweiten Streife blieb jedoch aus. Ich wartete noch 15 Minuten, rief die Streife selbst mehrfach über Funk und wartete dann nochmals 15 Minuten. Ich schickte zwei Soldaten los, um die verlorene Streife zu suchen. Doch auch diese kamen ohne Ergebnis zurück. Da die Streife nun schon mehr als 40 Minuten „verschollen" war, löste ich Alarm aus. Das bedeutete: Wecken der kompletten Wachmannschaft und Benachrichtigung des S2-Offiziers, der für die

Sicherheit der Kaserne verantwortlich und mein Vorgesetzter war.

Zwölf Soldaten, mein Stellvertreter und ich schwärmten nun aus, regenfest verpackt und mit durchgeladenen Waffen, um zwei vermisste Wachleute zu suchen. Ich hatte vorher noch bei allen UvDs angerufen, ob sich meine Streife vielleicht dort befinden würde, was ausnahmslos alle verneinten.

Aber genau bei einem dieser UvD fand ich selbst die beiden Soldaten dann. Sie saßen, quietschvergnügt und mit einer Tasse Kaffee in der Hand, im Zimmer des UvDs ihrer Einheit und machten sich über mich lustig, weil ich, rein aus Sorge um die Männer, ein solches Affentheater veranstaltete. Ich selbst fand das weniger lustig und habe die Beiden verhaftet. Diese lachten darüber und wollten zu ihren G3's greifen, um sich wieder auf die Streife zu machen. Das war nun sicher etwas übertrieben, aber ich zog meine Pistole und wiederholte die Verhaftung mit dem Hinweis, wenn einer sein Gewehr anfassen würde, dann würde ich ihn über den Haufen schießen. Ich hatte endgültig die Schnauze voll davon, dass mir jeder auf der Nase herumtrampelt. Zu meinem Glück, zu meinem wirkliche Glück, sah dass der S2-Offizier, der in dem Moment durch die Türe kam, ganz genauso wie ich und er ging sogar noch einen Schritt weiter: Er verhaftete den UvD gleich mit, der ja gelogen hatte, als ich ihn anrief und nach meiner Wache fragte.

Was ich währenddessen im zivilen Leben gemacht habe

Natürlich hatte ich in dieser Zeit auch ein Privatleben, ich habe mich ja nicht vier Jahre in der Kaserne verkrochen. Am Anfang der Bundeswehrzeit wohnte ich noch in Sinsheim in der Steinsbergstraße, bin dann aber mit Carola in eine gemeinsame Wohnung nach Meckesheim gezogen.

Das war nicht ganz die feine Art

Carola war seit mehr als einem Jahr meine Freundin und wirklich eine Klasse für sich. Ich habe sie, während wir noch nicht zusammenwohnten, nicht einmal ungeschminkt gesehen. Wirklich, immer wenn ich sie besuchen kam, sie wusste ja ungefähr die Uhrzeit, wann ich kam, war sie fix und fertig zurechtgemacht und geschminkt. Habe ich, was dann während meiner Bundeswehrzeit häufiger vorkam, bei ihr übernachtet (sie wohnte noch bei ihren Eltern), schlich sie sich morgens immer zuerst ins Bad, um sich zu schminken. Immer wenn ich sie fragte, warum sie nicht in meiner Wohnung übernachten könne, kam etwas anderes dazwischen. Heute weiß ich, dass sie deswegen nicht bei mir geschlafen hat, weil man meine Wohnung nicht verdunkeln konnte: Meine Fenster hatten keinen Rollladen!

Mich störte das nicht so besonders, ich mochte sie wirklich sehr gerne. Sie war eine bildhübsche, kluge Frau und als sie fragte, ob wir nicht zusammenziehen wollen, war ich einverstanden. Wir mieteten eine Zweizimmer-Wohnung in Meckesheim, nahmen einen kleinen Kredit auf, und richteten uns ein. Sie bekam dann eine Ausbildungsstelle im Ort und konnte zur Arbeit laufen, während ich jeden Morgen nach Hardheim fuhr und abends wieder zurückkam.

Doch irgendwann begann etwas, was ich nicht sofort deuten konnte. Wenn ich abends neben ihr lag, konnte ich nicht mehr einschlafen. Ich brauchte Stunden und war morgens entsprechend müde. Ich habe Monate gebraucht, um herauszufinden, was der Grund dafür war.

Carola war furchtbar eifersüchtig, das hatte Ausmaße angenommen, das kann man sich gar nicht vorstellen. Natürlich wusste sie nach einigen Wochen, wann ich nach Hause kommen müsste, wenn ich rechtzeitig in Hardheim losfahre.

Verspätete ich mich um mehr als 30 Minuten, musste ich das jedes Mal begründen. Irgendwann erfand ich dann Dienste, die bis in den Abend dauerten, nur um in der Kaserne übernachten zu können, wo ich immer todmüde ins Bett fiel und sofort einschlief. Fuhr ich dann am Wochenende nach Hause, war ich von echter Schlaflosigkeit gebeutelt und fand nur mittags auf dem Sofa ein oder zwei Stunden Schlaf.

Ihre Eifersucht wurde immer schlimmer und beeinträchtigte nicht nur das Miteinander, sondern auch mein Hobby und meinen Freundeskreis. Ich machte zu der Zeit ja immer noch Straßenmusik oder spielte in diversen Kneipen im Umkreis von Sinsheim und war so auch kein Unbekannter. Aber jedes Mal, wenn mich ein weibliches Wesen auf der Straße grüßte, die mich ja vielleicht an einem Samstag im Bogart, im Poolhouse, oder sonst wo beim Auftritt gesehen hatte, musste ich mich erklären. Wer war sie, woher kennst du sie, wie alt ist sie, wo wohnt sie, hast du dich schon mir ihr getroffen, vielleicht sogar schon mit ihr geschlafen?

Das war so furchtbar, dass ich nicht mehr mit ihr weggegangen bin. Ich blieb unter der Woche in der Kaserne. Wochenenden blieb ich einfach zu Hause. Ich kann mir einfach nicht vorstellen, dass sie das nicht bemerkt hat, es machte mich krank. Ich hatte irgendwann keine Lust mehr nach Hause zu fahren. Feige, wie ich war, suchte ich mir zunächst heimlich eine kleine Wohnung in Hardheim, die ich auch finanzieren konnte. Ich fand eine schöne, fertig möblierte Einzimmerwohnung für 200 Mark warm. Anstatt nun in der Kaserne zu schlafen, ging ich jeden Abend in diese Wohnung. Carola wusste nicht davon, ich habe ihr das nicht erzählt. Wozu auch.

Doch wie lange sollte das gut gehen? So viel Geld bekam ich ja nun auch nicht und zwei Wohnungen zu unterhalten, das wurde mir irgendwann zu viel. Zudem hatte ich bereits eine Freundin in Hardheim, fuhr also zweigleisig. Dann kam natürlich die Angst dazu, dass Carola das bemerkt, weil ich Kratzer hatte, oder anders roch. Oder einfach aus weiblicher Intuition heraus. Vom Sex her konnte sie es nicht merken, denn erstens war ich recht aktiv und agil, was dieses Thema betraf, und zweitens hatte ich sie wochenlang nicht angefasst.

Jetzt kam aber etwas hinzu, mit dem ich nicht gerechnet hatte. Als ich, an einem Sonntag, mit ihr Schluss machen wollte, brach sie völlig zusammen. Sie schrie, sie heulte, sie flehte, sie bettelte ich solle sie nicht verlassen. Mit so etwas hatte ich, nicht in meinen schlimmsten Träumen, gerechnet. Das machte mich völlig fassungs- und auch sprachlos. Also sprachen wir uns aus. Ich teilte ihr alles mit, was mich in der Beziehung störte. Ihre Gleichgültigkeit, der wenige Sex, ihre unfassbare Eifersucht. Sie versprach Besserung.

Doch es wurde alles nur noch schlimmer. Selbst auf Frauen im Fernsehen wurde sie eifersüchtig und machte mir eine Szene, wenn ich etwas über den schönen Hintern oder die tollen Brüste sagte. Da sie in der Zeit in Meckesheim etwas zugenommen hatte, waren dies genau die richtigen Aussagen, um sie auf die Palme zu bringen. Die vermehrten Pfunde waren auch der Grund, warum sie sich irgendwann nur noch im Dunkeln auszog und ins Bett legte. Ich nahm an, sie schämte sich für das eine oder andere Fettpölsterchen. Sie begann nun auch in der Kaserne anzurufen, kontrollierte meine Taschen und durchsuchte mein Auto. Als sie dann in meinem Handschuhfach tatsächlich einmal einen Fettstift für die Lippen fand, hat sie derart getobt, dass ich ins Auto stieg und nach Hardheim zurück fuhr. Ich hatte nun einfach genug, ich musste das beenden.

Vorgewarnt durch die Szene, die sie mir beim ersten Versuch gemacht hatte, tat ich nun etwas, was sicher nicht gentlemanlike war, ich wusste mir aber keinen anderen Ausweg.

Ich nahm mir einen Tag Urlaub mit der Begründung, ich müsse umziehen. Was ja nicht gelogen war. Dann fuhr ich morgens nach Meckesheim und räumte meine Sachen aus der Wohnung. Ich legte ihr einen Abschiedsbrief mit Begründung auf den Tisch und fuhr nach Hardheim zurück. Zwei Tage später bekam ich einen Brief, in der sie mich tausendmal bat, zu ihr zurückzukehren. Ich habe diesen Brief und mehrere weitere Briefe nie beantwortet. Ich lies in meiner Einheit auch ausrichten, dass ich nicht mit ihr reden wollte, weil sie mehrfach anrief. Nach einer Weile war dann Ruhe.

Ich habe sie, das hatte ich damals völlig vergessen, nicht nur mit der Wohnung, sondern auch mit dem Kredit sitzenlassen, den sie dann völlig alleine abzahlen musste. An diesen Kredit habe ich nicht einen Gedanken verschwendet, ich hatte den echt vergessen. Jahre später fuhr ich nochmals durch Meckesheim und sie arbeitete tatsächlich noch in dem gleichen Laden. Dick war sie geworden und hatte einen Amerikaner geheiratet. Verziehen hat sie mir wahrscheinlich nie.

Die Familie meiner Freundin

Bei Carola hatte ich auch zum ersten Mal einen richtigen Einblick in eine Familie. Carola hatte zwei Schwestern, beide älter, wovon eine bereits mit einem Autohändler verheiratet war und immer, so hatte ich den Eindruck, einen auf große Dame machte. Sie war immer rausgeputzt und sah nach viel Geld aus. Später erfuhr ich, dass ihr Mann anscheinend in kriminelle Geschäfte verwickelt war, da war die Rede von einer Hausdurchsuchung und Polizei. An die zweite Schwester habe ich so gut wie keine Erinnerung, ich hatte nicht so viel mit ihr zu tun.

Dafür traf ich, wenn ich bei Carola zu Hause war, öfters auf ihre Eltern. Während ich mit ihrer Mutter ein herzliches Verhältnis hatte, kam ich an ihren Vater nicht wirklich heran. Er war Fahrlehrer und schenkte mir immerhin Dutzende von Fahrstunden. Im theoretischen Unterricht war ich ein einziges Mal. Ich ließ mir von ihm einfach alle Bögen geben und habe diese dann komplett auswendig gelernt. Alle! Meine theoretische Prüfung gab ich bereits nach zwei Minuten fehlerfrei ab und auch der „Energiebogen" bereitete mir keinerlei Schwierigkeiten. Zur praktischen Prüfung, die unter der Woche stattfand, bin ich von Hardheim aus nach Sinsheim gefahren. In einem VW-Käfer, den ich bereits seit Wochen, ohne Führerschein, gefahren war. Den stellte ich zwei Straßen weiter ab und lief dann zu Fuß zum TÜV, wo er bereits, zusammen mit dem Fahrlehrer, auf mich wartete. Meine Fahrprüfung dauerte keine 20 Minuten, und nachdem ich völlig fehlerfrei durch die Stadt gefahren und perfekt rückwärts eingeparkt war, lies mich der Fahrlehrer wieder zum TÜV zurückfahren. Das war verdammt kurz und ich war der Meinung, ich wäre durchgefallen. Beim TÜV stieg ich aus und der Prüfer schaute mich eine Weile an. Er sagte er habe selten Fahrschüler, die bereits so routiniert fahren würden, und wollte wissen, ob ich denn wirklich erst seit sechs Wochen Auto fahren würde. Ich konnte ihm ja schlecht erzählen, dass ich vor 10 Minuten noch im VW-Käfer vorbeigefahren war.

In der Ehe von Carolas Eltern schien auch etwas nicht so richtig rund zu laufen und ich fragte mich, warum sich die Beiden niemals in die Arme nahmen oder sich hin und wieder mal küssten. Das kam wirklich niemals vor, ich kann mich nicht daran erinnern. Ich nahm das dann irgendwann als gegeben hin und habe mich nicht weiter darum gekümmert.

Eines Nachts, ich war noch im Wohnzimmer und schaute Fernsehn, kam Carolas Vater spät nach Hause. Er sah wirklich nicht gut aus, ich musste ihm aus dem Taxi helfen und legte ihn auf die Couch im Wohnzimmer. Er war fast nicht ansprechbar und ich dachte, zumindest im ersten Moment, er wäre betrunken. So ließ ich ihn erst einmal dort liegen und widmete mich wieder meiner Sendung. Nach einer Weile kamen dann aber Geräusche vom Sofa, die ich nicht mehr ignorieren konnte: Der Mann hatte hörbar Schmerzen. Ich versuchte ihn zu wecken, doch das war nicht mehr möglich. Ich ging zum Telefon und bestellte einen Notarzt, erst dann weckte ich die Mutter auf, die sich anzog und ins Wohnzimmer ging. Da sich das Krankenhaus nur wenige Hundert Meter neben dieser Wohnung befindet, war der Notarzt in wenigen Minuten vor Ort. Er stellte eine Ohnmacht fest und nahm den Mann mit.

Ich habe von der Familie meiner Freundin nicht erfahren, was dem Vater fehlte, es sagte mir einfach niemand. Deswegen fuhr ich selbst ins Krankenhaus, um ihn zu besuchen. Er bedankte sich bei mir und meinte, ich habe ihm wohl das Leben gerettet, denn wenn ich ins Bett gegangen wäre, hätte er die Nacht nicht überlebt. Dies wurde mir auch vom Arzt bestätigt, der sich im Zimmer aufhielt. Was mich heute noch stutzig macht: Weder von Carola, noch vom Rest der Familie, habe ich dafür ein Dank ausgesprochen bekommen. Ich muss zugeben, ich habe es auch keinem erzählt, das ich alleine beim Vater war und bereits wusste, dass er an dem Tag ein akutes Nierenversagen und seine Leber wohl auch den Dienst quittiert hatte.

Der Schuldenberg wächst

An irgendeinem, sehr verhängnisvollen Tag, steckte ich ein Zweimarkstück in einen Geldspielautomaten. Das war eine der allerersten Automaten, die noch mit Walzen waren und teilweise mechanisch funktionierten. Wenn man eine bestimmte Kombination auf den mittleren drei Walzen hatte, konnte man über eine s.g. Risikoleiter, den gewonnen Betrag immer wieder verdoppeln, indem man auf eine bestimmte Taste drückte, die, sinnigerweise, Risikotaste hieß. Erst von 20 Pfennig bis 5 Mark, dann von 2 Sonderspielen bis 40 Sonderspiele. In diesen Sonderspielen gewann man dann für jede Kombination 2 Mark. An diesem Tag habe ich den Automaten leer gemacht und fast 200 Mark ausgezahlt bekommen. Für 2 Mark Einsatz. Die Risikoleiter war ein Witz, denn sie funktionierte nicht, wie die heutigen Automaten, auf die Millisekunde, sondern, so hatte ich das Gefühl, ebenfalls mechanisch. Ich bin Musiker und habe ein ausgezeichnetes Taktgefühl. Von 10 Mal, in denen ich die Risikoleiter bedienen konnte (wenn ein entsprechender Gewinn vorlag), habe ich das Ding drei- oder viermal in die Sonderspiele, und mindestens ein Mal bis auf die 40 Spiele gedrückt.

Innerhalb weniger Wochen hatte ich in allen Kneipen rund um Hardheim Spielverbot. Ich durfte die Kneipe zwar besuchen, aber keinen der Geldspielautomaten anfassen. Denn jedes Mal, wenn ich an einen Automaten konnte, habe ich diesen leergespielt. Das war für mich überhaupt kein Problem. Ich habe versucht diese Technik an Kumpels weiterzugeben, aber wo kein Taktgefühl ist, da kann man auch keines hinzaubern. So musste ich immer weitere Wege in Kauf nehmen, um noch in Kneipen spielen zu können, in denen ich noch kein Spiel- oder sogar Hausverbot hatte. Manch einer der Wirte wollte mir den Gewinn nicht ausbezahlen und ich musste mehrfach mit der Polizei drohen, bevor ich mein Geld bekam. Manchmal lies ich mich auch auf einen Deal ein und nahm nur die Hälfte. Ist besser als gar nichts.

Es kam, wie es kommen musste, ich wurde süchtig. Ich hatte kein anderes Ziel mehr, als mir am Wochenende eine Kneipe zu suchen, um das Geld, was ich das letzte Wochenende gewonnen hatte, wird einzusetzen und zu vermehren. Mit dem Gewinn stattete ich meine Wohnung aus, machte den

Führerschein und kaufte mir ein gebrauchtes Auto. An dieser Sucht gab es für mich nichts Verwerfliches, denn ich gewann ja immer! Ich habe stellenweise 1.000 Mark und mehr an einem Tag gewonnen, weil ich z. B. nach Heidelberg oder Heilbronn gefahren bin, um dort in den Kneipen zu spielen.

Als die Zeit des Wendepunkts, und damit des Absturzes ganz nach unten kam, habe ich das nicht einmal mitbekommen. Die Automaten wurden immer besser, die Elektronik immer ausgefeilter, die Automatenhersteller immer gewitzter. Schleichend vollzog sich etwas, was ich nicht einmal im Ansatz bemerkt habe: Trotz meines Taktgefühles konnte ich nicht mehr so oft „nach oben drücken", wie man das in der Spielersprache nennt. Irgendwann blieben die Gewinne aus und ich habe mit leeren Taschen die Kneipe verlassen. Man redet sich dann einen schlechten Tag ein. Das wird schon wieder, das hole ich morgen wieder rein.

Aus Sinsheim kamen dann die ersten Briefe der Volksbank, da ich mein Giro natürlich überzogen hatte. Es kamen die ersten Bankkarten auf und ich habe mir, damit ich nicht immer in die Filiale musste, eine solche Karte geben lassen. Am Anfang konnte man nur einmal am Tag abheben, und wenn man dann nicht den vollen Betrag abhob, der möglich war, musste man bis zum nächsten Tag warten. So habe ich wohl mehrere Tage hintereinander immer 400 Mark abgehoben, bis die Bank mir die Karte sperrte und mich per Einschreiben um ein Gespräch bat.

Da ich bei der Bundeswehr eine Ablöse erwarten konnte, wurde mir von der Volksbank Sinsheim ein Kredit über 10.000 Mark gewährt, abgesichert durch eine Kapitallebensversicherung (mit einer Rate von monatlich 200 Mark) und die Abtretung der Ablösesumme von 8.000 Mark. Somit flossen, abzüglich der knapp 6.000 Mark für den Dispokredit, 4.000 Mark auf mein Konto.

Ich habe nur ein paar Wochen gebraucht, da war mein Konto wieder auf null. Da ich keinen Dispo mehr bekommen hatte, wurde mein Konto gesperrt und die Karte eingezogen. Doch mir machte das nichts aus. Ich ging einfach zur Volksbank Hardheim und eröffnete dort ein neues Konto. Auf dieses Konto lies ich nun mein Gehalt fließen und hab die Briefe aus Sinsheim einfach nicht mehr beachtet. Eine Lohnpfändung meines Gehaltes war anscheinend nicht möglich, jedenfalls kann ich mich nicht daran erinnern, dass es so weit gekommen wäre.

Nachdem ich die Bundeswehr verlassen und die Volksbank meinen neuen Aufenthaltsort ermittelt hatte, war mein Schuldenberg auf mehr als 50.000 Mark angewachsen. Die Volksbank hatte, von meinem eigentlich gesperrten Konto, jeden Monat jeweils die 200 DM für den Kredit und die 200 Mark für die Lebensversicherung abgebucht. Über mehrere Jahre! Zusammen mit den Zinsen machte das eine so gewaltige Summe aus, die mich eigentlich recht kalt lies. Ich konnte das sowieso nicht bezahlen. Erst nach vielen Jahren habe ich mit der Bank eine Lösung gefunden das auszugleichen, und heute bin ich fast schuldenfrei. Ich habe in den letzten 20 Jahren fünf Offenbarungseide abgelegt und es hat mich nicht umgebracht.

Die Volksbank in Hardheim hatte aber auch kein Glück mit mir und so bekam ich zunächst auch auf dieser Bank, aufgrund meines monatlichen Gehaltes von 1.600 DM, einen Dispo erst über 2.000 Mark, der später auf 4.000 Mark erhöht wurde. Auch dieses Geld habe ich wieder mit einem Kredit abgelöst (5.000 Mark), den ich wieder mit einer Lebensversicherung abgesichert hatte.

In der ganzen Zeit spielte ich weiter und bemerkte nicht, dass die Sucht mich fest im Griff hatte. Die Gewinne wurde immer weniger, aber ein Spieler bemerkt das nicht. Es geht irgendwann nicht mehr ums Gewinnen, sondern um das Spiel selbst. Die Atmosphäre in der Spielhalle, der Rauch, die Töne, die Geräusche, die Menschen, die, genau wie ich, heute den Verlust von gestern einspielen mussten, all das wird zu einem Lebensgefühl, das dich aufsaugt und euphorisch werden lässt. Dich, wenn der letzte Groschen im Automaten steckt, jämmerlich wieder ausspuckt.

Die Wohnung in Hardheim hatte ich längst verloren, denn ich konnte die Miete nicht bezahlen. Mein Geld steckte ich komplett in die Automaten und in meine Pornosucht. Im Bunker meiner Einheit standen zwei Seesäcke mit meinem Hab und Gut, ich wohnte in der Kaserne. Dies war vermutlich auch der Grund, warum ich so dermaßen tief in die Spielsucht abgerutscht war: Ich hatte keine Existenzangst! Geld war, eigentlich, völlig unwichtig, denn ich brauchte es nicht. Ich hatte ein Dach über dem Kopf und drei Mahlzeiten am Tag. Für mein sonstiges Leben brauchte ich nicht viel, ich jobbte ja bereits als DJ in einer Diskothek in Hardheim, wo ich am Wochenende einen Hunderter verdiente. Oder ich nahm meine Gitarre und stellte mich tagsüber wieder nach Heidelberg auf die Straße. Das Auto, einen VW-Jetta, hatte ich ja noch.

Doch im Januar 1989 kam dann der Tag, an dem ich nicht mehr wollte. Nachdem ich das 13. Monatsgehalt auf dem Konto hatte, Geld, was ja „so nicht geplant, also übrig war", an einem einzigen Tag ausgegeben hatte, war einfach das Ende erreicht. Ich saß in meinem Jetta vor einer Spielhalle in Sinsheim (in der ich noch kein Spielverbot hatte) und starrte die Wand an. Die letzten 10 Stunden hatte ich mehrere Automaten gleichzeitig mit meinem Geld gefüttert und hatte alles verloren. Ich war da noch mit Carola zusammen, hab ihr aber von dem Geld nie etwas erzählt. Sie wusste auch nichts von meiner Spielsucht und meinen Geldsorgen, ich konnte das immer von ihr fernhalten.

Keine Ahnung, wie lange ich auf diesem Parkplatz saß, aber ich wollte nicht mehr. Ich beschloss, zum ersten und zum letzten Mal, meinem Leben ein Ende zu bereiten. Es stand nur die Frage aus, wie ich es machen sollte. In der Kaserne war das kein Problem, ich kam da an Waffen und an Munition heran, schließlich war ich der Waffenmechaniker. Aber erschießen? Jetzt noch nach Hardheim fahren? Nein, es musste sofort sein. Also mit dem Auto auf die Gleise. Dort stand ich dann und wartete auf den Zug. Doch es kam keiner! Nachdem ich dort eine halbe Stunde gestanden habe, überlegte ich es mir dann doch anders. Eigentlich fand ich das Leben ja geil, ich hatte da halt nur ein paar Probleme, die es zu lösen galt.

Zuerst hörte ich nicht auf zu spielen, sondern ich schränkte es gnadenlos ein. Ich kaufte mir ein Sparschwein (welches ich heute noch habe) und habe, wenn ich abends Kleingeld im Geldbeutel hatte, dieses Kleingeld in das Schwein geschmissen. Um mir eine Beschäftigung zu besorgen, und nicht immer nur an diese doofen Geldautomaten denken zu müssen, kaufte ich einem Kameraden seinen C64-Computer von Commodore ab. Diesen stellte ich beim Bund in meine Stube, habe Kontakte zu anderen C64ern geknüpft (wegen neuer Spiele) und dann fleißig gespielt (dies war übrigens mein Einstieg in die Computerwelt). Waren dann 100 Mark im Sparschwein habe ich dieses Geld in die Spielhalle getragen. Gewann ich tatsächlich einmal, habe ich nach dem Gewinn (meistens jedenfalls) sofort aufgehört, das Geld aus dem Automaten gelassen, bin nach Hause gefahren und habe das Geld zurück ins Sparschwein gestopft. Ich habe meine Denkweise geändert: Ich bin nicht in die Spielhalle gefahren, um mein Geld zu vermehren, sondern um diese 100 DM auszugeben. Ich habe mich, bevor ich losgefahren bin, darauf eingestellt, mit leeren Händen wieder nach Hause zu kommen. Außerdem habe ich den Geldbeutel, und natürlich die Bankkarte, zu Hause gelassen.

Auf diese Weise habe ich mir die Lust am Spiel bewahrt und immer wieder mal unglaubliche Summen gewonnen. Heute spiele ich nicht mehr, die neuen Automaten gefallen mir überhaupt nicht, aber vor noch nicht all zu langer Zeit war ich in der Spielhalle in Weikersheim ein vielbestauntes Phänomen. Jeder Spieler dort schlug, wegen meiner Spielart, die Hände über dem Kopf zusammen, denn ich spielte immer das System „alles oder gar nichts". Ich habe nie, was manchen Spielern, die sich in der Halle aufhielten, fast einen Herzinfarkt einbrachte, immer bis „ganz nach oben" gedrückt und bin mehrfach, eine Stufe vor dem Ziel „abgestürzt". Das Adrenalin, was bei dieser Spielart ausgeschüttet wird, das kann sich keiner vorstellen.

Ich bin nur noch einmal im Monat dorthin gegangen und habe immer, wirklich immer, etwas gewonnen (die Ausnahme bestätigt die Regel). Meinen Einsatz habe ich, ob Mark oder Euro, fast immer verdoppelt, verdrei- oder sogar vervielfacht. Ich habe niemals mehr den Fehler gemacht, es als Geheimnis anzusehen, wohin ich fahre. Meine Frau wusste immer, wo ich bin und was ich mit den 100 Euro mache, die ich eingesteckt habe. Einmal kam ich mit unglaublichen 950 Euro nach Hause, die hat vielleicht gestaunt! Gewonnen an einem Nachmittag, mit 100 Euro Einsatz. Ich habe den Automaten achtmal bis ganz nach oben durchgedrückt. Achtmal hintereinander! Heute spiele ich nicht mehr. Ich brauche mein Geld für meine Kinder.

Ich war porno- und sexsüchtig

Meinen ersten Pornofilm habe ich in Waldshut gesehen, in einem normalen Kino, in der Spätvorstellung. Da war ich gerade einmal 16 Jahre alt. Nach meinem Alter hat am Eingang niemand gefragt, die waren froh, dass überhaupt jemand kam. Pornohefte kannte ich ja bereits von meinem Bruder her, der neben seinen pädophilen Heftchen ja auch „normale" Pornos besaß. Vor meiner Zeit in der Bundeswehr kann ich mich nicht daran erinnern, solche Hefte besessen zu haben. Da die Zimmer im Lehrlingsheim öfters mal durchsucht wurden, wäre dies auch nicht möglich gewesen. So richtig in Kontakt mit diesem Zeugs kam ich erst während meiner Bundeswehrzeit.

Pornos sind die Lektüre der Soldaten. Das ist einfach so und das kann niemand leugnen. Ich bin mir sicher, wenn man, auch heute noch, alle Zeitschriften, die man in einer Kaserne findet, auf einen Tisch legt, befinden sich 80 % Pornos oder pornografische Zeitschriften darunter. Die waren einfach Alltag und man würde immer damit konfrontiert. Die lagen in der Wachstube und beim UvD (Unteroffizier vom Dienst, der in jeder Einheit ein eigenes Büro am Eingang hat). In jeder Schublade lies sich etwas finden, und natürlich in den Schließfächern der Mannschaften. Pornohefte waren wirklich allgegenwärtig.

Ich selbst hatte nie ein Problem damit. Wir haben uns immer Pornos ausgeliehen und diese dann gemeinsam angeschaut. Nur wichsen konnte man dann halt nicht, wie hätte das ausgesehen. Fünf Soldaten sitzen wichsend vor einem Porno. Allerdings, und auch dies merkte ich nicht sofort, wurde es bei mir immer schlimmer. Egal wie oft ich eine Videothek betrat, ich lieh mir immer einen Porno aus. Oder zwei, oder drei. Selbst in meiner Freizeit schaute ich nichts anderes mehr an, ich konnte bald die komplette Regalwand in der Videothek auswendig.

Dabei hatte ich auch nie ein Problem offen damit umzugehen. Ich sprach darüber, wie Fußballfans über ihren „Kicker" reden. Ich kannte die deutschen Darsteller, war mehrfach selbst auf der Pornomesse und befreundete mich mit dem

Inhaber eines Sexshops an, mit dem ich dann mehrfach auf der Messe einkaufen war. Ich abonnierte eine Zeitschrift, die von Teresa Orlowski herausgegeben wurde. Ich kannte mich in der Branche richtig aus.

Die negativen Auswirkungen, die bemerkte ich nicht. Ich fuhr ständig nach Würzburg, Heidelberg und Heilbronn, um diese Videokabinen aufzusuchen, in denen Pornofilme liefen. Hunderte von Markstücken habe ich in den Automaten gesteckt, der mich dann für drei Minuten mit unterschiedlichen Pornos beglückte. Ich dachte mir, wenn ich einen Videorekorder ausleihen muss (10 Euro/Tag) und dazu mehrere Filme (6 DM/Tag), dann konnte ich für diese 50 Mark auch in eine Videokabine gehen. Irgendwann gab es dann in Sinsheim im Industriegebiet ebenfalls einen Laden mit diesen Kabinen, da wurde ich dann Stammgast.

Auch auf den diversen Lehrgängen, die ich während meiner Bundeswehrzeit war, verbrachte ich Stunden über Stunden in diversen Läden, in denen Erotisches angeboten wurde. Ich war in Peepshows, Stripclubs, Videoläden oder Pornokinos und habe dort mein ganzes Geld hingetragen, welches vom Spielen am Geldautomaten noch übrig war. Ging mir die Kohle aus, setzte ich mich mit der Gitarre in die Fußgängerzone.

Dann kam der Tag, an dem mir die Bilder einfach nicht mehr reichten. Ich hatte damals zwar eine Freundin, ich hatte eigentlich immer eine Freundin, doch so viel Sex, wie ich brauchte, das konnte mir keine der Mädels bieten. Es musste eine Lösung her. In einem Nachtclub in Sinsheim wurde ich von den Animierdamen immer heftig umgarnt, die natürlich nicht nur ihre Getränke loswerden wollten, sondern auch, das illegale, Hinterzimmer mit mir besuchen wollten. Aber in Sinsheim wollte ich das nicht. Nicht in dem Ort, in dem mich jeder kannte. Man stelle sich vor, das würde rauskommen, dass ich mich im Puff aufhalte.

Mein „erstes Mal", quasi meine Entjungferung hatte ich in Aachen in einem Puff, und es war eine Katastrophe. Ich kam mir so schmutzig, so erniedrigt und so ausgenutzt vor, das kann sich keiner vorstellen. An der Türe wurden 50 Euro „für eine schnelle Nummer" ausgemacht, bekommen habe ich einen Handjob mit Anfassen der Titten. Das war wirklich schrecklich. Ich habe mich auch nicht getraut die Nutte nochmals darauf aufmerksam zu machen, was wir an der Türe ausgemacht hatten. Ich hatte schlicht Angst vor den messerschwingenden Typen, die draußen vor dem Haus standen. Nachdem die Frau den Job erledigt hatte, steckte sie das Geld ein und schickte mich raus. Das war wirklich komplett nicht das, was ich erleben wollte. Das war nicht befriedigend, das war ernüchternd, unwürdig und hatte mit erfülltem Sex nichts zu tun. Da musste wirklich eine Lösung her.

Mir hatte es eine der Animierdamen im Sinsheimer Club angetan, die war schlank, hübsch, hatte einen tollen Körper und mir mehrfach das Angebot gemacht, ich könne mit ihr „nach hinten" gehen. Ich hatte immer wieder abgelehnt mit der Begründung, dass ich mir das nicht leisten konnte, denn sie wollte, natürlich, auch einen Piccolo (250 DM) oder sogar eine Flasche Sekt (400 DM) mit aufs Zimmer nehmen. Mir war das einfach zu teuer.

Beim nächsten Besuch im Club habe ich ihr dann von meinem Erlebnis in Frankfurt erzählt und das hat sie dann wohl dazu veranlasst, mir ein Angebot zu machen. Sie wollte 150 Mark für 30 Minuten und würde mir dann zeigen, dass nicht alle Huren nur auf Abzocke aus waren. Damit war ich einverstanden und wir verzogen uns in das Hinterzimmer. Was soll ich sagen, bis zu diesem Zeitpunkt wusste ich nicht, was Sex bedeutet und was eine Frau mit einem Mann anstellen kann, wenn sie den aktiven Part übernimmt. Diese Frau war der Hammer, eine fleischgewordene Pornodarstellerin, die aus dem Videoolymp herabgestiegen ist, um es mir anständig zu besorgen. Bis heute, wirklich, bis heute hatte ich keine Frau mehr, die aus den Worten „miteinander schlafen" ein solches Fest gemacht hat. Sie hat den Sex zelebriert, so etwas habe ich nie wieder, mit keiner anderen Frau erlebt. Ich war der Hengst und sie die Stute, ich war der König und sie die Mätresse. Wenn alle Prostituierten eine solche Lust an den Tag legen würden, dann gäbe es nur noch zufriedene Kunden.

Irgendwann war sie dann nicht mehr da. Sie ist einfach so gegangen und hat mir einen Brief hinterlassen, in dem sie sich für die schönen Stunden bedankt und der Satz „Ich hätte es mir mit dir auch privat gut vorstellen können", der lies mich an der Theke in diesem Nachtclub in Tränen ausbrechen. Ich habe mehrere Monate lang jedes Wochenende mit ihr eine Stunde oder mehr in diesem Zimmer verbracht und werde diese Zeit nie vergessen.

Da musste dann, wieder mal, eine Lösung her. Ich las immer die Zeitschrift „Happy Weekend" und in der Gegend gab es genug Frauen, die neue Freier suchten. So habe ich zwar viele Mädels kennengelernt, aber keine war wie die Eine. Es war nicht immer schlecht, was ich geboten bekam, aber nicht wie der Sex mit dieser einen Frau. Aber man lernt dann Abstriche zu machen und wurde mit dem zufrieden, was man geboten bekam. Leider hatten die vielen Besuche im Puff und bei privaten Huren aber mehrere Nachteile. Es machte mich fertig. Nicht nur körperlich und finanziell, sondern auch seelisch. Es ist wie eine Sucht, die man absolut nicht mehr kontrollieren kann. Dann die Lügerei bei der eigenen Freundin, bei der man immer wieder versucht hat das zu bekommen, was einem die bezahlten Frauen gaben. Doch das ging halt nicht, denn die eine Freundin mochte dies nicht, die neue Freundin mochte das nicht und der nächste One-Night-Stand mochte wieder jenes nicht. Mit einer Nutte ist das einfach. Du rufst an, sagst was du haben möchtest, und die Frau nennt einen Preis dazu. Du handelst auf eine halbe Stunde runter und meistens halbierte sich dann auch der Preis. Dann aber noch hinfahren, kurz kennenlernen, mechanischer Sex nur damit Sex gemacht wurde, bezahlen und dann wieder nach Hause. Nach einer Weile machte mir das keinen Spaß mehr und ich musste das aufgeben, oder wenigstens einschränken. Es befriedigte mich zwar körperlich, seelisch war ich aber völlig abgestumpft, was mir auch mal bei meiner Freundin den Spruch einbrachte: „Ich bin doch keine Hure!"

Danach machte sie Schluss. Das war mir egal, ich hatte genug Frauen. Notfalls halt gegen Bezahlung, die zicken wenigstens nicht rum.

Zu Hilfe kam mir dann ein Zufall. In dem Sexshop, in dem ich immer meine Videos auslieh (oder neue Hefte kaufte), traf ich immer wieder mal auf einen Mann in meinem Alter, mit dem ich mich dann über den einen oder anderen Film unterhielt. Irgendwann trafen wir uns dann auch privat und er erzählte mir, dass er mit seiner Freundin immer wieder mal nach Männern suchte, die bei ihnen zu Hause übernachteten. Dabei dürfe es, bei gegenseitiger Sympathie, durchaus auch zum Sex kommen. Er selbst sei nicht schwul oder bi, er würde mich also nicht anfassen. Es ginge dabei nur um die Befriedigung seiner Freundin, die „auf so was" stehen würde. Ich hatte durchaus Bedenken und lies mir ein Bild der Freundin zeigen, welches mich dazu veranlasste, das einfach mal zu versuchen. Ich konnte ja jederzeit wieder gehen.

Was ich dann aber nicht gemacht habe, denn das war schon der Hammer. Diese Freundin war eine Sexbombe. Nymphoman bis unter den Haaransatz und am nächsten Morgen bin ich wundgescheuert aus dieser Wohnung raus. Ich habe viele Nächte bei diesem Pärchen verbracht und habe sie, so oft wie meine Zeit es zuließ, besucht. Zusammen sind wir dann mehrfach in einen Swingerclub nach Frankfurt gefahren und waren auch zwei- oder dreimal im Maihof. Da ich nicht immer das nötige Kleingeld hatte, einzelne Herren mussten 150 DM im Maihof bezahlen, haben die Beiden mich fast immer eingeladen. In den Clubs selber habe ich dann mit allem geschlafen, was Arsch und Titten hatte, ich habe kein Angebot ausgelassen. Egal ob 20 oder 60 Jahre, dick oder dünn. Hauptsache Sex. In den Swingerclubs laufen nicht immer die schönsten Models rum und wenn man Angebote „ablehnt", dann kommt man nicht zum Ficken. So einfach ist das. Augen zu und durch. Sex ist Sex und einem Orgasmus macht es nichts aus, von wem er ausgelöst wurde. Nur mit Männern, mit Männern habe ich nichts am Hut. Es machte mir nichts aus, wenn die mit ihm Bett lagen, nur an meinen Stanley durfte keiner. Bis heute nicht. Finger weg, das ist Frauensache!

Als ich auf einen Lehrgang nach Bayern musste, der acht Wochen lang werden sollte, versuchte ich einen kleinen Trick. Ich wusste aus der „Happy Weekend", dass es Swinger gab, die sich in ihren Privatwohnungen trafen und über diese Zeitschrift immer wieder neue Leute suchten. Bereits Wochen vorher gab ich eine Anzeige auf. Mit folgendem Wortlaut:

„Junger, gesunder Swingerkreis im Raum München mit attraktiven Mitgliedern sucht neue Pärchen, die unseren Kreis mit neuen Impulsen versehen. Gesundheit und äußerste Diskretion, sowie Safer Sex sind Ehrensache! Keine Clubbesuche, nur private Treffen nach dem Motto: Alles kann, nichts muss!"

Es kamen mehr als 30 Briefe, die mich echt vom Hocker hauten. Da waren Bilder, und sogar Videos dabei, die an

Offenheit absolut keine Fragen offen ließen. Paare, die ich nicht mal mit der Kneifzange anpacken würde (von wegen jung) und solche, die glatt als Models durchgehen würden. Mein Ziel war es, fünf Paare zusammenzustellen und in eine der angebotenen Wohnungen einzuladen. Eines der Pärchen aus dem Raum München hatte ein eigenes, großes Haus mit Sauna, Terrasse und mehreren Zimmern. Es meldeten sich auch eine Handvoll Frauen und Dutzende Männer, die dabei sein wollten. Ich schrieb also fünf der Paare und drei der Frauen an. Da ich nicht doof bin, fuhr ich nach Oberschleißheim und warf die Briefe dort ein. Als Antwortadresse gab ich eine Adresse in Oberschleißheim an und hinterlegte dort aber einen Nachsendeauftrag. So entstand der Eindruck, ich würde dort wohnen, wollte aber noch anonym bleiben. Was mich heute wundert: Keiner hat nach meinen Bildern gefragt, wie alt ich (und meine Freundin) sind, wo wir wohnen, wie wir aussehen, nichts dergleichen. Das hatte ich aber auch bereits vorbereitet, denn es gab Bilder von mir aus einem One-Night-Stand mit einem befreundeten Pärchen, die hätte ich dann einfach genommen.

Alle angeschriebenen Paare und zwei der Frauen sagten zu. So machte ich einen Termin an einem Samstag aus und fuhr dann an die angegebene Adresse. Ich hatte Einladungskarten geschrieben, die quasi als Eintrittskarte dienten und so kam ich, obwohl ich alleine war und sagte, meine Freundin käme noch nach, problemlos in das Haus. Es sind alle gekommen, ausnahmslos und niemand, wirklich niemand hat danach gefragt, wer denn nun diese Party organisiert hatte. Am Sonntag darauf wurden Adressen ausgetauscht, ich gab eine falsche Adresse an, und bin dann wieder gefahren.

Auch während meiner Lehrgänge bei der Bundeswehr kannte ich jeden Sexshop in der Gegend und die Huren in Aachen kannten mich mit Vornamen. In einer Peepshow dort gab es ein Mädel, die hatte es mir besonders angetan. Nachdem ich sie mehrfach auf der Drehscheibe gesehen hatte, buchte ich eine Privatvorstellung. Als sie sich auszuziehen begann, sagte ich sie könne alles anlassen, ich wollte nur reden. Das machte ich mehrfach und sie schlug dann vor, sich außerhalb der Peepshow zu treffen, denn nur um zu reden bräuchte ich nicht alle paar Minuten fünf Mark nachschmeißen. Sie hieß Karin, war Studentin und machte diesen Job wegen des Geldes. Sie hatte so auch keinen Sex, das wollte sie nicht, aber sich nackt zu zeigen, das machte ihr nicht viel aus. Sie sagte, sie lenke sich ab, in dem sie während der Show an Essen dachte. Oder an die nächste Semesterarbeit. Ich wäre wirklich der Erste, mit dem sie sich außerhalb der Show treffen würde. Es dauerte fast vier Wochen mit regelmäßigen Treffen, bis sie mich zu sich in die Studenten-WG einlud. Als der Lehrgang vorbei war, hatten wir noch wochenlangen Briefkontakt, der dann aber irgendwann abbrach.

So richtig in den Griff bekommen habe ich meine Sexsucht nicht und werde wohl diesbezüglich einmal eine Therapie machen müssen. In letzter Zeit ist es aber wesentlich besser geworden und der „Druck" ist längst nicht mehr so stark. Ich denke aber es schadet ja niemandem, wenn ich mir hin und wieder einmal einen Porno anschaue. Allerdings kann ich sagen, dass ich, mit zunehmendem Alter, wesentlich ruhiger geworden bin und Sex nicht mehr den Stellenwert in meinem Leben hat, den er früher hatte. Da ich bereits alles erlebt habe, was es auf diesem Gebiet zu erleben gibt, mich also restlos ausgetobt habe, gibt es auch nichts mehr, was mich noch so richtig reizen könnte. Sicher spielt es auch eine Rolle, das ich nun verheiratet bin und das Fremdgehen für mich nicht mehr infrage kommt. Ich habe eine tolle Frau und diese zu verlieren, also meine Ehe zu riskieren, das ist kein Sex der Welt wert.

Es gibt viel zu erzählen

Sie haben es tatsächlich bis hier hin gelesen? Das freut mich sehr! Leider ist das Buch hier nun zu Ende. Mit Recht fragen Sie sich: Wo sind die restlichen 20 Jahre? Ich habe 1989 die Bundeswehr verlassen und wir haben schon 2011!

Das hat leider rein wirtschaftliche Gründe. Hätte ich das komplette Buch veröffentlicht, wären die Kosten für 500 Seiten auf über 40 Euro angestiegen. Mit der Veröffentlichung in zwei Bänden möchte ich Ihnen gerne die Möglichkeit an die Hand geben selbst zu entscheiden, ob Sie gerne weiterlesen möchten. Ich war mir einfach sicher, niemand zahlt 40 Euro für das komplette Band der Biografie eines völlig Unbekannten. Heimkind hin, oder her.

Ich möchte Ihnen gerne noch erzählen, was Sie im Band 2 erwartet. Die Zeit in den beiden Kinderheimen, meine Lehre im Lehrlingsheim, sowie meine Zeit bei der Bundeswehr haben unsichtbare Wunden und Narben hinterlassen, die ich nicht bemerkt habe. Nach der Bundeswehr kam zwar kein gravierender Absturz mehr, es hat mich aber z. B. viele Jahre gekostet, meine Schulden wieder los zu werden, die immer mehr und mehr wurden. Es hat mich viele Jahre gekostet, bis ich endlich die Frau gefunden habe, die mich den Rest meines Lebens begleiten möchte. Es hat mich viele Jahre gekostet, viele Ängste und Süchte loszuwerden, die sich im Laufe meines Lebens eingeschlichen und hartnäckig festgesetzt haben.

In Band 2 möchte ich Ihnen auch Dinge erzählen, die mir in den letzten 20 Jahren passiert sind. Manche davon sind unglaublich, manche witzig, aber alle sind erzählenswert. Durch meine Heimvergangenheit habe ich einiges vergeigt, viele, unbewusste Fehler gemacht und manchen falschen Weg beschritten.

Der zweite Band erzählt, wie ich all das gemeistert habe, wie ich es geschafft habe da zu stehen, wo ich heute bin. Das war oft schwierig und ich war oft der Verzweiflung nahe. Es gab immer wieder Menschen in meiner Umgebung, die mich unterstützt und gestützt haben. Sei dies mit Freundschaft und persönlicher Hilfe, oder sogar mit Geld. Einem dieser Freunde habe ich sehr viel zu verdanken, ihm widme ich ein Extrakapitel.

Ich würde mich sehr freuen, wenn Sie sich auch durch Teil 2 lesen würden. Denn nur so erfahren Sie, wie es mir beim Aufbau meines „restlichen" Lebens, das hoffentlich noch lange, lange andauern wird, ergangen ist.

Sie können gerne mit mir, zu en üblichen Zeiten, Kontakt aufnehmen. Besuchen Sie mich gerne auf meiner Homepage, schreiben Sie mir E-Mails. Wenn Sie mich anrufen möchten, dürfen Sie auch das tun.

Bleiben Sie mir gewogen,

Ihr Gerd Höller

Bilder aus vergangenen Tagen

Das ist das einzige Bild, auf dem ich als Kleinkind zu sehen bin (der Bub auf Evas Arm). Mehr Bilder habe ich nicht. Alle meine Kinderbilder sind beim Hausbrand in Hürrlingen verloren gegangen. Dieses Bild entstand im Elisabeth-Breuer-Stift in Köln-Mülheim.

Der mit dem hasserfüllten Blick ist mein kleiner Bruder (73)

Meine beiden Schwestern: Eva-Maria und Roswitha (73)

Meine Mutter, wie ich sie kenne (73)

Dieses Jahr zu Weihnachten gab es eine Packung Ministeck (73)

Essen von Nudelsalat.

Das war mein Lieblingsteddy

Auf diesem Bild bin ich 9 Jahre alt.

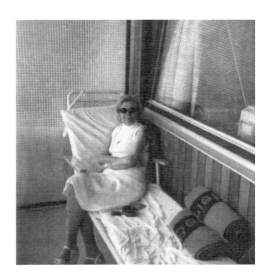

Wieder sitzt sie. Wieder liegen Zigaretten da.

Meine Mutter 1939

Da sieht man mal, was ein Jahr in Rickenbach ausgemacht hat!

Gruppenfoto der Gruppe 9 in Rickenbach

Sr. Bernhardina, mein Bruder und ich

Die Nonne in der Mitte, das bin dann wohl ich!

Ich war ein begnadeter Schauspieler!

Meine Kommunion 1975

Meine Mutter, meine Schwester Eva, mein kleiner Bruder

Das ist das letzte Bild, das mich zusammen mit Udo zeigt. Ich schaue es oft an und versuche, meine Gefühle für diesen Mann zu erforschen. Entgegen der Zeilen in diesem Buch, die mich eher wuterfüllt darstellen, spüre ich bei seinem Anblick eigentlich nichts mehr. Ich weiß noch genau, wann dieses Bild entstanden ist. Udo fuhr mit mir in einen Fotoladen, um einen Film entwickeln zu lassen, der noch in seiner Kamera steckte. Der Verkäufer entdeckte aber, dass noch ein Foto frei war. Daraufhin machte er dieses Bild. Ich versuche mich an den Moment dieses Bildes zu erinnern, versuche meinen Gesichtsausdruck zu deuten, doch es will mir nicht gelingen. Dieses Bild zeigt den Mann, der mich über viele Jahre sexuell missbraucht hat. Der mich immer und immer wieder erpresst hat, bei seinen sexuellen Fantasien und Spielchen mitzumachen. Sollte ich bei seinem Anblick nicht wütend werden? Sollte mir nicht schlecht werden? Sollte ich nicht das Gefühl haben, mich übergeben zu müssen. All das ist nicht da, ich fühle nichts. Kann mir das bitte mal jemand erklären?

Auf der Hochzeit meiner Schwester

Weitere Bilder folgen in Band 2!

Inhaltsverzeichnis

Einleitung oder: Wie fange ich nur an! 3
Wie alles begann 14
Das "Elisabeth-Breuer-Stift" 19
    Entwicklungsbericht vom Januar 1968 20
    Die Strafen im Heim waren hart und nicht gerecht ... 26
Es geht nach Hause 36
    Heinz-Willi versucht mich zu töten 37
    Heinz-Willi ist ein Lügner 39
    Meine Schwester Eva befriedigt sich 39
    Hans-Gerd ist ein Dieb 40
    Die Hexen kommen 40
    Hans-Gerd hat Hunger 41
    Das alte Haus brennt ab (1973) 42
Das Gemeindehaus 46
    Schloss Matschatsch 50
    Birgit hat mich besonders lieb 51
    Überfall bei Nacht 52
    Es wird immer schlimmer 52
Das Kinderheim Rickenbach 58
    Sr. Bernhardina 63
Zurück nach Hause 68
Rickenbach, nach Hause, Rickenbach... 76
Vier Tage bei den Quäkern 78
Meine Zeit in Rickenbach 81
    Entwicklungsbericht vom 21.08.1978 82
    Die Heimschule Rickenbach 92
    Herr Huster, seines Zeichens Rektor der Hauptschule. 93

Danke, Herr Ammon, dass es sie gab! 94
Abenteuer im Bunker 96
Entwicklungsbericht vom 12.03.1979 98
Entwicklungsbericht vom 24.09.1979 110
Entwicklungsbericht vom 19.03.1980 114
Der letzte Schultag 116
Abschließendes über Rickenbach 116
Der Papst ist tot, "Viva la papa", der Papst ist tot! 117
Abenteuerspielplatz Dachboden 118
Der Pfarrer mochte Kinder. Sogar sehr.... 119
Die Arbeit auf dem Feld, im Stall, in der Küche 120
Wanderungen und Ausflüge 121
Ferienfreizeit 121
Erinnerungen kommen und gehen 123
Das Leben ist manchmal kurz 131

Der kurze Abschied von Rickenbach 133
Und schon wieder Udo 138

Ein letztes Mal zurück nach Rickenbach 143

Meine Zeit als Kochlehrling 148
Lothar Späth kommt zum Essen 150
Reiche Menschen sind nicht immer reich 151
Der Wunderheiler aus der Schweiz 152
Mein fast erstes Mal 153
Der Bus mit 80 Gästen und mein Abgang 154
Ab nach Bonndorf 160

Stift Sunnisheim in Sinsheim 162
Es gibt was auf die Fresse 164
Ich werde Schlosser 168
Entwicklungsbericht Sinsheim, 01/1982 169
Wieder mal davongelaufen 173

Eine Aktennotiz spricht Bände 176
Entwicklungsbericht vom Mai 1982 177
Entwicklungsbericht vom Juli 1982 180
Alexandra, meine erste, richtige Freundin 183
Entwicklungsbericht vom Juli 1982 (Fortsetzung) ... 191
30.08.1983 - Ich ziehe nach Meckesheim 195
Entwicklungsbericht vom 02.01.1984 200
Ich ziehe in die Steinsbergstraße 22 203
Ich bekomme ein Tramperticket 204
Die Zeit im Stift geht vorbei 210
Ich war beim Theater 211
Verhaftet wegen Mordverdacht 212
Ina macht mich zum richtigen Mann 214
Das Ferienlager des Grauens 215
Verführung Minderjähriger 217
Mein Freund Bernd 217
Die Mädchen-WG unterm Dach 219
Hey! Ich wohne hier! 219
Ich mache Kampfsport (Karate Kid, 1983) 220
Ich werde Schweißer bei PEITZ-Achsen 222
Ich kann nicht mit Geld umgehen 223
Ich muss zum Bund 225
Meine Grundausbildung 228
Menschen von draußen 232
Kameradenbestrafung 234
Meine Beurteilung nach der Grundausbildung 239
Unteroffizierslehrgänge 240
Schikane während der Ausbildung zum Unteroffizier. 243
Erlebnisse rund um meine Dienstzeit 245

Meine Schuhe 246
Ich bekomme meine Waffe 247
Leutnant Fell 247
Stabsunteroffizier Wegener 253
Freiwillig beim Wachdienst 256
Angstzustände im Munitionsdepot 260
Untersuchung einer Waffe 263
Vorbildliches Verhalten 265
Überwachung der Waffenausbildung 266
Wer kann das am Schnellsten 268
Der verlorene Schuss (Patrone fehlte nach Schießübung) 271
Schießen mit den Amis 273
Der Stabsfeldwebel ohne Aufgabenbereich 274
Dabei fiel nur ein Schuss (Todendorf) 276
Wo ist der Rekrut denn hin? 278
Nervenkrieg auf dem Schlachtfeld 279
Wo ist meine Streife 283
Was ich währenddessen im zivilen Leben gemacht habe 284
Das war nicht ganz die feine Art 285
Die Familie meiner Freundin 288
Der Schuldenberg wächst 290
Ich war porno- und sexsüchtig 296
Es gibt viel zu erzählen 305

Mein Kochbuch - Kochen leicht gemacht
Taschenbuch: 80 Seiten
ISBN-10: 383708938X / ISBN-13: 978-3837089387

Liegen Ihre Kochbücher auch im Schrank? Gerd Höller hat ein Kochbuch geschrieben, welches Sie getrost in der Küche liegenlassen können! Es beinhaltet Rezepte für jeden Tag, die einfach und schnell nachgekocht werden können. Dabei war dem Autor wichtig: Alle Zutaten können Sie beim Discounter kaufen und keines der Gerichte kostet über 10 Euro.

Wartezeit - 12 kleine Geschichten über das Warten
Taschenbuch: 56 Seiten
ISBN-10: 383915085X / ISBN-13: 978-3839150856

Zwölf kleine Geschichten, die die Wartezeiten verschiedener Menschen beschreiben. Sei es an der Kasse oder beim Zahnarzt, überall müssen wir warten, hängen unseren Gedanken nach, denken an Vergangenes oder an das, was noch kommt. Mit diesen Geschichten versucht der Autor Ihnen zu helfen die Wartezeit, in der Sie gerade stecken, zu überbrücken.

Der christliche Atheist: ... oder wie ich Gott wegschickte
Taschenbuch 180 Seiten
ISBN-10: 383915085X / ISBN-13: 978-3839150856

Es hat viele Jahre gedauert, bis ich mich entschloss, aus der katholischen Kirche auszutreten. Doch nach diesem, für mich notwendigen Schritt, hatte ich monatelang ein schlechtes Gewissen. Warum das so war und wie es mir heute geht, das kannst Du in diesem kleinen Buch nachlesen.

Herstellung und Verlag:
Books on Demand GmbH, Norderstedt
ISBN: 978-3-8423-8318-0

© Hans Gerhard Höller, Niederstetten 2011. Alle Rechte vorbehalten! Keine meiner Zeilen darf in irgendeiner Form, weder elektronisch, noch schriftlich ohne meine Erlaubnis verwendet werden. Erstellt mit SoftMaker 2012 und dem Duden Korrektor.